utb 5766

Eine Arbeitsgemeinschaft der Verlage

Brill | Schöningh – Fink · Paderborn
Brill | Vandenhoeck & Ruprecht · Göttingen – Böhlau · Wien · Köln
Verlag Barbara Budrich · Opladen · Toronto
facultas · Wien
Haupt Verlag · Bern
Verlag Julius Klinkhardt · Bad Heilbrunn
Mohr Siebeck · Tübingen
Narr Francke Attempto Verlag – expert verlag · Tübingen
Psychiatrie Verlag · Köln
Ernst Reinhardt Verlag · München
transcript Verlag · Bielefeld
Verlag Eugen Ulmer · Stuttgart
UVK Verlag · München
Waxmann · Münster · New York
wbv Publikation · Bielefeld
Wochenschau Verlag · Frankfurt am Main

Basiswissen Philosophie

herausgegeben von
Michael Quante und Simon Derpmann

Weitere Bände:

utb 5242
M. Quante:
Philosophische Handlungstheorie

utb 5240
T. Henning:
Allgemeine Ethik

utb 5234
L. Herzog:
Politische Philosophie

utb 4667
A. Filius, S. Mischer:
Philosophische Texte schreiben im Studium

utb 4653
C. Runtenberg:
Philosophiedidaktik

Sven Ender

Logik

Eine Einführung für das Philosophiestudium

BRILL | FINK

Der Autor:
Ender, Sven, absolvierte ein Studium der Philosophie und Germanistik (M. A.) und ist wissenschaftlicher Mitarbeiter am Lehrstuhl für theoretische Philosophie an der Universität Duisburg-Essen.
E-Mail: sven.ender@uni-due.de

Umschlagabbildung:
Martin Mellen und Peter Zickermann, Bielefeld

Online-Angebote oder elektronische Ausgaben sind erhältlich unter **www.utb.de**

Bibliografische Information der Deutschen Nationalbibliothek
Die Deutsche Nationalbibliothek verzeichnet diese Publikation in der Deutschen Nationalbibliografie; detaillierte bibliografische Daten sind im Internet über https://www.dnb.de abrufbar.

Internet: www.fink.de

Printed in Germany.
Herstellung: Brill Deutschland GmbH, Paderborn
Einbandgestaltung: Atelier Reichert, Stuttgart

UTB-Band-Nr: 5766
ISBN 978-3-8252-5766-8
eISBN 978-3-8385-5766-3

Inhalt

Für Greta und Max

Vorwort

Die Logik ist eine wichtige Teildisziplin der philosophischen Argumentationstheorie und fester Bestandteil des Philosophiestudiums, das durch dieses Lehrbuch erleichtert wird. Zum tieferen Verständnis und zur Festigung des neu erlernten Wissens wurde jedes Kapitel mit Übungsaufgaben abgeschlossen. Die Lösungen hierzu finden Sie online unter
https://www.utb.de/doi/suppl/10.36198/9783838557663

Ich möchte der Einführung zwei weitere Bemerkungen voranschicken.

Die in dieser Einführung dargestellten Regeln des natürlichen Schließens gehen auf ein Vorlesungsskript zur Einführung in die Logik an der Universität Duisburg-Essen zurück. Das Skript wurde von Prof. Dr. Dirk Hartmann und Priv.-Doz. Dr. Matthias Wille verfasst. An dieser Stelle möchte ich beiden für einen hervorragenden Unterricht danken.

Zudem möchte ich mich bei Frau Nadine Klassen für die geduldige Betreuung dieses Projektes bedanken und ebenso bei Herrn Tim Rojek für die vielen Korrekturvorschläge.

1. Vorbemerkungen

1.1 Warum ist es überhaupt sinnvoll sich mit Argumentationstheorie und Logik auseinanderzusetzen?

Sie sind im Begriff eine Einführung in die Logik zu lesen. Üblicherweise beginnt eine solche Einführung neben einigen Vorbemerkungen genereller Natur über den Gegenstand meist unvermittelt mit der Präsentation des Stoffes. An dieser Stelle soll ein anderer Einstieg gewählt werden. Bevor die grundlegenden Begriffe, Unterscheidungen und Zielsetzungen der Argumentationstheorie und Logik dargestellt werden, soll gezeigt werden, warum es sinnvoll ist, sich mit Argumentationstheorie und Logik im Allgemeinen und insbesondere im Rahmen eines Philosophiestudiums auseinanderzusetzen. Warum wird dieser Schritt gemacht? In der Lehrpraxis wiederholt sich in den einzelnen Studentenkohorten immer wieder folgendes Szenario:

Sie sind im ersten Semester Ihres Philosophiestudiums und besuchen eine Veranstaltung, die Sie in die Grundlagen der Argumentationstheorie und des logischen Schließens einführen soll. Nachdem die ersten logischen Verfahren (wie beispielsweise die Syllogistik oder die Wahrheitstafelmethode) noch ohne größere Mühe verstanden werden konnten, ist es bei den ersten formalen Beweisen in einem Kalkül zu größeren Schwierigkeiten gekommen. Dieser Umstand versetzt Sie gerade angesichts der Klausur, die am Ende des Semesters ansteht, in sehr große Not, die in Anbetracht des mathematischen Gewandes der Logik noch ins Äußerste gesteigert wird, und Sie zu der Frage nach der Sinnhaftigkeit der gesamten Lerninhalte sowie nach deren Relevanz für das Philosophiestudium veranlasst. Kurzum, Sie befinden sich in einer existenziellen Argumentationstheorie und Logikkrise und Sie sind kurz davor, Ihr Philosophiestudium zu beenden.

Um diese Krise zu überwinden und die Motivation zu erhöhen, sollen zunächst folgende Fragen beantwortet werden:

Die Relevanz der Logik

1. Wieso ist die Argumentationstheorie und Logik sinnvoll?
2. Wieso ist die Argumentationstheorie und Logik relevant für die Philosophie?

Wenn man die erste Frage beantworten möchte, stellt man zunächst fest, dass die Frage unvollständig gestellt ist. Denn es ist überhaupt nicht eindeutig, was der Maßstab bzw. die Kriterien sind, nach denen man bewerten kann, ob etwas sinnvoll bzw. (in Bezug auf die zweite Frage) relevant ist. Etwas wird nicht als an sich sinnvoll bewertet, sondern immer im Hinblick auf einen Maßstab. Diese Unvollständigkeit fällt in alltäglichen Redekontexten nicht weiter auf, da der Maßstab bzw. die Kriterien meist implizit durch den Kontext klar sind. Sätze wie „Latein ist sinnvoll." oder „Es ist sinnvoll zuerst die Schule zu beenden, bevor man etwas anderes anfängt." sind mehr oder weniger verständlich, weil der entsprechende Maßstab jedem präsent ist, obgleich man – selbstverständlich – anderer Meinung sein kann. In diesen Kontexten werden gewisse Zwecke unterstellt, relativ zu denen sich etwas anderes als ein geeignetes Mittel und damit als sinnvoll bzw. relevant erweist. Der Satz: „Latein ist sinnvoll." könnte in einem Redekontext gegenüber einem Schüler bzw. einer Schülerin geäußert werden, der oder die im Begriff ist, sich für Französisch oder Spanisch als zweite Fremdsprache zu entscheiden und nicht für Latein. In den weiteren Erläuterungen verweist man darauf, dass für manche Studiengänge das Latinum eine Voraussetzung ist und dieses zwar an der Universität nachgeholt werden kann, aber – und jeder, der während seines Studiums ein Latinum oder Graecum nachholen durfte, kann dies bestätigen – die Bedingungen sehr viel schwerer als in der Schule sind. Dieses Ungemach möchte man dem Schüler bzw. der Schülerin ersparen und gibt vor dem Hintergrund des noch nicht näher differenzierten Studienwunsches den Rat, sich noch einmal zu überlegen, ob man nicht lieber Latein als zweite Fremdsprache wählen möchte. Der Bewertungsmaßstab kann an dieser Stelle darüber gewonnen werden, dass sich etwas als ein geeignetes Mittel für einen bestimmten Zweck erweist.

Vor diesem Hintergrund betrachten wir zwei mögliche Zweck-Mittel-Konstellationen:

Im ersten Fall könnte man den Zweck verfolgen und damit wäre auch der Einsatz des angegebenen Mittels sinnvoll. Der Schüler bzw. die Schülerin möchte eine romanische Sprache oder Philosophie studieren und entscheidet sich dazu, auf den Rat zu hören.

Im zweiten Fall könnte man den Zweck verfolgen, aber der Meinung sein, dass das angegebene Mittel nur bedingt oder gar nicht geeignet ist, um den Zweck zu erreichen. Bei einem Studium der romanischen Sprachen oder auch der Philosophie muss man ein Latinum vorweisen, um zur Abschlussprüfung zugelassen zu werden. Die Studierenden, die während ihrer Schulzeit das Latinum abgelegt haben, freuen sich darüber, dass sie diese Voraussetzung bereits erfüllen und sind froh, auf den Rat gehört zu haben. Die Studierenden, die während ihrer Schulzeit das Latinum nicht abgelegt haben, sagen nun auch, dass der Rat sinnvoll gewesen ist, da sie den Erwerb des Latinums neben dem Studium im besten Fall als Nötigung und im schlimmsten Fall als eine Höllenqual empfinden. Angesichts dieser Umstände sagen sie, dass sich die Sinnhaftigkeit nur auf die Voraussetzung und die Ersparung der Qualen beziehe, aber kein inhaltlicher Zusammenhang zwischen den Studieninhalten und dem Latinum bestehe. Der Erwerb eines Latinums wird eben nicht als ein geeignetes Mittel für die Studieninhalte angesehen und damit erscheint der Erwerb des Latinums zwar als sinnvoll in Bezug auf die Ersparung von Höllenqualen, aber nicht in Bezug auf die genuinen Zwecke, die beim Studium der romanischen Sprachen und der Philosophie verfolgt werden. An dieser Stelle müsste nun gezeigt werden, dass der Erwerb des Latinums doch ein förderliches Mittel für die Belange der romanischen Sprachen und der Philosophie ist. Auch wenn ich überzeugt bin, dass dies gezeigt werden kann, bin ich doch froh, dies nur für die Argumentationstheorie und Logik zeigen zu müssen.

Maßstab

Für die zwei existentiellen Fragen, die uns gerade beschäftigen, können wir aber Folgendes festhalten: Etwas ist nicht an sich sinnvoll bzw. sinnlos, sondern immer vor dem Hintergrund eines bestimmten Maßstabes. Der Maßstab, der an dieser Stelle angesetzt werden soll, besteht in einer Zweck-Mittel-Relation. Dabei soll etwas genau dann sinnvoll sein, wenn es sich als ein geeignetes Mittel zur Realisierung eines bestimmten Zwecks erweist. Hierbei wurde durch das letzte Beispiel deutlich, dass es sich bei den verfolgten Zwecken um genuine Zwecke der entsprechenden Tätigkeit handeln soll. Dies sind Zwecke, die man verfolgen muss, wenn man die entsprechende Tätigkeit – in diesem Fall das Philosophieren – ausüben möchte.

Es ist nun auch deutlich, warum die Formulierungen der ersten und zweiten Frage unvollständig bzw. unpräzise sind. In der ersten Frage fehlt der Bezug zu einem bestimmten Zweck relativ zu dem sich die Argumentationstheorie und Logik als ein geeignetes Mittel erweist. In der zweiten Frage wird eigentlich danach gefragt, ob der Zweck, zu dessen Erreichung die Argumentationstheorie und Logik ein geeignetes Mittel ist, ein genuiner Zweck der Philosophie ist. Die Fragen können nun so umformuliert werden:

Reformulierung der Fragen

1. Zu welchem Zweck erweist sich die Argumentationstheorie und Logik als geeignetes Mittel?
2. Ist dieser Zweck ein genuiner Zweck der Philosophie?

1.2 Zu welchem Zweck erweist sich die Argumentationstheorie und Logik als geeignetes Mittel?

Evaluation von natürlich-sprachlichen Argumenten

Wir fragen uns nun, zu welchem Zweck die Argumentationstheorie und Logik ein geeignetes Mittel ist. An dieser Stelle wird eine kurze vorläufige Antwort auf die Frage gegeben. Die in dieser Antwort angedeuteten Zusammenhänge werden im weiteren Verlauf der Vorbemerkungen weiter ausgeführt. Wenn man in alltäglichen, aber auch in wissenschaftlichen, Redekontexten argumentiert, dann möchte man Geltungsansprüche einlösen. Es geht um die Rechtfertigung einer Aussage oder einer Norm. Die Geltungsansprüche werden dabei mit Hilfe von Argumenten eingelöst. (Es sollte nicht übersehen werden, dass es eine enorme zivilisatorische Leistung ist, sich auf die argumentative Einlösung von Geltungsansprüche zu beschränken und eine gewaltsame Durchsetzung von Interessen zu ächten.) Der verfolgte Zweck der argumentativen Praxis besteht in der argumentativen Einlösung von Geltungsansprüchen. Die Argumentationstheorie und Logik ist nun – so zumindest die vorläufige Hypothese – ein geeignetes Mittel zur Erreichung dieses Zwecks, da die theoretische Auseinandersetzung mit dem Argumentieren und insbesondere mit Argumentationsformen zu einer besseren Bewertung von einzelnen Argumenten und Argumentationsstrategien führt und damit besser entschieden werden kann, wann ein Geltungsanspruch argumentativ eingelöst wurde bzw. dieses nicht gelungen ist. Kurz gesagt hilft die Argumentationstheorie und Logik bei der Evaluierung von natürlich-sprachlichen Argumenten.

Wir können also Folgendes festhalten:

Die Argumentationstheorie und Logik ist genau dann sinnvoll, wenn die Argumentationstheorie und Logik ein geeignetes Mittel für die Erreichung des Zwecks der argumentativen Einlösung von Geltungsansprüchen ist. Die Argumentationstheorie und Logik stellen ein geeignetes Mittel dar, wenn sie Kriterien bereitstellen, mit denen man die Güte eines natürlich-sprachlichen Arguments, mit dem ein Geltungsanspruchs eingelöst werden soll, evaluieren kann.

Mit dieser Bestimmung ist nun noch nicht sonderlich viel gewonnen. Es muss schließlich noch begründet werden, dass die Argumentationstheorie und Logik tatsächlich ein geeignetes Mittel für den genannten Zweck sind (und es sollte auch angemerkt werden, dass nicht behauptet wird, dass die Argumentationstheorie und Logik das einzige Mittel für die Evaluierung von Argumenten seien!). Ferner muss auch noch weiter spezifiziert werden, nach welchen Kriterien die Evaluierung natürlich-sprachlicher Argumente vorgenommen wird.

In Bezug auf die zweite Frage muss des Weiteren noch gezeigt werden, dass sich die Philosophie vor allen Dingen mit der argumentativen Einlösung von Geltungsansprüchen beschäftigt und Argumente evaluiert werden. Wenn dies ein genuiner Zweck der Philosophie ist und die Argumentationstheorie und Logik ein geeignetes Mittel sind, um diesen Zweck zu erreichen, dann ist die Argumentationstheorie und Logik in der Philosophie (und damit auch im Rahmen eines Philosophiestudiums) sinnvoll bzw. relevant. Die Argumentationstheorie und Logik hätten damit im Rahmen der Philosophie den Status einer Hilfswissenschaft, da sie ein Mittel zur Erreichung eines bestimmten Zwecks sind. (Damit wird nicht behauptet, dass die Logik kein genuiner Gegenstand einer philosophischen Auseinandersetzung sein kann.)

Um all diese Fragen zu beantworten, treten wir einen Schritt zurück und betrachten argumentative Kontexte und zeigen einige Probleme auf.

1.3 Argumentative Unterredungen und deren potenzielle Probleme

Beispiele von argumentativen Unterredungen

Wir versuchen nun, die gegebene Antwort weiter auszuführen und verständlicher zu machen. Hierbei betrachten wir zunächst vier Beispiele argumentativer Unterredungen aus dem Alltag und der Wissenschaft, um daran zu verdeutlichen, welche Ziele mit diesen Unterredungen verfolgt werden. Denn Argumente begegnen uns nicht erst innerhalb von Diskussionen in philosophischen Seminaren, sondern bereits in vor- und außerwissenschaftlichen Praxen. Nachdem an den Beispielen verdeutlicht wurde, dass das Ziel von argumentativen Unterredungen, die Einlösung eines bestimmten Geltungsanspruchs ist, können Probleme thematisiert werden, die bei diesen Unterredungen die Einlösung verhindern. Dabei besprechen wir zunächst Probleme, die mit der Verwendung einer natürlichen Sprache verbunden sind, und nicht in der Argumentationstheorie und Logik behandelt werden. Im Anschluss wenden wir uns Problemen zu, die die argumentative Einlösung eines Geltungsanspruchs verhindern und in der Argumentationstheorie und Logik thematisiert werden. An dieser Stelle könnte die Frage aufkommen, warum nicht direkt mit den Problemen begonnen wird, die in der Argumentationstheorie und Logik thematisiert werden. Die Antwort ist, dass zum einen wichtige Unterscheidungen eingeführt werden können, die für die Argumentationstheorie und Logik relevant sind, aber nicht zu deren Korpus gehören. Zum anderen werden hierdurch einige Probleme von natürlichen Sprachen benannt, die innerhalb der Logik (als einer idealen Sprache) vermieden werden sollen.

Kommen wir nach diesen Vorbemerkungen zu den Beispielen:

1. Denken Sie an Gespräche unter ihren Freunden, die die Abendgestaltung zum Inhalt haben. Sie erwägen, ob es besser sei, ins Kino oder in den Club zu gehen. Sie führen Gründe an, die für das Kino oder für den Club sprechen, und entscheiden sich, je nachdem wie die Abwägung der Gründe ausgefallen ist, ins Kino oder in den Club zu gehen.
2. Denken Sie, um ein zweites Beispiel zu wählen, an Gespräche am Familientisch darüber, ob Großtante Ludmilla auf der Weihnachtsfeier im Jahr 1978 war oder nicht. Nachdem sich Familienmitglieder sowohl daran erinnern können, dass Großtante Ludmilla anwesend war, als auch daran, dass sie nicht anwesend war, wird der Umstand durch einen Blick ins Familienfotoalbum geklärt. Großtante Ludmilla war nicht auf der Weihnachtsfeier im Jahr 1978.
3. In einem öffentlichen Kontext könnte die Frage aufkommen, wer der Bundesfinanzminister im Jahr 1967 war. Jemand könnte antworten, dass Franz Josef Strauß der Bundesfinanzminister im Jahr 1967 war. Dies könnte von einer anderen Person bezweifelt werden. Hier können die Zweifel durch einen Blick auf eine Liste der Bundesfinanzminister vom Bundesfinanzministerium ausgeräumt werden.
4. Um ein Beispiel aus der Wissenschaftsgeschichte zu bemühen: In der *Physik* des Aristoteles fallen leichtere Gegenstände langsamer als schwerere Gegenstände. Um diese Ansicht zu widerlegen, bemühte Gallei Galileo folgendes Gedankenexperiment: Aus dieser Ansicht würde folgen, dass man die Fallgeschwindigkeit eines schweren Gegenstandes verlangsamen könnte, wenn man diesen schweren Gegenstand mit einem leichten Gegenstand verbinden würde. Da dies aber absurd ist, folge die Falschheit der aristotelischen Ansicht.

Unterschiedliche Geltungsansprüche

In allen vier Beispielen wird auf sehr unterschiedliche Arten und Weisen argumentiert. Dies fängt mit den unterschiedlichen Geltungsansprüchen an, die erhoben werden.

Im ersten Beispiel geht es um die Rechtfertigung einer bestimmten Abendgestaltung und damit um einen Spezialfall der Frage, was soll ich bzw. wir tun. Es soll im Gespräch ermittelt werden, wie der Abend gestaltet werden soll. Damit geht es um einen normativen Anspruch. Durch Argumente soll der Geltungsanspruch auf Gerechtfertigtheit eingelöst werden. Dieser Geltungsanspruch wird beispielsweise auch im Rahmen der Ethik oder der Rechtswissenschaften untersucht.

Bei den Beispielen zwei bis vier geht es um die Rechtfertigung bzw. Wiederlegung einer bestimmten Aussage. Welche Gründe sprechen für die Wahrheit bzw. Falschheit einer Aussage? Damit wird ein anderer Geltungsanspruch als im ersten Beispiel erhoben. Wie kann der Geltungsanspruch auf Wahrheit eingelöst werden? Im zweiten und dritten Beispiel durch ein Foto bzw. eine Liste, die direkt zeigen, ob die entsprechenden Sachverhalte bestehen bzw. nicht bestehen und damit die Aussagen wahr bzw. falsch sind. Es ist wichtig zu sehen, dass es je nach Kontext unterschiedlich ist, was als Begründung einer Aussage (oder als Rechtfertigung einer Norm) gilt. Auch müssen die angeführten Gründe nicht immer sprachlich verfasst sein.

Das vierte Beispiel nimmt eine Sonderstellung ein. Das Argument scheint eine bestimmte Struktur zu haben, die so beschaffen ist, dass man die Aussage (die aristotelische Ansicht sei falsch) akzeptieren muss und zwar auf eine andere Art als in den anderen beiden Fällen. Es wäre merkwürdig, wenn jemand sagen würde, dass die Aussage (die aristotelische Ansicht sei falsch) falsch sei, obwohl die anderen Aussagen wahr sind. Bei dem vierten Beispiel handelt es sich um ein Argument dem eine Struktur zugrunde liegt, die in der Argumentationstheorie und insbesondere in der Logik behandelt wird.

In einer ersten Annäherung konnte über die Beispiele deutlich gemacht werden, dass die Argumentationstheorie und Logik unter anderem die erhobenen Geltungsansprüche klärt und damit offenlegt, mit welchen Argumenttypen ein solcher Anspruch eingelöst werden kann bzw. welche Argumentationsmuster unzulässig sind. Die gegenwärtige Bestimmung ist zugegebenermaßen noch sehr oberflächlich. Mit dem vierten Beispiel wurde ein Beispiel für ein Argument vorgelegt, dem eine Struktur zugrunde liegt, die in der Logik thematisiert wird. Wie diese Thematisierung und Darstellung aussieht, ist dabei aber noch offengeblieben. Bevor wir auf diese Struktur näher eingehen werden, müssen zunächst einige Probleme von natürlichen Sprachen aufgezeigt werden. Denn insbesondere die Logik und deren Darstellung mit Hilfe von mathematischen Mitteln ist der Einsicht geschuldet, dass die natürliche Sprache nicht geeignet ist, um logische Verhältnisse darzustellen. Darüber hinaus hilft die Darstellung der Mängel natürlicher Sprachen auch weitere Gesichtspunkte zu benennen, die bei der Evaluierung von natürlichsprachlichen Argumenten neben der Argumentationstheorie und Logik noch beachtet werden müssen.

1.4 Probleme natürlicher Sprachen

Weiter oben wurde festgehalten, dass die Argumentationstheorie und Logik Mittel bereitstellt, mit deren Hilfe natürlich-sprachliche Argumente evaluiert werden können. Innerhalb der Redekontexte der obigen vier Beispiele kann es nun nicht nur zu argumentativen oder logischen Fehlern kommen, sondern auch zu anderen, die dazu führen, dass die Kommunikation misslingt. Im Folgenden werden wir einige Probleme benennen und damit zugleich Eigenheiten von natürlichen Sprachen aufzeigen.

Wenn Sie an die vier Beispiele denken, werden Sie vermutlich zustimmen, dass es bei diesen Unterredungen zu verschiedenen Problemen kommen kann. Diese Probleme sollen zunächst systematisch geordnet werden.

Pragmatische Uneindeutigkeiten

Zunächst können die einzelnen Äußerungen in diesen Unterredungen in ihrem Sinn und Zweck nicht eindeutig sein. Es ist dann nicht klar, warum gerade eine Person eine bestimmte Äußerung tätigt.

Im Kontext des ersten Beispiels könnte beispielsweise folgender Satz: „Jakob der Stier ist auf der Weide.“ geäußert werden und die Gruppe entscheidet sich daraufhin, ins Kino zu gehen. Für einen Außenstehenden ist unklar, inwiefern die Äußerung dieses Satzes eine Rechtfertigung für den Gang ins Kino darstellt. In diesem Beispiel könnte es sich um eine Warnung handeln, da es sich bei Jakob um einen anderen jungen Mann handelt, mit dem es schon des Öfteren zu Streitigkeiten gekommen ist. Bei der Weide handelt es sich um ein in der Gruppe sehr beliebtes Schlager-Tanzlokal.

In anderen Kontexten ergeben sich andere Bedeutungen:

Wenn jemand die Aufgabe bekommen hat, Jakob den Stier bis zu einer bestimmten Uhrzeit in den Stall zu bringen, dann wäre die Äußerung eine erneute Aufforderung dazu, die Aufgabe endlich zu erledigen.

Schließlich könnte es sich um eine Behauptung der Aussage, dass Jakob der Stier auf der Weide ist, handeln.

Austins Sprechakttheorie

Um diesen Punkt zu verdeutlichen muss auf die Sprachakttheorie zurückgegriffen werden. Die Sprechakttheorie nimmt in den Blick, dass das Sprechen einer Sprache ein Handeln ist. Zuvor wurde in der Geschichte der Philosophie stillschweigend davon ausgegangen, wie es Austin in *How to do things with words* schreibt, dass die Äußerung von Sätzen primär Behauptungen seien und damit gehe es vorrangig um deren Wahr- bzw. Falschheit. Demgegenüber wird innerhalb der Sprechakttheorie zunächst darauf aufmerksam gemacht, dass man mit dem Sprechen einer Sprache zunächst handelt. Diese Bestimmung hat grundlegende Folgen für die Bewertung von Äußerungen. Handlungen gelingen und misslingen und sind nicht wahr bzw. falsch. Wenn jemand vorgibt, ein Standesbeamter zu sein und im Zuge dieser Täuschung eine Trauung vollzieht, ist die Eheschließung nicht falsch, sondern misslungen bzw. verunglückt. Die Handlung der Eheschließung wurde nicht korrekt ausgeführt. Um diesem Umstand Rechnung zu tragen, unterscheidet Austin unter anderem zwischen der Lokution und der Illokution. Während die Lokution verschiedene Aspekte einer grammatisch korrekten Äußerung benennt (phonetisch verstehbar, grammatisch korrekt und eine sinnvolle Äußerung), soll mit der Illokution der Handlungsaspekt der Äußerung benannt werden. In diesem Zusammenhang wird auch von verschiedenen illokutionären Rollen gesprochen. Von der illokutionären Rolle hängt es nun ab, welche Gelingensbedingungen erfüllt sein müssen, damit die Äußerung gelingt. Bei der Trauung (eine Form des deklarativen Sprechaktes) muss man beispielsweise dazu berechtigt sein, die Trauung durchzuführen. In Deutschland muss man beispielsweise ein Standesbeamter sein. Bei einem Versprechen (eine Form eines kommissiven Sprechaktes) muss man tatsächlich die Absicht haben, das Versprochene einzuhalten. Eine Person, die zu uns Folgendes sagen würde: „Ich verspreche dir, dass ich dir das geliehene Geld so schnell wie möglich zurückzahlen werden, obwohl ich gar nicht die Absicht habe, dir das Geld jemals zurückzugeben.“ hätte die Handlung des Versprechens nicht korrekt ausgeführt.

Und bei einer Behauptung (eine Form eines assertiven Sprechaktes) verpflichtet man sich, Gründe für die Wahr- bzw. Falschheit des behaupteten Sachverhaltes anbringen zu können, aber auch an dessen Wahrheit zu glauben. „Ich behaupte, dass 2+2=4 ist, aber ich halte es für falsch.“ Wäre eine missglückte Behauptung. Während die Äußerung: „Ich behaupte, dass 2+2=4 ist.“ eine gelungene Behauptung darstellt.[1]

Schematisch kann man die Behauptung wie folgt notieren: ΦA.

Hierbei steht das Φ für den assertiven Sprechakt der Behauptung und das A für die behauptete Aussage: 2+2=4. Wird eine Aussage behauptet, dann wird damit der Geltungsanspruch auf Wahr- bzw. Falschheit erhoben.

Manchmal ist die illokutionäre Rolle nicht ganz eindeutig! Die Äußerung: „Da vorne befindet sich eine offene Stromleitung.“ kann als Warnung gemeint sein oder als Hinweis für einen Elektriker. Bei der Rekonstruktion von Argumenten kann es durchaus hilfreich sein, sich die verschiedenen illokutionären Rollen deutlich zu machen. Stellt der Autor nur eine rhetorische Frage oder gibt er nur eine andere Position wieder usw.?

Von der illokutionären Rolle wird im weiteren Verlauf abgesehen. Es wird vorausgesetzt, dass in der Logik nur Aussagen verwendet werden, die prinzipiell behauptet und damit wahr oder falsch sein können.

Neben diesen in der Pragmatik thematisierten Zusammenhängen, können Debatten und Argumentationen nach syntaktischen und semantischen Gesichtspunkten betrachtet werden.

Syntaktische Uneindeutigkeiten

Einzelne Aussagen innerhalb von Unterredungen können syntaktische Fehler enthalten, die dazu führen, dass man einzelne Aussagen oder die gesamte Äußerungssequenz nicht verstehen kann. Bei natürlichen Sprachen wird durch die jeweilige Syntax festgelegt, welche Zeichen zu einer Sprache gehören und welche Formationsregeln der Bildung von Bedeutungstragenden Einheiten zugrunde liegen.

Sie würden einen syntaktischen Fehler begehen, wenn sie eine Aussage auf die folgende Art und Weise behaupten möchten:

Ich behaupte, ότι διαβάζουν μια εισαγωγή στη λογική.

1 Wenn man auf Nachfrage Gründe für die Wahrheit der Aussage anführen kann.

Es handelt sich um einen syntaktischen Fehler, da sie zur Formulierung der Aussage Zeichen verwenden, die nicht Teil des deutschen Alphabets sind.

Neben diesem Fall gibt es noch weitere Möglichkeiten, einen syntaktischen Fehler zu begehen. Beispielsweise wäre es auch ein syntaktischer Fehler, wenn eine Person folgendes sagen würden:

> Behaupte, dass Sie gerade eine Einführung in die Logik lesen, ich.

Die Grammatik der deutschen Sprache sieht in diesem Fall nicht vor, dass das Subjekt eines Satzes, das im Nominativ steht, die Satzentstellung einnimmt. Da es sich auch nicht um eine Frage handelt, ist auch die Stellung des Prädikats an erster Stelle syntaktisch inkorrekt. Das Präpositionale Objekt ist zwar in sich korrekt gebildet, aber in Verbindung mit den gerade bezeichneten Fehlern, nimmt es die verkehrte Satzstelle ein.

Als Letztes betrachten wir mit dem folgenden Beispiel eine syntaktische Mehrdeutigkeit:

> Peter verfolgt den Gauner mit dem E-Scooter.

Bei diesem Beispiel ist syntaktisch nicht eindeutig, ob Peter den E-Scooter verwendet, um den Gauner zu verfolgen, oder ob Peter jemanden verfolgt, der ein Gauner ist und sich mit einem E-Scooter fortbewegt bzw. es wäre auch denkbar, dass der Gauner den E-Scooter geklaut hat und fortträgt.

An dieser Stelle gehen wir nicht näher auf weitere Fälle ein, da hier nicht die syntaktischen Besonderheiten der deutschen Sprache von Interesse sind. Falls Sie diese interessieren, verweise ich sie an die entsprechenden linguistischen Fachbücher aus der Germanistik. Für die Belange dieser Einführung sollten diese Beispiele nur verdeutlichen, dass es in natürlichen Sprachen zu syntaktischen Problemen und Mehrdeutigkeiten kommen kann.

Bei der Rekonstruktion von Argumenten kann es durchaus hilfreich sein, sich die verschiedenen syntaktischen Möglichkeiten deutlich zu machen. In der Logik als einer idealen Sprache sollen diese syntaktischen Probleme und Mehrdeutigkeiten vermieden werden.

Semantische Uneindeutigkeiten

Neben den syntaktischen Problemen gibt es in natürlichen Sprachen auch semantische. Innerhalb der Semantik beschäftigt man sich mit der Bedeutung der Zeichen und der Zeichenkombinationen einer entsprechenden Sprache. Betrachten wir hierzu nochmal das zweite Beispiel aus Kapitel 1.3. Es ging um die Frage, ob Großtante Ludmilla im Jahr 1978 auf der Weihnachtsfeier anwesend war. Wenn man sich nun die Frage stellt, ob die Aussage wahr oder falsch ist, ist natürlich wichtig, zunächst zu klären, was denn der Fall gewesen sein muss, damit die Aussage wahr bzw. falsch ist. Ich gehe jetzt mal davon aus, dass die Jahresangabe und die Bedeutung des Wortes „Weihnachtsfeier" unproblematisch sind. Aber die Bedeutung des Wortes „Großtante" sollten nicht allen geläufig sein. Hierbei macht es einen Unterschied, ob das Wort „Großtante" die Schwester eines der Großeltern bezeichnet oder die Tochter eines Bruders oder einer Schwester eines der Urgroßeltern. Je nachdem, welche Bedeutung besteht, muss das Bestehen von unterschiedlichen Sachverhalten überprüft werden. In diesem Fall ist es die erste Bedeutung. Es fällt auch auf, dass die Bedeutung des Wortes „Großtante" weiter spezifiziert werden muss. Wenn es beispielsweise eine Familientradition ist, alle Mädchen Ludmilla zu nennen, dann ist nicht eindeutig, welche Großtante gemeint ist. Wenn beispielsweise sowohl Großvater und Großmutter mütterlicher- als auch väterlicherseits Schwestern haben, dann müssten noch weitere Zusätze hinzugefügt werden.

Neben dem Fall einer nicht genau bestimmten Bedeutung eines Wortes kann es auch zu Mehrdeutigkeiten kommen. Diese entstehen immer dann, wenn die verwendeten Worte mehrere Bedeutungen haben. Zur Verdeutlichung betrachten wir den folgenden Beispielsatz:

> Das Seil bringt mich auf die Palme.

Diesen Satz kann man zum einen so verstehen, dass eine Person seine Verärgerung über ein bestimmtes Seil zum Ausdruck bringt. Zum anderen könnte man zum Ausdruck bringen, dass man mit Hilfe eines bestimmten Seiles auf eine Palme klettern kann. Auch bei diesen Beispielen wollen wir es belassen. Für die Evaluation von natürlich-sprachlichen Argumenten kann aber mitgenommen werden, dass man auf die Semantik der einzelnen Ausdrücke achten muss. Ferner zeigen diese Probleme, dass es bei natürlichen Sprachen zu semantischen Mehrdeutigkeiten kommen kann. Diese müssen innerhalb der Argumentationstheorie und Logik vermieden werden.

Auf den letzten Seiten wurden pragmatische, syntaktische und semantische Schwierigkeiten thematisiert, die dem Verstehen von einzelnen Äußerungen und ganzen Redesequenzen im Wege stehen. Auch wenn es sicherlich richtig ist, dass Unterredungen und damit der argumentative Austausch nicht funktionieren würden, wenn die einzelnen Redebeiträge in ihrer jeweiligen illokutionären Rolle sowie syntaktisch und semantisch nicht eindeutig sind, so bilden diese nicht den Gegenstand der Argumentationstheorie und Logik. Dies sieht man schon daran, dass man auch keinen Roman lesen, keinen Smalltalk führen oder keine Pizza bestellen könnte, wenn pragmatische, syntaktische und semantische Probleme auftreten. Thematisiert werden diese Art von Problemen in den Linguistiken der jeweiligen Sprachen. Die Sprachwissenschaft wäre in diesem Sinne auch eine Hilfswissenschaft für die Philosophie. Kommen wir wieder auf die Argumentationstheorie und Logik zurück.

1.5 Der Gegenstand der Argumentationstheorie und Logik

Im Folgenden soll der spezifische Bezug der Argumentationstheorie und Logik auf die argumentative Einlösung von Geltungsansprüchen dargestellt werden. Um den Gegenstandsbereich der Argumentationstheorie und Logik genauer abzugrenzen, muss festgelegt werden, welche Geltungsansprüche in der Argumentationstheorie und Logik untersucht werden, und genauer bestimmt werden, was ein Argument ist und sein Aufbau geklärt werden.

Nochmals unterschiedliche Geltungsansprüche

Als wir über die vier Beispiele von argumentativen Unterredungen aus dem Alltag und der Wissenschaft sprachen, wurde zunächst zwischen zwei Geltungsansprüchen unterschieden. Im ersten Beispiel wird über eine Norm diskutiert und im zweiten, dritten und vierten Beispiel, über das Zutreffen bzw. nicht Zutreffen einer Aussage. Dieser Anspruch kann mit Hilfe der Sprechakttheorie differenziert werden. Im ersten Beispiel wird dazu aufgefordert, etwas, beispielsweise A[2] oder B, zu tun. In den anderen Beispielen wird behauptet, dass etwas, beispielsweise A[3] oder B, der Fall sei. Mit diesen unterschiedlichen illokutionären Rollen werden auch unterschiedliche Geltungsansprüche erhoben. Mit einer Aufforderung erhebt man den Anspruch, dass dasjenige gerechtfertigt ist, zu dem man auffordert. Mit der Behauptung einer Aussage erhebt man den Anspruch auf Wahr- bzw. Falschheit des Behaupteten. Beiden liegt ebenfalls zugrunde, dass man sich dazu verpflichtet, auf Nachfrage Gründe für die Gerechtfertigtheit bzw. Wahrheit anführen zu können. Diese Gründe werden unter anderem mit Hilfe von Argumenten eingelöst. Mit Blick auf die obigen Beispiele ist auch deutlich geworden, dass Gründe nicht sprachlich formuliert sein müssen. Im zweiten Beispiel wurde beispielsweise ein Foto verwendet, um eine Aussage zu bestätigen.

Welche Argumente werden untersucht

Im Folgenden wollen wir uns aber darauf festlegen, dass wir ausschließlich Argumente betrachten, bei denen eine Aussage durch andere Aussagen (es kann auch nur eine sein und in besonderen Fälle sogar gar keine) begründet werden soll. Ferner werden wir ausschließlich Argumente betrachten, in denen Aussagen vorkommen, bei denen ein Geltungsanspruch auf Wahr- bzw. Falschheit erhoben wird.

1.6 Was ist eine Aussage?

In der Argumentationstheorie und Logik sollen Argumente untersucht werden, bei denen eine Aussage durch andere Aussagen begründet werden. Ferner sollen die Aussagen prinzipiell wahr oder falsch sein können. Im Folgenden soll geklärt werden, was eine Aussage ist, und erläutert werden, was es mit der Wendung, dass diese prinzipiell wahr oder falsch sein können, auf sich hat.

---

2 Der Buchstabe A steht für einen Sachverhalt, der beispielsweise herbeigeführt bzw. durch Unterlassung nicht herbeigeführt werden soll. Beispielsweise könnte A für „Schließe das Fenster!“ stehen und dementsprechend eine Aufforderung sein, einen bestimmten Sachverhalt (Das Fenster ist geschlossen.) herbeizuführen.

3 In Behauptungskontexten stehen die Großbuchstaben nicht für Sachverhalte, die herbeigeführt werden sollen, sondern für Sachverhalte. Beispielsweise könnte A für „Das Fenster ist geschlossen.“ stehen. An den beiden Fällen wird nochmals deutlich, wie wichtig es ist, die illokutionäre Rolle einer Äußerung zu kennen. Es macht einen großen Unterschied, ob man die Wahr- bzw. Falschheit einer Aussage behauptet, oder ob man dazu aufgefordert wird, einen Sachverhalt herbeizuführen.

Aussage und Sachverhalt

Hierfür müssen weitere Differenzierungen, die über grammatische Kategorien hinausgehen, eingeführt werden. Dass die Orientierung an der natürlichen Sprache zu Problemen führt, ist durch die Ausführungen zur Pragmatik, Syntax und Semantik deutlich geworden. Was heißt es nun, dass eine Aussage prinzipiell wahr oder falsch sein kann? Ob ein Aussagesatz prinzipiell wahr oder falsch sein kann, lässt sich nicht an diesem als einem physischen Gebilde ablesen. Denn die Bedeutungen der sprachlichen Zeichen beruhen auf Konventionen. Ob der Satz: „Papa ist immer auf Montage." sinnhaft ist und damit überhaupt wahr oder falsch sein kann, hängt davon ab, ob in der entsprechenden Sprache konventionell zwischen dem „Plural eines Wochentages" und „dem Aufenthalt außerhalb des Heimatortes, um Bauarbeiten durchzuführen" unterschieden wird. Nun bedeutet die Zeichenfolge „Montage" an sich weder das eine noch das andere. Nur wenn in der entsprechenden Sprache konventionell die zweite Bedeutung der Zeichenfolge etabliert ist, ist die Aussage sinnhaft und damit stellt sich überhaupt erst die Frage, ob die Aussage wahr bzw. falsch ist. Es könnte auch so formuliert werden: Ob eine Aussage wahr ist und damit einen bestehenden Sachverhalt ausdrückt, hängt von den sprachlichen Konventionen der jeweiligen Sprache ab.

Innerhalb der Philosophie wird entsprechend zwischen dem Aussagesatz als physischem Vorkommnis und dem ausgedrückten Sachverhalt unterschieden. Der ausgedrückte Sachverhalt kann bestehen oder nicht bestehen. Die Aussage ist beim Bestehen des Sachverhaltes wahr und beim nicht Bestehen falsch. Aus erkenntnistheoretischer Perspektive wird diese Unterscheidung benötigt. Denn es macht nur Sinn, sich über die Wahrheit von Sätzen zu streiten, wenn man sicherstellen kann, dass das durch die Aussagesätze ausgedrückte intersubjektiv zugänglich ist und man auf dieser Grundlage entscheiden kann, ob der Sachverhalt besteht bzw. nicht besteht. Der Sachverhalt ist auch von der Vorstellung, die die Äußerung eines Satzes begleiten mögen bzw. ausgelöst werden, wenn ein geäußerter Satz vernommen wird, zu unterscheiden. Denn die Vorstellungen sind subjektiv und es kann prinzipiell nicht überprüft werden, ob sich die je eigenen Vorstellungen der Personen gleichen.

Sachverhalte als abstrakte Gegenstände

Für den ausgedrückten Sachverhalt gab es in der Philosophiegeschichte verschiedenste Termini. Frege nannte ihn beispielsweise „Gedanken" und Carnap „Proposition". Es gibt zwar auch Philosophen, die Propositionen ablehnen. Hier wären Willard van Ormand Quine und Donald Davidson zu nennen. Sie lehnen Propositionen ab, da man diese nicht empirisch nachweisen könne.

Gegen den Vorwurf der fehlenden empirischen Nachweisbarkeit von Proposition kann aber gezeigt werden, dass Propositionen abstrakte Gegenstände sind, die mit Hilfe eines Abstraktionsverfahrens eingeführt werden können. Dieses Abstraktionsverfahren erlaubt es auch, den ontologischen Status (die Art und Weise wie der ausgedrückte Sachverhalt intersubjektiv gegeben ist) von Propositionen zu klären, ohne dabei wie Frege in einen Platonismus[4] zu verfallen, nach dem Propositionen eine überzeitliche Existenz haben, in der sie für immer wahr bzw. falsch sind, auch wenn keiner von diesen weiß.

Abstraktionsverfahren

Die Einführung von abstrakten Gegenständen über ein Abstraktionsverfahren wurde zuerst von Frege in *Die Grundlagen der Arithmetik* entwickelt, als eine Möglichkeit den Anzahlbegriff zu definieren. Die Idee hinter diesem Verfahren ist es, festzulegen, unter welchen Bedingungen man über dasselbe spricht. In Freges Fall: Unter welchen Bedingungen kommt beispielsweise dieselbe Anzahl (beispielsweise 5) unterschiedlichen Mengen zu? Man spricht von einem Abstraktionsverfahren, da von bestimmten Hinsichten abgesehen wird und man sich nur auf bestimmte fokussiert. Für die Gegenstände der Mathematik, Logik oder Sprachphilosophie ist dieses Verfahren wichtig, da man nicht wie bei anderen Gegenständen (etwa Büchern oder Autos) auf sie zeigen kann und dann Eigenschaften dieser Gegenstände benennen kann, sondern man nur die Gebrauchsregeln für die entsprechenden (beispielsweise mathematischen oder logischen) Symbole zur Verfügung hat. An dieser Stelle verwenden wir nicht Freges Beispiel, da man für das Verständnis bereits die Unterscheidung zwischen Begriffen erster und zweiter Stufe bereitgestellt haben müsste und selbstverständlich auch geklärt sein müsste, was ein Begriff ist. Des Weiteren stehen zu diesem Zeitpunkt die formalen Darstellungsmittel noch nicht zur Verfügung, sodass ein anderes Beispiel gewählt wird. Gegeben sind zwei Aussagesätze:

1. Peter tötete Ignatz mit einem Degen.
2. Peters kalter Degen ließ Ignatz vor seinen Schöpfer treten.

4 Gottlob Frege: Der Gedanke. In: dersl. logische Untersuchungen. Göttingen: Vandenhoek und Ruprecht. Zweite ergänzte Auflage. 1976, S.30–54.

Beide Aussagesätze bringen denselben Sachverhalt (Peter bringt Ignatz mit Hilfe eines Degens um.) auf unterschiedliche Weise zum Ausdruck. Der erste Satz ist sachlich formuliert und der zweite poetisch. In dieser Hinsicht unterscheiden sich beide Aussagesätze, aber auch in der Anzahl der verwendeten Worte. Der erste Satz besteht aus sechs Worten und der zweite Satz aus neun. In welcher Hinsicht sind die Aussagesätze aber äquivalent? Nun ja, in Hinsicht auf den ausgedrückten Sachverhalt. Wie können wir nun so über die beiden Aussagesätze sprechen, dass man (nachvollziehbar) feststellen kann, dass die ausgedrückten Sachverhalte äquivalent sind? Hierzu kann man zunächst festhalten, dass wenn beide Aussagesätze denselben Sachverhalt ausdrücken, muss es so sein, dass, wenn die erste Aussage in der jeweiligen Situation wahr ist, auch die zweite Aussage wahr sein muss. Dass dies bei der ersten und zweiten Aussage der Fall ist, ist über die Gebrauchsregeln der deutschen Sprache verständlich. Wenn man die Gebrauchsregeln der deutschen Sprache kennt, kann man obigen Zusammenhang feststellen. Dieser Zusammenhang gilt nicht nur innerhalb einer Sprache, sondern auch zwischen verschiedenen Sprachen.

Die Aussagesätze: „Sie lesen jetzt einen Satz im Buch Logik." und: „You are now reading a sentence in the book Logik." drücken denselben Sachverhalt aus, da sowohl die eine als auch die andere Aussage nach den Bedeutungsregeln der jeweiligen Sprache und dem entsprechenden Kontext wahr sind. Auf dieser Grundlage können wir entscheiden, unter welchen Bedingungen über denselben Sachverhalt bzw. Proposition gesprochen wird. Es wird genau dann über die Proposition gesprochen, wenn die entsprechende Zuschreibung auch für alle äquivalenten Aussagen gilt. Dass die beiden Sätze aus 29 Buchstaben bestehen, ist keine Aussage über die Proposition, da sie zwar auf den ersten Satz, aber nicht auf den zweiten zutrifft. Dass es sich bei diesen Sätzen, um keinen analytisch wahren Satz[5] handelt, ist eine Aussage über die ausgedrückte Proposition.

Die Erläuterungen zur Einführung von Sachverhalten bzw. Propositionen über das Abstraktionsverfahren wurde durch konkrete Beispiele begleitet. Den dargestellten Zusammenhang zwischen den Gebrauchsregeln der Sprache bzw. Sprachen und der

5 Aussagen sind genau dann analytisch wahr, wenn sie allein unter Rückgriff auf die Verwendungsregeln der in den Aussagen verwendeten Ausdrücke gerechtfertigt werden können.

Geltung der ausgedrückten Sachverhalte können wir nun auch allgemein formulieren.

Zwei Aussagesätze drücken dieselbe Proposition genau dann aus, wenn nach den Gebrauchsregeln der entsprechenden Sprache(n) folgt, dass sowohl der eine als auch der andere Aussagesatz im jeweiligen Kontext gilt.[6]

Damit haben wir uns klargemacht, was wir in dieser Einführung unter einer Aussage verstehen wollen, nämlich eine Proposition im oben angegebenen Sinne. Im Weiteren soll aber wieder der gebräuchliche Ausdruck „Aussage" im Sinne von Proposition verwendet werden.

Um über die Wahr- bzw. Falschheit zu entscheiden, muss man die Verwendungsregeln der Ausdrücke der jeweiligen Sprache kennen. Ferner, und dies zeigen die Beispiele auch, ist es kontextabhängig, was die indexikalischen Ausdrücke, wie „sie", „jetzt" usw. bedeuten. Damit ist auch deutlich geworden, dass das Prädikat „ ...ist wahr" kein einstelliges Prädikat ist, sondern eine dreistellige Relation ist:

> Aussage A ist wahr in Sprache L in Kontext K.

Wahrheitskriterium

Nun entsteht natürlich die Anschlussfrage, mit Hilfe von welchen Kriterien entschieden werden kann, ob eine Aussage wahr bzw. falsch ist. Die sehr spannende erkenntnistheoretische Frage, nach der Formulierung eines Wahrheitskriteriums, braucht man aber zum Glück für die Logik nicht zu beantworten. Es muss für die Logik nur vorausgesetzt werden, dass die Aussagen (prinzipiell) wahr bzw. falsch sein können. Kant schreibt in diesem Sinne:

> Diese Frage [Was ist Recht?, S.E.] möchte wohl den Rechtsgelehrten, wenn er nicht in Tautologie verfallen, oder, statt einer allgemeinen Auflösung, auf das, was in irgend einem Lande die Gesetze zu irgend einer Zeit wollen, verweisen will, eben so in Verlegenheit setzen, als die berufene Aufforderung: Was ist Wahrheit? den Logiker.[7]

---

6 Dirk Hartmann: Erkenntnistheorie. Paderborn: Mentis, 2020, S.106.

7 Immanuel Kant: Metaphysische Anfangsgründe der Rechtslehre. Hamburg: Meiner, 1998, S.37. Vgl. auch: Immanuel Kant: Kritik der reinen Vernunft. Hamburg: Meiner, 1998, S.135f.

Thematisierung von Aussagen in der Logik

Damit wurde die Verwendung des Ausdrucks „Aussage“ geklärt und damit zusammenhängend auch, was es heißt, dass Aussagen prinzipiell wahr oder falsch sein können. Für die Logik können wir Folgendes festhalten: Es ist für die Logik nicht von Belang, ob eine Aussage tatsächlich wahr oder falsch ist, d.h. es ist keine Aufgabe der Logik zu überprüfen, ob der durch einen Aussagensatz ausgedrückte Sachverhalt besteht (und damit die Aussage wahr ist) oder nicht besteht (und damit die Aussage falsch ist). Es wird nur vorausgesetzt, dass die behandelten Aussagen sinnhaft sind und das heißt, einen Sachverhalt ausdrücken. Diese prinzipielle Sinnhaftigkeit der Aussagen und dem Absehen von der Überprüfung, ob der ausgedrückte Sachverhalt besteht, deutet an, dass es bei den Argumenten, die in der Logik untersucht werden, nicht um die sprachlichen Verwendungsregeln der natürlich-sprachlichen Ausdrücke ankommen kann. Wenn Sie sich an das vierte Beispiel erinnern, Galileo Galilei wollte mit einem Argument begründen, dass eine Aussage von Aristoteles falsch sei. Bei der Erläuterung kamen wir auf eine Struktur zu sprechen, die so gestaltet ist, dass man nicht zugleich die Falschheit der einen Aussage und die Wahrheit der anderen Aussagen behaupten könne. Dieser Struktur wollen wir uns nun zuwenden, aber es kann an dieser Stelle festgehalten werden, dass für die Beschreibung dieser Struktur die Verwendungsregeln beispielsweise der Ausdrücke „schnell“ und „leichterer Gegenstand“ sowie die aus derartigen Ausdrücken zusammengesetzten Aussagen irrelevant sind. Diese Struktur hat auch nicht damit zu tun, dass in diesem konkreten Argument Aussagen über die Fallgeschwindigkeit von schwereren und leichteren Gegenständen gemacht werden. Um diese Struktur aufklären zu können, müssen wir zunächst bestimmen, was ein Argument ist.

1.7 Was ist ein Argument?

Die Präzisierung des Ausdrucks „Aussage“ wurde begonnen, um zu klären, worin die Bestandteile von Argumenten bestehen. Im Folgenden wird es darum gehen, aufzuklären, in welcher Beziehung bzw. Relation diese Bestandteile in einem Argument stehen, damit es sich um ein Argument und nicht um eine bloße Abfolge von Aussagen handelt. Wenn diese Relation aufgeklärt wurde, können wir die oben beschriebene Struktur näher bestimmen.

Betrachten wir hierzu ein Beispiel: Karl und Friedrich streiten sich darüber, wie groß der Erdumfang ist. In diesem Gespräch versucht Karl, Friedrich mit dem folgenden Argument von seiner Position zu überzeugen:

> Weil Deutschland ein Land in Europa ist und die Mathematik eine Wissenschaft, beträgt der Erdumfang 41750 km.

Stützungsrelation

Diese Zusammenstellung von Aussagen, so sehr Karl davon auch überzeugt sein mag, vermag Friedrich nicht zu überzeugen. Die einzelnen Aussagen sind zusammenhangslos. Es ist nicht ersichtlich, wie die Aussage, dass der Erdumfang 41750 km beträgt, durch die anderen beiden Aussagen begründet werden. Damit eine Zusammenstellung von Aussagen ein Argument ist, muss zwischen den Aussagen eine Stützungsrelation bestehen. Etwas pathetisch: die Überzeugungskraft einer dieser Aussagen muss sich auf die anderen Aussagen stützen. Dabei ist eine Aussage die zu stützende Aussage (These), während die anderen Aussagen die stützenden Aussagen sind. Es ist also für eine Zusammenstellung von Aussagen nicht ausreichend, dass die einzelnen Aussagen tatsächlich wahr sind, um die Zusammenstellung als ein Argument zu bezeichnen. Die Aussagen müssen in einer bestimmten Relation zueinanderstehen und diese Relation soll mit Stützungsrelation bezeichnet werden.

Betrachten wir nun eine Zusammenstellung von Aussagen, die eine Stützungsrelation aufweist, aber eine stützende Aussage falsch ist:

> Da Kaiser Wilhelm I. im Jahr 1876 einen Vertrag unterschrieb, durch den Deutschland ein Teil der Europäischen Union wurde, ist Deutschland ein Teil der Europäischen Union.

In dieser Zusammenstellung stehen die Aussagen in einer Stützungsrelation. Denn die Wahrheit der Aussage, dass Deutschland ein Teil der Europäischen Union ist, könnte sich auf den Umstand stützen, dass Kaiser Wilhelm I. einen Vertrag unterschrieben hat, der Deutschland zu einem Teil der Europäischen

Union macht. Diese Zusammenstellung von Aussagen könnte man aufgrund der vorliegenden Stützungsrelation als ein Argument bezeichnen. In diesem Fall hängt aber die Stützungsrelation im Wesentlichen von den sprachlichen Verwendungsregeln der Ausdrücke ab, mit denen die Aussagen formuliert sind. Dies sollte bei der Struktur von Argumenten, die die Logik thematisiert, nicht der Fall sein. Des Weiteren besteht zwar eine Stützungsrelation, aber eine stützende Aussage ist schlicht falsch.

Gutes Argument

Damit kann das Argument aber auch nicht gut sein. An dieser Stelle können wir ein gutes Argument, wie folgt definieren:

> Ein Argument ist genau dann gut, wenn die stützenden Aussagen wahr sind und zwischen diesen und der zu stützenden Aussage eine Stützungsrelation besteht.

Bei der Bestimmung des Gegenstandsbereichs der Argumentationstheorie und Logik sind wir ein gutes Stück vorangekommen. Der Gegenstandsbereich konnte zunächst eingegrenzt werden auf denjenigen Teil der Diskussionspraxis, in dem mit Hilfe natürlich-sprachlicher Argumente ein erhobener Geltungsanspruch auf Wahr- bzw. Falschheit eingelöst werden soll. Dabei kann zur Einlösung eines solchen Geltungsanspruchs nur eine Zusammenstellung von Aussagen als Argument gelten, bei denen zwischen den stützenden Aussagen und der zu stützenden Aussage eine Stützungsrelation besteht. Es liegt aber erst ein gutes Argument vor, wenn über die Stützungsrelation hinaus die einzelnen Aussagen auch tatsächlich wahr sind. Hiermit ist schon einiges gewonnen. Die Argumentationstheorie und Logik kann mit der Definition eines guten Arguments bereits die Diskussionspraxis theoretisch stützen. Denn mit Hilfe der Definition können natürlich-sprachliche Argumente evaluiert werden: Wenn ein Beitrag nicht die Eigenschaften der Definition erfüllt, kann er nicht den Anspruch erheben, ein guter argumentativer Beitrag zu sein. Dies ist zugegebenermaßen kein berauschendes Ergebnis. Aber immerhin strukturiert es die möglichen Fragen bei der Bewertung von Argumenten auf zwei: Besteht eine Stützungsrelation zwischen den stützenden Aussagen und der zu stützenden Aussage? Und sind die einzelnen Aussagen wahr? Was aber noch nicht erreicht wurde, ist eine Abgrenzung der allgemeinen Argumentationstheorie von der Logik. Um diese

Abgrenzung soll es im Folgenden gehen. Hierfür muss eine weitere Eingrenzung des Gegenstandsbereichs und zwar diesmal für die Logik vorgenommen werden. Diese Eingrenzung kann vorgenommen werden, wenn die Art von Stützungsrelation bestimmt wird, die innerhalb der Logik thematisiert wird.

Standardform von Argumenten

Für diese Bestimmung muss abstrahierend über Argumente gesprochen werden. In schriftlichen Diskussionen (aber auch in mündlichen) werden Argumente größtenteils nicht so dargeboten, dass die zu stützende Aussage nach den stützenden Aussagen angeführt wird. Manchmal beginnt ein Aufsatz (oder ein Gespräch) mit der These, manchmal mit den stützenden Aussagen und manchmal werden erst einige stützenden Aussagen erläutert, gefolgt von der These und weiteren stützenden Aussagen. Oft werden nicht genügend stützende Aussagen angeführt und manchmal ist nicht eindeutig welche These begründet werden soll. Dies sind Umstände, die für die kritische Prüfung eines Arguments nicht förderlich sind. Ein Mittel, um diesem Umstand zu begegnen, ist die Standard- oder Normalform von Argumenten. Hierzu werden die stützenden Aussagen untereinandergeschrieben und darunter, abgetrennt mit einem Strich, die zu stützende Aussage. Es ergibt sich dann folgendes Schema:

Stützende Aussage A_1
–
–
Stützende Aussage A_n
Zu stützende Aussage (These)[8]

Schluss

Zwischen den stützenden Aussagen und der zu stützenden Aussage können verschiedene Arten von Stützungsrelationen bestehen. Manchmal soll durch ein Argument eine These nur plausibel oder wahrscheinlich gemacht werden. In manchen Fällen wird aber eine Stützungsrelation folgender Art erhoben: Die Wahrheit der stützenden Aussagen soll sich auf die zu stützende Aussage übertragen. Bei diesem Typ von Argumenten nennt man die Stützungsrelation einen „Schluss", die stützenden Aussagen „Prämissen" und die zu stützende Aussage „Konklusion". Während in der

8 Gesprochen: Aufgrund der Aussagen A_1 bis A_n soll die These gelten.

Logik nur Stützungsrelationen von diesem Typ, also Schlüsse, thematisiert werden, werden in der allgemeinen Argumentationstheorie andere Arten von Stützungsrelationen, wie etwa eine Plausibilisierung, untersucht.

1.8 Was ist ein Schluss?

Eigenschaften von Schlüssen

Um die Eigenschaften von Schlüssen, und damit den Untersuchungsgegenstand der Logik, weiter zu bestimmen, soll im Folgenden erläutert werden, wie der Wahrheitstransfer von den Prämissen auf die Konklusion bei dieser Art der Stützungsrelation bestimmt werden kann. Hierzu betrachten wir das folgende Beispiel:

> Wenn Karoline eine Million Euro von ihrem Opa erbt, dann hört sie auf zu arbeiten.
> Karoline erbt von ihrem Opa eine Millionen Euro.
> ―――――――――――――――――――――――――
> Karoline hört auf zu arbeiten.

Bei diesem Beispiel hat man den Eindruck, dass es ein Fehler wäre, zu sagen, dass die Prämissen wahr die Konklusion aber falsch ist. Worauf beruht dieser Eindruck? Um diese Frage zu beantworten, muss erläutert werden, was unter einem (logischen) Schluss zu verstehen ist.

Schlussregel

Hierzu muss man zunächst festhalten, dass sich ein Schluss auf eine Regel stützt. Eine Schlussregel unterscheidet sich nicht grundsätzlich von anderen Regeln. Denken Sie beispielsweise an Verkehrsregeln. Eine Fußgängerampel steuert den Verkehrsfluss, indem durch die unterschiedlichen Rot-Grün-Phasen geregelt wird, dass während die Fußgänger die Fahrbahn bei Grün überqueren dürfen, die anderen Verkehrsteilnehmer, angezeigt durch die rote Ampel, keine Übergangserlaubnis für die Fahrbahn haben. Nun geht es in der Logik nicht um Personen, die mit oder ohne Fahrzeuge bestimmte Ver- und Gebote – sofern sie Verkehrsteilnehmer sind von der Straßenverkehrsordnung – auferlegt bekommen, sondern um den regelgeleiteten Übergang von Aussagen zu anderen Aussagen. Dieser regelgeleitete Übergang muss so ausgestaltet sein, dass er den Anforderungen derjenigen Stützungsrelation, die in der Logik thematisiert wird, entspricht. Der Übergang von den Aussagen (Prämissen) zu einer anderen Aussage (Konklusion) muss so geregelt werden, dass sich die Wahrheit der Prämissen auf die Konklusion überträgt.

Gültiger Schluss

Mit dem Wort „Schlussregel" soll eine solche Übergangserlaubnis von Aussagen zu einer anderen Aussage bezeichnet werden. Ein Schluss, der nur mit Hilfe solcher Schlussregeln gezogen werden kann, ist gültig. Nach diesen Vorüberlegungen kann die Logik in einer ersten Annäherung als die Lehre von der Gültigkeit von Schlüssen bestimmt werden.

Formulierung von Schlussregeln

Im Folgenden soll näher darauf eingegangen werden, wie innerhalb der Logik solche Schlussregeln aufgestellt werden. Wenn man sich das obige Beispiel nochmals vergegenwärtigt, fällt auf, dass diesem Argument ein (logischer) Schluss zugrunde liegt. Weiter oben haben wir festgehalten, dass die Struktur von (logischen) Schlüssen unabhängig von den sprachlichen Verwendungsregeln der Aussagen angegeben werden muss. Diese Struktur wird deutlicher, wenn man die einzelnen Aussagen in dem Argument austauscht. Betrachten wir hierzu folgendes Beispiel:

Wenn es regnet, dann ist die Straße nass.
Es regnet.
___
Die Straße ist nass.

Bei diesem Argument stellt sich auch wieder der Eindruck ein, dass es ein Fehler wäre, zu sagen, dass die Prämissen zwar wahr sind, die Konklusion aber falsch. Dementsprechend kann die Gültigkeit eines Schlusses nicht von den konkreten Aussagen abhängen bzw. über diese Nachgewiesen werden. Bei der Formulierung der Schlussregeln wird nur vorausgesetzt, dass es sich um prinzipiell sinnhafte Aussagen handelt, also solche, die prinzipiell wahr oder falsch sein können. Dies ist bei dem folgenden Beispiel nicht der Fall:

Wenn 3 links grün, dann ist es geboten, in jeder Situation zu lügen!
3 links grün.
___
Es ist geboten, in jeder Situation zu lügen!

Bei der Wortfolge „3 links grün“ handelt es sich nicht um eine wohlgeformte Aussage. Die Wortfolge ist syntaktisch nicht wohlgeformt, sodass sich die Frage nach der Wahr- bzw. Falschheit gar nicht erst stellt, da überhaupt kein Sachverhalt ausgedrückt wird. Bei dem Satz: „Es ist geboten, in jeder Situation zu lügen!“ handelt es sich um ein Gebot. Diese können nun auch nicht wahr bzw. falsch sein, sondern sind gerechtfertigt bzw. ungerechtfertigt. Solche Aufforderungssätze wurden aber ausgeschlossen, da die Schlussregeln nur für wahrheitswertfähige Aussagen formuliert werden sollen.

Schlussform

Aber selbst bei diesem letzten Beispiel wird eine Struktur bzw. eine Form deutlich, die allen drei Beispielen in Kapitel 1.8 gemeinsam ist. Unterschiedlich sind nur die jeweiligen Einsetzungen der Aussagen. Die Schlussregel wird etwas mit der sprachlichen Verwendungsregel des gleichbleibenden Elements, dem Wenn ... Dann ..., zu tun haben. Es ergibt sich eine Form, wenn wir von den irrelevanten Bestandteilen für die Darstellung von Schlüssen absehen. Wir können diese Form hervorheben, indem wir von den konkreten Aussagen abstrahieren und die Aussagen durch Platzhalter (Variablen) ersetzen:

Wenn A, dann B
A
―――――――
B

Dabei stehen die Buchstaben A und B als Platzhalter für die Aussagen „Karoline erbt von ihrem Opa eine Millionen Euro.“ und „Karoline hört auf zu arbeiten.“ Die Schlussregel soll eine Übergangserlaubnis von Aussagen zu einer anderen Aussage sein. Hierunter sollte man nicht verstehen, dass man von A unvermittelt zu B übergehen kann. Denn aus der Aussage, dass Karoline von ihrem Opa eine Millionen Euro erbt, wird auch mit der größten Magie nicht die Aussage, dass Karoline aufhört zu arbeiten. Unter den Prämissen kommen nicht nur die Platzhalter für die Aussagen vor, sondern noch weitere Bestandteile. Dieser Bestandteil wurde mit dem natürlich-sprachlichen „Wenn ... Dann ...“ beibehalten. Dementsprechend könnte man die beiden Prämissen umgangssprachlich auch so ausdrücken: Wenn A der Fall ist, dann ist auch B der Fall (1. Prämisse). A ist der Fall (2. Prämisse). Die Kombination dieser beiden Prämissen erlaubt es nun zur

Konklusion, also dass B der Fall ist, überzugehen. Die Übergangserlaubnis speist sich im Wesentlichen aus der Gebrauchsweise der Aussagenverknüpfung „Wenn ... Dann ...“. Ohne mit der genauen Bedeutung des „Wenn ... Dann ...“ in der Logik vertraut zu sein, hält man den Schluss für gültig. An der Schlussform sieht man, dass in der zweiten Prämisse der Bedingungsteil der Wenn-dann-Aussage aus der ersten Prämisse vorliegt, sodass man zu dem Folgen-Teil (B) übergehen kann.

Damit können wir festhalten, dass die Übergangsregeln mit den Bedeutungen der logisch relevanten Ausdrücke zusammenhängen bzw. sich aus diesen ergeben. Diese Ausdrücke, auch logische Partikel genannt, bilden die logische Form des Schlusses. Im obigen Beispiel ist diese Partikel in natürlich-sprachlicher Schriftform dargestellt. An dieser Stelle sei bereits angemerkt, dass es neben dem „Wenn ... Dann ...“ noch andere Partikel gibt wie „nicht“, „und“, „oder“, „alle“, „einige“ usw. Bei der Frage nach der Gültigkeit eines Schlusses spielen dementsprechend die Verwendungsregeln der logischen Partikel eine zentrale Rolle.

Wahrheitstransfer

Wenn man allein unter Rückgriff auf die Verwendungsregeln der logischen Partikel von den Prämissen zur Konklusion übergehen kann, kann man sich direkt einsichtig machen, warum logisch gültige Schlüsse wahrheitstransferierend sind. Wenn die Prämissen wahr sind und von diesen allein unter Rückgriff auf die Gebrauchsregeln der logischen Partikel zur Konklusion übergegangen werden kann, dann überträgt sich damit auch die Wahrheit der Prämissen auf die Konklusion. Es kann gar nicht anders sein. Wenn man die Wahrheit der Prämissen akzeptiert und diese allein unter Rückgriff auf die Bedeutungsregeln der logischen Partikel zur Konklusion umgeformt werden können, dann würde man sich widersprechen, wenn man sagt, dass die Prämissen wahr, die Konklusion aber falsch sei. Die Bedeutungsregeln der logischen Partikel liefern die Übergangsregeln (und damit -erlaubnisse) für den Übergang von den Prämissen zur Konklusion. Ein (logischer) Schluss stützt sich damit auf die Bedeutungsregeln der logischen Partikel.

Wir fassen die Ergebnisse noch einmal zusammen und verdeutlichen die Eigenschaften eines Schlusses, um anschließend einen logisch gültigen Schluss zu definieren.

Ein gültiger Schluss ist ...

Hierfür soll zunächst daran erinnert werden, dass wir bereits gesehen haben, dass die Gültigkeit des Schlusses im obigen Beispiel unabhängig von dem konkreten Inhalt und der tatsächlichen Wahrheit der Aussagen ist. Wenn man sich bei dem Übergang von den Prämissen zur Konklusion nur auf die Bedeutungsregeln der logischen Partikel stützt, dann überträgt sich die Wahrheit von den Prämissen auf die Konklusion und es liegt ein (logisch-)gültiger Schluss vor. Ferner bleibt der Schluss, da er unabhängig von dem konkreten Inhalt und der tatsächlichen Wahrheit der Aussagen gerechtfertigt wurde, gültig, auch wenn andere Substitutionen für die Aussagenvariablen gewählt werden. Dabei erhält man eine Instanz eines Schlusses bzw. einer Schlussregel, wenn man Aussagen für die Platzhalter substituiert. Wenn man einen Schluss bzw. eine Schlussregel in die Standardform von Argumenten bringt, erhält man eine Schlussform. Für das diskutierte Beispiel ergibt sich folgende Schlussform:

A→[9]B
A
———
B

Instanz einer Schlussform

Betrachten wir nun eine Instanz dieser Schlussform, die sich über die Einsetzung von Aussagen für die Platzhalter ergibt. Welche Konsequenzen ergeben sich, wenn die substituierten Aussagen tatsächlich falsch und unzusammenhängend sind. Betrachten wir hierzu folgendes Beispiel:

Wenn 2+2=5 ist, dann ist Johann Wolfgang von Goethe der Autor von Hamlet.
2+2=5
———
Johann Wolfgang von Goethe ist der Autor von Hamlet.

Auch diesem Argument liegt dieselbe logische Form wie dem obigen Beispielen zugrunde. Aber anders als in den obigen Beispielen sind die beiden Aussagen: „2+2=5“ und „Johann Wolfgang von Goethe ist der Autor von Hamlet.“ falsch. Bei dieser

9 Um die Schlussform korrekt darzustellen, wird an dieser Stelle bereits auf das aussagenlogische Symbol des Subjunktors zurückgegriffen, um die Aussagenverknüpfung Wenn ... Dann ... auszudrücken. Gleichwohl wird die Bedeutung des Subjunktors ausführlich im Kapitel zur Aussagenlogik erläutert werden.

Instanz, könnte es zu folgender Überlegung kommen: Bei logisch gültigen Schlüssen soll sich die Wahrheit der Prämissen auf die Konklusion übertragen und ausgeschlossen sein, dass die Prämissen wahr sind, die Konklusion aber falsch. Das letzte Beispiel zeige aber, dass der Schluss nicht gültig sein könne, da die Konklusion falsch sei.

Bei dieser Überlegung übersieht man mehrere Voraussetzungen, die wir für die Logik und den Nachweis von gültigen Schlüssen benannt haben. Zunächst wird für den Nachweis der Gültigkeit eines Schlusses von den konkreten Aussagen abstrahiert und diese durch Platzhalter bzw. Variablen ersetzt. Damit einher ging ein Absehen von der tatsächlichen Wahr- bzw. Falschheit der Aussagen. Es wurde nur gefordert, dass die Aussagen prinzipiell wahr bzw. falsch sein können. Hiermit hängt wiederum zusammen, dass beim Nachweis der Gültigkeit eines Schlusses nur auf die Bedeutung der logischen Partikel Bezug genommen wird. Für die Gültigkeit eines Schlusses wird nur gefordert, dass die Konklusion wahr ist, wenn alle Prämissen wahr sind. Bei einem gültigen Schluss ist unter der Bedingung, dass alle Prämissen wahr sind, sichergestellt, dass auch die Konklusion wahr ist. Bei den Substitutionen im obigen Beispiel ist aber mindestens eine Prämisse falsch, sodass die Falschheit der Konklusion kein Gegenbeispiel für die Gültigkeit der zugrundeliegenden Schlussregel darstellt. Dies wäre nur der Fall, wenn alle Prämissen wahr wären, die Konklusion aber falsch.

Definition: gültiger Schluss

Mit der eingeführten Terminologie können wir nun einen gültigen Schluss definieren:

> Ein Schluss ist gültig genau dann, wenn er nach einer Regel vollzogen wurde, die in allen Instanzen, in welcher die Prämissen allesamt wahr sind, eine wahre Konklusion aufweist.

Zusammenhang eines gültigen Schlusses und eines guten Arguments

Im Anschluss an diese Definition soll auf den Zusammenhang zwischen einem gültigen Schluss und einem guten Argument eingegangen werden. Das letzte Beispiel zeigt, dass ein Argument auf einem gültigen Schluss beruhen kann, dabei aber nicht zwingend gut sein muss. Dies ist immer dann der Fall, wenn die substituierten Aussagen tatsächlich falsch oder unzusammenhängend sind. Wenn einem Argument aber kein gültiger Schluss zugrunde liegt, dann kann es auch nicht gut sein.

Im Verlaufe der Vorbemerkungen wurde betont, dass sich die Übergangserlaubnis von den Prämissen zur Konklusion durch die Angabe der Bedeutungsregeln der logischen Partikel ergibt. Wenn sich der Übergang von den Prämissen zur Konklusion allein unter Bezug auf diese Bedeutungsregeln rechtfertigen lässt, handelt es sich um einen logisch gültigen Schluss. Damit können wir zum Abschluss die Logik definieren, als:

Logik ist die Lehre von der Gültigkeit von Schlüssen aufgrund der Bedeutung der logischen Partikel allein.

1.9 Klärung letzter Fragen

Zum Ende dieser Vorbemerkungen kommen wir nochmals auf die beiden existentiellen Fragen zurück, deren Formulierung im Verlauf immer weiter präzisiert wurde. In der letzten Fassung lauteten beide Fragen:

1. Ist die Logik ein geeignetes Mittel zur argumentativen Einlösung von Geltungsansprüchen?
2. Ist die argumentative Einlösung von Geltungsansprüchen ein genuiner Zweck der Philosophie?

Logik als Evaluationsmittel

Die erste Frage wurde nun dahingehend beantwortet, dass die Logik ein Mittel zur Evaluierung von natürlich-sprachlichen Argumenten ist. Innerhalb der Logik werden Mittel bereitgestellt, mit denen überprüft werden kann, ob ein erhobener Geltungsanspruch tatsächlich eingelöst wurde. Hierbei wurden einige Voraussetzungen benannt, die die Anwendung der logischen Mittelbstände einschränken. Zu nennen wären an dieser Stelle, dass nur Argumente betrachtet werden, die aus Aussagen bestehen (die Mittel können also nicht (ohne weiteres) auf Argumente angewandt werden, die normative Prämissen enthalten). Ferner bezieht sich die Betrachtung nur auf die zugrundeliegende logische Form der Argumente (es wird also insbesondere von dem Inhalt der einzelnen Aussagen abgesehen). Die Logik überprüft, ob Argumenten ein gültiger Schluss zugrunde liegt. Bei einem gültigen Schluss ist ausgeschlossen, dass alle Prämisse wahr sind, die Konklusion aber falsch. Sollte sich ein Schluss als ungültig erweisen, kann das Argument aus formalen Gründen nicht gut sein. Damit ist auch ausgeschlossen, dass der einzulösende Geltungsanspruch durch das Argument eingelöst werden kann. Erweist sich der Schluss als gültig, besteht zwar eine Stützungsrelation zwischen den Prämissen und der Konklusion. Um zu überprüfen, ob der Geltungsanspruch durch das Argument tatsächlich eingelöst wurde, muss noch sichergestellt sein, dass die Aussagen tatsächlich wahr sind. Dies kann aber nicht mit den Mitteln der Logik geschehen, da diese von dem Inhalt der Aussagen absieht.

Genese und Geltung

Damit kommen wir zur zweiten Frage: Besteht der Hauptzweck der Philosophie in der Evaluierung von Argumenten, mit denen Geltungsansprüche eingelöst werden sollen? Ja, da die Unterscheidung von Geltung und Genese konstitutiv für die Philosophie ist.[10] Das Wort „Geltung" haben Sie bereits in Verbindung mit erhobenen Geltungsansprüchen im Rahmen von Behauptungen kennengelernt. Damit wird der Anspruch bezeichnet, auf Nachfrage die behauptete Aussage rechtfertigen zu können. Stellt man Geltungsansprüche in Frage, wird nach der Rechtfertigung bzw. der Geltung von Wissensbeständen gefragt.

Das Wort „Genese" bedeutet zunächst Entstehung, Entwicklung bzw. Zustandekommen. In diesem Zusammenhang bezeichnet Genese die „Entstehung" bzw. „Entwicklung von Wissensbeständen". Diese Entwicklungen können zum Gegenstand von Wissenschaften wie der Psychologie oder Physik gemacht werden.

So ist es zwar der Fall, dass gewisse psychologische Prozesse ablaufen, wenn man eine Behauptung äußert. Aber auf die Frage, ob die behauptete Aussage wahr beziehungsweise falsch ist, kann nicht über einen Verweis auf diese Prozesse geantwortet werden. Die Aussage 2+2=4 ist nicht wahr, weil bestimmte Prozesse im Gehirn ablaufen, sondern weil man allein unter Bezug auf die Verwendungsregeln der in der Aussage vorkommenden Ausdrücke, diese als wahr ausweisen kann.

10 Vgl. für eine ausführliche Rechtfertigung: Matthias Wille: Transzendentaler Antirealismus. Grundlagen einer Erkenntnistheorie ohne Wissenstranszendens. Berlin und Boston: De Gruyter, 2012, S.27ff. und Dirk Hartmann: Erkenntnistheorie. Paderborn: Mentis, 2020, S.37ff.

Damit ist aber die Beschäftigung mit Argumentationstheorie und Logik im Kontext eines Philosophiestudiums sinnvoll.

Zusammenfassung und Ausblick

Bevor wir in den folgenden Kapiteln unterschiedliche Ansätze der Logik betrachten werden, soll nochmals innegehalten werden, um die auf den letzten Seiten eingeführten Unterscheidungen und Definitionen zu rekapitulieren. Dies gibt uns die Gelegenheit, die Besonderheiten und die Perspektive dieser Einführung zu verdeutlichen. Hier wäre zunächst daran zu erinnern, dass die Logik in dieser Einführung als Hilfswissenschaft betrachtet wird. Es soll nicht in Abrede gestellt werden, dass die Logik ein genuiner Forschungsgegenstand sein kann, der ungeachtet der Anwendungsmöglichkeiten beispielsweise in der Informatik, der Linguistik oder eben auch bei der Evaluation von natürlich-sprachlichen Argumenten von großem Interesse ist. Die Logik wird als ein Mittel für die Evaluation von natürlich-sprachlichen Argumenten verstanden und die Darstellung der logischen Verfahren an diesem Zweck ausgerichtet. Hierbei darf man nicht übersehen, dass die Logik nur solche Argumente betrachtet, denen eine bestimmte Art der Stützungsrelation zugrunde liegt. Es geht um Argumente, denen ein Schluss zugrunde liegt. Schlüsse sind gültig, wenn sichergestellt ist, dass bei Wahrheit aller Prämissen auch die Konklusion wahr ist. Um die Gültigkeit eines Schlusses auszuweisen, wurde anhand eines Beispiels verdeutlicht, dass hierfür, wenn es sich um einen logischen Schluss handeln soll, allein auf die Bedeutung der logischen Partikel zurückgegriffen werden darf. Gelingt es allein unter Rückgriff auf die Bedeutung der logischen Partikel von den Prämissen zur Konklusion überzugehen, ist der Schluss gültig. Es kann dann gar nicht anders sein als, dass die Prämissen wahr sind, die Konklusion aber falsch. Bei dem Beispiel wurde der Übergang von den Prämissen zur Konklusion über die Bedeutung des „Wenn ... Dann ...“ als gültig ausgewiesen. Dieser Schluss wird innerhalb der Aussagenlogik behandelt und „Modus Ponens“ genannt. Die Aussagenlogik thematisiert logische Partikel, die Aussagen miteinander verknüpfen. Ausführlich werden wir uns im dritten Kapitel mit der Aussagenlogik beschäftigen.

Neben der Aussagenlogik, die die aussagenverknüpfenden logischen Partikel, die sogenannten Junktoren, thematisiert, gibt es noch andere Arten logischer Partikel. Bei den vorherigen Beispielen wurde stets von der Binnenstruktur der einzelnen Aussagen abgesehen. So wurden die verschiedenen Aussagen durch unterschiedliche Aussagenvariablen wiedergegeben. Wenn die Binnenstruktur von Aussagen thematisiert wird, ergibt sich die Möglichkeit, weitere logische Partikel in ihrer Bedeutung zu bestimmen und darüber andere Arten von Schlüssen auf ihre Gültigkeit hin zu überprüfen. In der Prädikatenlogik erster Stufe, die im vierten Kapitel vorgestellt wird, wird diese Binnenstruktur thematisiert und gezeigt, dass es möglich ist, die sogenannten Quantoren in ihrer Bedeutung zu bestimmen. Für diese wird es erforderlich, innerhalb einer Aussage zwischen Prädikatoren und Nominatoren zu unterscheiden. Aber hierauf werden wir ausführlich in dem entsprechenden Kapitel eingehen und im Anschluss im fünften Kapitel die Identitätsrelation behandeln.

Beginnen wollen wir im zweiten Kapitel aber mit der Syllogistik, die wie die Prädikatenlogik erster Stufe die logische Binnenstruktur von Aussagen thematisiert, aber gleichwohl anders dabei vorgeht. Die Syllogistik wurde von Aristoteles in der Antike entwickelt und bildete für einen sehr langen Zeitraum den Kernbestand der Logik. Institutionell wurde die Logik innerhalb der Philosophie verortet. Während dieser Zeit hatte die Syllogistik noch kein mathematisches Gewand und war in ihrer Anwendung sehr eingeschränkt. Aufgrund der Darstellung der logischen Zusammenhänge ohne mathematisches Gewand und der Übersichtlichkeit der behandelten Schlüsse eignet sich die Syllogistik für den Einstieg in die Logik hervorragend.

1.10 Aufgaben zu den Grundlagen

1. Warum ist es sinnvoll, sich mit Argumentationstheorie und Logik (besonders im Rahmen eines Philosophiestudiums) zu beschäftigen?
2. Welche Einschränkungen in Bezug auf den Gegenstand der Logik werden gemacht?
3. Was ist eine Aussage?
4. Welche Argumentationsformen werden durch die Logik untersucht?
5. Was ist ein Schluss?
6. Welche Bestandteile der folgenden Aussagen sind für die logische Form relevant?
   „Wenn ich der Kaiser von China wäre, dann würde ich die Villa Hügel in Peking nachbauen lassen."
7. Wie nennt man die logisch relevanten Ausdrücke?
8. Inwiefern sind die logischen Partikel für die Bestimmung der Gültigkeit eines Schlusses relevant?

9. Wieso kann es bei einem gültigen Schluss, gar nicht anders sein, als dass sich, wenn die Prämissen wahr sind, die Wahrheit auf die Konklusion überträgt?
10. Ist jedes Argument, dem ein logisch gültiger Schluss zugrunde liegt, gut?
11. Wie kann man Logik definieren?

2. Syllogistik

2.1 Die Grundlagen der Syllogistik

Binnenstruktur von Aussagen

Eine der ältesten (formalen) Logiken findet sich bei Aristoteles (384–322 v. Chr.). Bei dieser steht zwar auch der Aussagesatz im Mittelpunkt der Überlegung, aber die logische Form wird über die logische Binnenstruktur von Aussagesätze bestimmt. Bevor wir zu den Schlüssen in der Syllogistik kommen, beginnen wir mit den einzelnen Einheiten der Argumente: den Aussagen. So wie Schlüsse aus Aussagen aufgebaut sind, so haben auch Aussagen wiederum eine spezifische Binnenstruktur. Mit Aussagen und ihrer Binnenstruktur (im Sinne der Syllogistik) wollen wir uns im Folgenden befassen.Betrachten wir hierzu folgende Beispiele: 1. Alle Körper sind ausgedehnt. 2. Kein Fisch ist ein Säugetier. 3. Einige Menschen sind arm. 4. Einige Lebewesen sind keine Schweine.

Was sind Begriffe?

In den Vorbemerkungen wurde bereits angemerkt, dass zwischen der *logisch*-semantischen und der grammatischen Form einer Aussage unterschieden werden muss. In der grammatischen Perspektive haben alle Beispielsätze folgende Struktur: Einem Nomen in Verbindung mit einem Indefinitpronomen als Artikel wird mit Hilfe des kopulativen Verbs „sein“ ein Prädikatsnomen oder ein Adjektiv zu gesprochen. Aufgrund dieser Analyse könnte der Eindruck entstehen, dass die Sätze 1 und 3 (bei diesen wird ein Adjektiv zugesprochen) eine andere logische Struktur aufweisen als die Sätze 2 und 4 (bei diesen wird ein Prädikatsnomen zugesprochen). In der logisch-semantischen Perspektive werden jedoch Ausdrücke, die in verschiedene grammatische Kategorien fallen, gleichbehandelt. Logisch-semantisch betrachtet handelt es sich ungeachtet der grammatischen Zuordnung um Prädikate bzw. Begriffe. Jetzt entsteht die Frage, was man in der (philosophischen) Semantik unter einem Prädikat bzw. einem Begriff versteht. Zur Klärung dieser Frage greifen wir auf das Abstraktionsverfahren zurück. Es sei angemerkt, dass an dieser Stelle nicht das aristotelische Verständnis von Begriffen, sondern ein modernes wiedergegeben wird.

Abstraktionsverfahren

Um den Terminus „Begriff“ einzuführen und zu klären, müssen wir zunächst den Terminus der Synonymität in Bezug auf zwei Prädikate einführen. Wir müssen zunächst bestimmen, wann zwei Prädikate äquivalent bzw. synonym sind. Anschließend lässt sich der Terminus „Begriff“ über synonyme Prädikate einführen.[11] Nun sind Prädikate wie „Mensch", „grün" oder „dick" nicht unabhängig von Aussagesätzen (in denen sie auftreten) bedeutsam. Wenn ihnen eine vollkommen fremde Person unaufgefordert die Wörter Mensch, grün oder dick sagt, so werden sie sich vermutlich (zurecht) fragen, was das soll. Auch die Frage nach der Wahrheit dieser sprachlichen Ausdrücke stellt sich nicht. Anders sähe die Sache aus, wenn die fremde Person ihnen sagen würde, dass einige Menschen dick seien. Es wäre zwar immer noch merkwürdig – da der Redezweck unklar ist –, aber sie könnten hier immerhin einer (vollständigen) Aussage zustimmen. Frege spricht in diesem Zusammenhang von der Kompositionalität eines Gedankens, der durch einen Aussagesatz ausgedrückt wird. In den Vorbemerkungen wurde nicht von Gedanken, sondern von Propositionen (häufig auch Sachverhalt genannt) gesprochen. Die Frage nach der Äquivalenz von Prädikaten stellt sich nun im Kontext einer Proposition. Vereinfacht gesprochen: Wenn man das Prädikat „Mensch" gegen ein äquivalentes Prädikat austauscht, dann könnten sie der Aussage immer noch zustimmen. Wenn sich der Wahrheitswert aller Aussagen nicht ändert, obwohl man die betrachteten Prädikate ausgetauscht hat, dann sind die entsprechenden Prädikate äquivalent. Als Definition gefasst:

Synonyme Prädikate

> Die Prädikate A und B sind synonym genau dann, wenn die Prädikate A und B in allen Aussagen wechselseitig unter Bezug auf deren Gebrauchsregeln ausgetauscht werden können (x ist A. $\Leftrightarrow$ x ist B).[12]

Synonyme Prädikate und Begriffe

Nun können wir den Terminus „Begriff" einführen. Die Prädikate A und B stellen genau dann denselben Begriff dar, wenn die Prädikate A und B synonym bzw. intensionsgleich sind (d.h. in anderen Worten, wenn die Prädikate hinsichtlich ihrer semantischen Regeln indifferent sind).

---

11 Gethmann, Carl Friedrich: „Zur Rehabilitierung des Prinzipiellen gegenüber der Herrschaft des Konkreten", in: Dan Diner/Carl Friedrich Gethmann (Hrsg.): Herrschaft des Konkreten. Göttingen 2020, S. 52–82.

12 Wilhelm Kamlah und Paul Lorenzen: Logische Propädeutik. Vorschule des vernünftigen Redens. Mannheim u.a.: Bibliographisches Institut, 1967, S.85.

Beispiel

Betrachten wir hierzu ein Beispiel: Rudolf Carnap verwendet in *Meaning and Necessity. A Study in Semantics and Modal Logic*[13] zur Erläuterung dieses Zusammenhangs beispielsweise die Prädikate „Mensch“ und „federloser Zweibeiner“ sowie „rationales Wesen“. Während die Prädikate „Mensch“ und „rationales Wesen“ synonym bzw. intensionsgleich sind (jedenfalls von Carnap so bestimmt), sind es die Prädikate „Mensch“ und „federloser Zweibeiner“ nicht. Hinsichtlich der Verwendungsregeln unterscheiden sich die Prädikate „Mensch“ und „rationales Wesen“ nicht, die Prädikate „Mensch“ und „federloser Zweibeiner“ allerdings schon. Carnap führt in diesem Kontext auch die Unterscheidung von Intension und Extension ein. Dabei bezeichnet der Ausdruck „Intension“ die (semantischen) Verwendungsregeln eines entsprechenden Ausdrucks.[14] Der Ausdruck „Extension“ bezeichnet die Gegenstände, auf die man sich durch einen entsprechenden Ausdruck im Rahmen einer Äußerung bezieht.[15] In dieser Hinsicht sind die Prädikate „Mensch“ und „federloser Zweibeiner“ zwar extensions-, aber nicht intensionsgleich. Damit ergibt sich aus der Intentionsgleichheit die Extensionsgleichheit, aber nicht umgekehrt.

Logische Form

Über die Verwendungsregeln der Ausdrücke im Aussagesatz kann verständlich gemacht werden, welche Bestandteile zur logischen Form gehören, die von der Syllogistik behandelt werden. Betrachten wir hierzu Satz 2 und stellen die Frage, ob dieser Satz wahr ist. Diese Frage kann allein aufgrund der Verwendungsregeln der Ausdrücke, die in der Aussage gebraucht werden, beantwortet werden. Der Ausdruck „Fisch“ wird so gebraucht, dass die dadurch bezeichneten Gegenstände nicht in die Klasse der Säugetiere fallen. In den Vorbemerkungen wurde darauf hingewiesen, dass für die logische Analyse von Argumenten die tatsächliche Wahrheit der einzelnen Aussagen unerheblich ist. Damit können aber auch die Intensionen der Begriffe, auf die in der Antwort Bezug genommen wurde, als irrelevant für die Syllogistik bestimmt werden. Es geht in der Syllogistik nicht um den Begriff „Fisch“ oder den Begriff „Säugetier“. Die logische Form wird nicht in Bezug auf die Verwendungsregeln dieser Prädikate

13 Rudolf Carnap: Meaning and Necessity. A Study in Semantics and Modal Logic. Chicago: University Press, [2]1956, S.15 und 23.

14 In der Einleitung wurde die Intension eines Aussagesatzes, als dessen Proposition bestimmt.

15 Die Extension eines Aussagesatzes könnte als dessen Wahrheitswert bestimmt werden.

bestimmt. Die logischen Partikel sind verschieden von den Prädikaten. Die logische Form wird über die Verwendungsregeln der logischen Partikel bestimmt und die Frage nach der Geltung von Schlüssen unter Rückgriff auf diese Verwendungsregeln beantwortet. In Satz 2 bleibt damit als logische Partikel nur das „Kein“ übrig. Zur Bedeutung dieser (und der anderen) logischen Partikel werden wir in Kürze kommen.

Damit können wir bis jetzt über den syllogistischen Aussagesatz sagen, dass in diesem ein bestimmtes Verhältnis von Prädikaten ausgedrückt wird. Ferner können wir mit Bezug auf die für das Schließen relevante logische Form sagen, dass die tatsächlichen Intensionen der Prädikate hierfür irrelevant sind; es wird nur gefordert, dass eine sinnvolle vorhanden ist. Dementsprechend können die Prädikate in einem syllogistischen Aussagesatz durch Variablen dargestellt werden. Die Intensionen der einzelnen Ausdrücke fügen sich zur Proposition zusammen, die durch den Aussagesatz ausgedrückt wird. Da man nur in Verbindung mit der durch einen Aussagesatz ausgedrückten Proposition über die tatsächliche Wahrheit entscheiden kann und die Prädikate durch Variablen dargestellt werden ist verständlich, dass es auch in der Syllogistik für die Gültigkeit von Schlüssen nicht auf die tatsächliche Wahrheit der jeweiligen Aussagen ankommt.

Wenn man die Prädikate in den obigen Beispielsätzen durch Variablen ersetzt, ergibt sich folgendes Bild:

1. Alle X sind Y.
2. Kein B ist ein P.
3. Einige S sind M.
4. Einige L sind keine S.

Logische Partikel der Syllogistik

Die Darstellung der Begriffe als Variablen macht erkenntlich, dass der grammatische Zusammenhang zwischen dem Indefinitpronomen und dem Nomen in logischer Hinsicht nicht besteht bzw. ein anderer ist. Diese Bestandteile sind die logischen Partikel, mit deren Hilfe eine bestimmte Beziehung zwischen den Prädikaten ausgesagt wird. Bei Satz 1 wird ausgedrückt, dass alle Gegenstände, die unter den Begriff X fallen, auch unter den Begriff Y fallen. Bei Satz 2 wird ausgedrückt, dass ein Gegenstand, der unter den Begriff B fällt, nicht unter den Begriff P fällt. Bei Satz 3 wird ausgedrückt, dass einige Gegenstände, die unter den Begriff S fallen, auch unter den Begriff M fallen. Bei Satz 4 wird ausgedrückt, dass einige Gegenstände, die unter den Begriff L fallen, nicht unter den Begriff S fallen. Um diese Zusammenhänge auszudrücken, werden in der Syllogistik die Zeichen a (für alle), e (für kein), i (für einige) und o (für einige nicht) verwendet. Die Beispielsätze können dementsprechend wie folgt formalisiert werden:

1. XaY
2. BeP
3. SiM
4. LoS

Affirmo und Nego

Diese Partikel sind nach der Qualität (bejahend und verneinend) und Quantität (allgemein und partikulär) unterschieden. Mit Hilfe der Merkworte **Affirmo** und **Nego** kann man sich die allgemein und partikular bejahenden Partikel A und I und die allgemein und partikular verneinenden Partikel E und O leichter merken.

Syllogistischer Aussagesatz

Aristoteles schreibt Folgendes über den syllogistischen Aussagesatz:

> Ein Satz ist eine Rede, die etwas von etwas bejaht oder verneint. Sie ist entweder allgemein oder partikulär oder unbestimmt.[16]

Subjektbegriff Prädikatbegriff

In Bezug auf die Thematisierung des syllogistischen Aussagesatzes ist, neben der gerade besprochenen semantischen und logischen Perspektive, noch eine weitere relevant, da sie für den systematischen Aufbau der Syllogistik von Belang ist. In dieser Perspektive wird in Bezug auf die Stellung der Begriffe im syllogistischen Aussagesatz eine Unterscheidung eingeführt. Der Beispielsatz 1 (Alle Körper sind ausgedehnt.) wurde bereits im Sinne der Syllogistik formalisiert mit XaY. Aristoteles sagt nun, dass der Begriff, der links von der logischen Partikel steht, „Subjektbegriff" heißen soll, und der Begriff, der rechts von der logischen Partikel steht, „Prädikatbegriff" heißen möge. Über den Subjektbegriff

16 Aristoteles: Lehre von Schluß oder Erste Analytik. Hamburg: Felix Meiner, 1975, S. 1.

wird mit Hilfe des Prädikatbegriffs etwas ausgesagt bzw. dem Subjektbegriff kommt der Prädikatbegriff zu. Beides ist eher eine metaphorische Beschreibung, die die tatsächliche logische Struktur eher verdeckt. Dem Subjektbegriff kommt ja nichts zu! Dies wäre der Fall, wenn einem Prädikat ein Prädikat zugesprochen würde, wie in der Aussage: Grün ist eine Farbe. Die Gegenstände, die grün sind, sind ja keine Farbe. Eher fällt der Subjektbegriff unter den Prädikatbegriff (im Fall der allgemein bejahenden Partikel a) oder der Subjektbegriff fällt nicht unter den Prädikatbegriff (im Fall der allgemein verneinenden Partikel e).

Die logischen Partikel: a, e, i und o

Mit Hilfe von Begriffen (siehe oben) können Gegenstände sortiert werden. Das logische Verhältnis fasst man am ehesten, wenn man im Fall der allgemein bejahenden Partikel a sagt, dass alle Gegenstände, die unter den Subjektbegriff fallen, auch unter den Prädikatbegriff fallen, und bei der allgemein verneinenden Partikel e sagt: Alle Gegenstände, die unter den Subjektbegriff fallen, fallen nicht unter den Prädikatbegriff. Entsprechend ist bei der partikular bejahenden Partikel i zu sagen, dass es Gegenstände gibt, die unter den Subjektbegriff und den Prädikatbegriff fallen. Schließlich sagt man bei der partikular verneinenden Partikel o, dass es Gegenstände gibt, die unter den Subjektbegriff fallen und nicht unter den Prädikatbegriff fallen.

Diese Unterscheidung (Subjekt- und Prädikatbegriff) ist auch der Grund, weshalb in der modernen Darstellung der Syllogistik meistens bei der Darstellung der logischen Partikel „SaP“ zu lesen ist. Dies erweckt den Eindruck, dass der Begriff der an der Stelle des Subjektbegriffs auftritt, nur dort auftreten kann. Dies ist aber nicht der Fall, da es sich einerseits um eine semantische Bestimmung des Begriffs handelt und andererseits um eine Bestimmung über die Stellung eines Begriffs in einem syllogistischen Aussagesatz. Die Formalisierung der Begriffe wird meistens vor dem Hintergrund der Stellung der entsprechenden Begriffe im Aussagesatz vorgenommen. Semantisch handelt es sich aber um Begriffe, die prinzipiell sowohl in der Stellung des Subjekt- als auch in der Stellung des Prädikatbegriffs gebraucht werden können (PaS wäre dementsprechend ebenso zulässig).

> Ein syllogistischer Aussagesatz besteht aus zwei Begriffen, die über eine logische Partikel (a, e, i, o) in eine Beziehung gesetzt werden. Der Begriff links von der logischen Partikel heißt Subjektbegriff und der Begriff rechts von der logischen Partikel heißt Prädikatbegriff.

Die logischen Beziehungen der logischen Partikel innerhalb der Syllogistik können in einem logischen Quadrat dargestellt werden. Dieses logische Quadrat zeigt die Verhältnisse der logischen Partikel zueinander an. Zwei syllogistische Aussagesätze können in einem konträren, kontradiktorischen, subalternen und subkonträren Verhältnis zueinanderstehen.

Logisches Quadrat

Zwei syllogistische Aussagesätze stehen genau dann in einem konträren Verhältnis, wenn sie nicht zugleich wahr, wohl aber zugleich falsch seien können. In diesem Verhältnis stehen Aussagen der Form SaP und SeP. Diese Sätze können nicht zugleich wahr sein, denn die Aussage SaP besagt, dass alle Gegenstände, die unter den Begriff S fallen auch unter den Begriff P fallen und die Aussage SeP verneint eben dies. Beide Aussagen können allerdings falsch sein, da sowohl einige S P als auch nicht P seien können.

Konträr

Zwei syllogistische Aussagesätze stehen genau dann in einem kontradiktorischen Verhältnis, wenn sie weder zugleich wahr noch zugleich falsch sein können. In diesem Verhältnis stehen die Aussagen SaP und SoP und die Aussagen SeP und SiP. Denn die Aussagen SaP und SoP können weder zugleich wahr noch zugleich falsch sein: Die Aussage SaP besagt, dass alle Gegenstände, die unter den Begriff S fallen, auch unter den Begriff P fallen. Wenn diese Aussage wahr ist, kann die Aussage SoP nicht zugleich wahr sein, da es dann keine S gibt, die nicht P sind. Wenn die Aussage SaP falsch ist, dann muss die Aussage SoP wahr sein. (Sie fragen sich jetzt vermutlich: Wieso? Es könnte doch sein, dass es überhaupt keine Gegenstände gibt, die unter die Begriffe S und P fallen. In der Syllogistik wird aber vorausgesetzt, dass es sich bei den behandelten Begriffen um erfüllte handelt, d. h. die Extension der Begriffe mindestens einen Gegenstand umfasst (manchmal spricht man auch von nicht-leeren Begriffen).) Bei den Aussagen SeP und SiP verhält es sich genauso wie bei den Aussagen SaP und SoP.

Kontradiktorisch

Zwei syllogistische Aussagesätze stehen genau dann in einem subkonträren Verhältnis, wenn sie zugleich wahr, aber nicht zugleich falsch sein können. In diesem Verhältnis stehen die Aussagen SiP und SoP. Denn die Aussage SiP besagt, dass einige S P sind und die Wahrheit dieser Aussage steht nicht im Widerspruch zu der Aussage, dass einige S nicht P sind. (Unter der Bedingung, dass in der Syllogistik keine leeren Begriffe vorkommen, ist es ausgeschlossen, dass weder einige S P sind, noch, dass einige S nicht P sind.)

Subkonträr

Zwei syllogistische Aussagesätze stehen genau dann in einem subalternen Verhältnis, wenn die Wahrheit der einen Aussage

Subaltern

aus der Wahrheit der anderen Aussage folgt. In diesem Verhältnis stehen die Aussagen SaP zu SiP sowie die Aussagen SeP zu SoP (aber jeweils nicht umgekehrt). Denn wenn alle Gegenstände, die unter den Begriff S fallen, auch unter den Begriff P fallen und es in der Syllogistik keine leeren Begriffe gibt, dann folgt aus der Wahrheit der Aussage SaP die Wahrheit der Aussage, dass einige S P sind. Analoges gilt für die Aussagen SeP und SoP.

Diese Verhältnisse kann man in einem logischen Quadrat darstellen (s. Abb. 1).

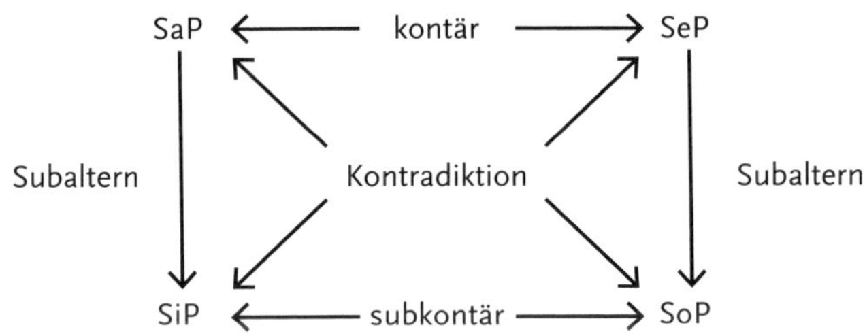

Abb. 1: Logisches Quadrat

In der aristotelischen Syllogistik gibt es noch weitere Unterscheidungen in Bezug auf den syllogistischen Aussagesatz. Auf diese soll an dieser Stelle noch kurz eingegangen werden, damit Sie einen vollständigen Überblick über die Syllogistik bekommen und sich bei Interesse weiter informieren können.

Notwendig, möglich, wirklich

Bei der ersten Unterscheidung wird das Verhältnis, in dem zwei Begriffe in einem syllogistischen Aussagesatz stehen, thematisiert. Dieses Verhältnis kann neben den anderen logischen Partikeln noch notwendig, möglich oder wirklich sein. Beispiele für solche Aussagen sind: „Alle Körper sind notwendigerweise ausgedehnt.“, „Alle Körper sind möglicherweise grün.“ und „Alle Körper sind schwer.“ Wie die Beispiele zeigen, ist die Modalität eine Eigenschaft des Verhältnisses der Begriffe in einem syllogistischen Aussagesatz. Im Folgenden werden wir nur die wirklichen syllogistischen Aussagesätze thematisieren. Auch wenn „wirklich“ ein großes Wort ist, meint es doch schlicht einen behaupteten syllogistischen Aussagesatz.[17]

17 Aristoteles: Lehre von Schluß oder Erste Analytik. Hamburg: Felix Meiner, 1975, S. 1.

Die zweite dieser Unterscheidungen wird in Bezug auf die Art und Weise, wie der Wahrheitsanspruch des Aussagesatzes erhoben wird getroffen. Der Wahrheitsanspruch kann apodiktisch, dialektisch oder syllogistisch erhoben werden. Bei einem apodiktischen Wahrheitsanspruch wird die Wahr- bzw. Falschheit eines Aussagesatzes behauptet. Bei einem dialektischen Wahrheitsanspruch wird nach der Wahr- bzw. Falschheit eines Aussagesatzes gefragt. Bei einem syllogistischen Wahrheitsanspruch wird gar kein Anspruch auf Wahr- bzw. Falschheit erhoben, obgleich selbstverständlich ein Sachverhalt ausgesagt wird. Die syllogistischen Aussagesätze werden in der Syllogistik verwendet. Wenn Sie sich nochmals vergegenwärtigen, dass innerhalb der Logik Schlüsse unabhängig von der tatsächlichen Wahr- bzw. Falschheit der Aussagesätze als gültig ausgewiesen werden, dann deckt sich dies mit der Bestimmung des syllogistischen Wahrheitsanspruches.[18]

Apodiktisch, dialektisch, syllogistisch

2.2 Logisches Schließen in der Syllogistik

Nachdem die logischen Partikel und deren Verständnis innerhalb der Syllogistik dargelegt wurden, ist der nächste Schritt, darzulegen, wie in der Syllogistik geschlossen wird. Bis jetzt wurde immer nur von einem syllogistischen Aussagesatz gesprochen. Ein Schluss besteht aber (meistens) aus mehreren Aussagesätzen. Aristoteles definiert den Syllogismus, wie folgt:

Definition: Syllogismus

> Ein Schluß ist eine Rede, in der, wenn etwas gesetzt wird, etwas von dem Gesetzten Verschiedenes notwendig dadurch folgt, daß dieses ist. Mit dem Ausdruck: dadurch, daß dieses ist, meine ich, daß die Folge seinetwegen eintritt, und damit, daß sie seinetwegen eintritt, daß es sonst keines, von außen zu nehmenden Begriffes bedarf, damit sich ihre Notwendigkeit ergibt.[19]

Die Definition eines Syllogismus (Schluss) beinhaltet alle Elemente, auf die bereits in den Vorbemerkungen verwiesen wurde. Aufgrund der Übersetzung und der veralteten Ausdruckwei-

Erläuterungen zum Syllogismus

18 Aristoteles: Lehre von Schluß oder Erste Analytik. Hamburg: Felix Meiner, 1975, S.1.

19 Aristoteles: Lehre von Schluß oder Erste Analytik. Hamburg: Felix Meiner, 1975, S.2.

se soll das Gesagte erläutert werden. Das zentrale Merkmal eines Schlusses besteht in der notwendigen Folge von etwas Gesetztem zu etwas von dem Gesetzten Verschiedenes. Damit meint Aristoteles, dass man von Aussagesätzen auf einen Aussagesatz schließt (Dabei umfasst diese Definition auch die mündliche Sprache). Vorher wurde zum einen herausgearbeitet, dass die tatsächliche Wahrheit der Prämissen für die Gültigkeit des jeweiligen Schlusses irrelevant ist. Zum anderen, dass die syllogistische Performation die Wahrheit des Aussagesatzes nur hypothetisch voraussetzt. Dieser hypothetische Charakter eines Schlusses spiegelt sich bei Aristoteles besonders in der Wenn-dann-Formulierung wider. Unter der Voraussetzung, dass die folgenden Aussagen wahr sind, soll auch diese Aussage wahr sein. Dabei soll sich die Notwendigkeit des Übergangs allein aufgrund der in den Prämissen (dem Gesetzten) verwendeten Begriffen ergeben. Hierbei muss beachtet werden, dass sich die Notwendigkeit nicht aufgrund der tatsächlichen Intensionen der Begriffe in den Prämissen ergibt, sondern aufgrund der durch die logischen Partikel (a, e, i und o) in Beziehung gesetzten Begriffe.

Formaler Aufbau eines Syllogismus

Formal besteht ein Syllogismus aus zwei Prämissen und einer Konklusion und enthält drei verschiedene Begriffe, die mit Hilfe der logischen Partikel in Beziehung gesetzt werden. Über die drei Begriffe, die durch die logischen Partikel in Beziehung gesetzt werden, ist man in der Lage, allein aufgrund der Bedeutung der logischen Partikel zu entscheiden, ob der jeweilige Schluss gültig oder ungültig ist.

Schlussformen

Um die Schlussformen zu systematisieren, können wir auf die Unterscheidung zwischen Subjekt- und Prädikatbegriff einerseits und andererseits auf die Einsicht zurückgreifen, dass ein syllogistischer Aussagesatz zwei Begriffe beinhaltet. Derjenige Begriff, der in beiden Prämissen vorkommt, heißt Mittelbegriff (lat.: terminus medius) und wird in der Schlussform mit M symbolisiert. Der Prädikatbegriff der Konklusion taucht in der ersten Prämisse auf und der Subjektbegriff der Konklusion taucht in der zweiten Prämisse auf. Sie werden mit S und P dargestellt. So ergibt sich zunächst folgende Schlussform (Hierbei sollen zunächst die logischen Partikel unbestimmt bleiben und durch ein x angezeigt werden):

MxP
<u>SxM</u>
SxP[20]

Figuren

Die Unterscheidung zwischen Subjekt- und Prädikatbegriff ist nur eine syntaktische. Betrachtet man die erste Prämisse des obigen Schlusses (MxP) ist M der Subjektbegriff und P der Prädikatbegriff. Da es sich sowohl bei M als auch bei P im semantischen Sinne um Begriffe handelt, könnten diese auch prinzipiell die Stellung innerhalb des syllogistischen Aussagesatzes tauschen (PxM); P wäre dann der Subjektbegriff und M der Prädikatbegriff. Hieran erkennt man zweierlei: Zum einen ist die Wahl der Variablenbezeichnungen P in der ersten Prämisse und S in der zweiten Prämisse in Bezug auf die Stellung dieser Begriffe in der Konklusion zu erklären. Zum anderen lassen sich über die Stellung der Mittelbegriffe vier Figuren bilden.

1. Figur	2. Figur	3. Figur	4. Figur[21]
MxP	PxM	MxP	PxM
<u>SxM</u>	<u>SxM</u>	<u>MxS</u>	<u>MxS</u>
SxP	SxP	SxP	SxP

Gültige Schlussformen

Die Möglichkeit, Schlussformen zu bilden, ergibt sich über die Einsetzung der logischen Partikel in die Platzhalter für diese. Beispielsweise ergibt sich eine Schlussform, indem man i in die erste Prämisse einsetzt MiP, a in die zweite: SaM und o in die Konklusion: SoP. Pro Figur gibt es 64 Kombination an Einsetzungen für die logischen Partikel. Insgesamt ergeben sich damit

20 Aristoteles stellt diese Schlussform (und auch die anderen) in der ersten Analytik anders dar. Aristoteles: Lehre von Schluß oder Erste Analytik. Hamburg: Felix Meiner, 1975, S.6: „Denn wenn A von jedem B und B von jedem C ausgesagt wird, muß A von jedem C ausgesagt werden“ Hierbei ist die passive Formulierung zu beachten. Wenn A von jedem B ausgesagt wird, bedeutet, dass A der Prädikatbegriff und B der Subjektbegriff ist. An dieser Stelle wird die seit dem Mittelalter übliche Systematik der Syllogistik präsentiert.

21 Bei Aristoteles finden sich nur die ersten drei Figuren. Die vierte Figur wurde im Mittelalter hinzugefügt.

256 mögliche Schlussformen. Es sind aber nicht alle gültig. Gültig bzw. eingeschränkt gültig sind nur 24 Schlussformen.[22] Im Mittelalter wurden Merkworte gebildet, mit denen man sich die gültigen Schlussformen merken konnte. Zu jeder Figur gibt es eine Reihe von Merkworten, die unter den Figuren aufgeführt werden. Einige von diesen Merkworten sind fett hervorgehoben. Auf die Gründe kommen wir gleich zu sprechen. Die Merkworte sind den Figuren zugeordnet die Folgenden:

1. Figur	2. Figur	3. Figur	4. Figur
Barbara	Camestres	**Darapti**	**Bamalip**
Barbari	**Camestrop**	Datisi	Calemes
Darii	Baroco	**Felapton**	**Calemop**
Celarent	Cesare	Ferison	**Fesapo**
Celaront	**Cesarop**	Disamis	Fresison
Ferio	Festino	Bocardo	Dimatis

Wie sind diese Worte zu verstehen? Betrachten wir hierzu das (Merk-)Wort „Barbara" in der ersten Figur. Die Vokale im Wort „B**a**rb**a**r**a**" zeigen an, welche logischen Partikel in die erste Figur eingesetzt werden müssen. In diesem Fall zeigt der erste Vokal an, dass in die erste Prämisse die allgemein bejahende Partikel a eingesetzt werden muss, in die zweite Prämisse auch die allgemein bejahende Partikel a und in die Konklusion ebenfalls. So erhält man nach der sukzessiven Eintragung aus der ersten Figur die gültige Schlussform:

$$\begin{array}{lcl} MxP & \longrightarrow & MaP \\ \underline{SxM} & \longrightarrow & \underline{SaM} \\ SxP & \longrightarrow & SaP \end{array}$$

Allgemein gilt, dass die Vokale a, e, i, o in den Worten die Belegung für die logischen Partikel in den Prämissen und der Kon-

22 Dies wurde bewiesen, indem alle Figuren auf die erste zurückgeführt wurden und diese galt Aristoteles und der Tradition als „evident".

klusion anzeigen. Um die anderen Operationen vorzuführen, soll noch der Syllogismus „Ferison" in der dritten Figur gezeigt werden.

MxP ⟶ MeP
MxS ⟶ MiS
SxP ⟶ SoP

Vollkommene Syllogismen

Bei den Merkworten handelt es sich um Kunstworte, deren Aufgabe nicht nur darin besteht, die gültigen Syllogismen leichter merken zu können. Die anderen Buchstaben haben auch eine Funktion. Zunächst sei auf die Anfangsbuchstaben der Worte „**B**arbara", „**D**arii", „**C**elarent", und „**F**erio" verwiesen. Für Aristoteles sind die Syllogismen der ersten Figur unmittelbar einsichtig. Er nennt diese daher auch „vollkommen". Die anderen Figuren bezeichnet er hingegen als „unvollkommen", da diese nicht unmittelbar einsichtig seien. Dies bedeutet, dass die anderen Figuren durch eine Zurückführung auf die erste Figur gerechtfertigt werden sollen. Die Anfangsbuchstaben der Merkworte zeigen an, auf welche der ersten Figuren die Zurückführung durchgeführt werden können. Der Syllogismus „**C**amestres" in der zweiten Figur wird durch eine Zurückführung auf den Syllogismus „**C**elarent" der ersten Figur gerechtfertigt. Der Syllogismus „**B**amalip" wird gerechtfertigt durch eine Zurückführung auf den Syllogismus „**B**arbara" der ersten Figur.

Unvollkommene Syllogismen

Zurückführung der Syllogismen

Die Zurückführung erfolgt nach gewissen Regeln. Diese Regeln werden durch die weiteren Buchstaben in den Merkworten angezeigt. Versuchen wir nun „Bamalip" auf „Barbara" zurückzuführen. Zunächst tragen wir in die vierte Figur die Vokale „a", „a", „i" ein:

PaM
MaS
SiP

Prämissentausch

Wie gelangen wir vom Syllogismus „Barbara" der ersten Figur zum Syllogismus „Bamalip" der vierten Figur? Das „m" in „Ba-

malip“ steht für die Operation des Prämissentauschs (mutatio praemissorum) und zeigt an, dass man bei der Zurückführung zunächst die erste und zweite Prämisse des Syllogismus „Barbara“ vertauschen soll.

Eingeschränkte Konversion

Zumindest nach der Stellung der Mittelbegriffe sieht die Schlussform nach der vierten Figur aus. Die Stellung der Subjekt- und Prädikatbegriffe in der Konklusion entspricht aber noch nicht der vierten Figur und die logische Partikel ist auch noch nicht die gewünschte. Der letzte Buchstabe von „Bamali**p**“ zeigt diejenige Operation an, mit der dies behoben werden kann. Das „p“ steht für eine eingeschränkte Konversion (conversio per accidens). Subjekt- und Prädikatbegriff werden vertauscht und die logische Partikel a zu i. Denn daraus, dass alle Gegenstände, wenn sie unter das Prädikat S fallen, auch unter das Prädikat P fallen, folgt nicht, dass auch alle Gegenstände, wenn sie unter das Prädikat P fallen, auch unter das Prädikat S fallen. Es folgt aber nach Aristoteles, dass zumindest einige Gegenstände sowohl unter das Prädikat P und das Prädikat S fallen. (Es sei an dieser Stelle angemerkt, dass dies nur folgt, wenn es sich um Prädikate handelt, die nicht leer sind (d.h., eine Extension von mindestens einem Gegenstand haben). Dies ist eine Voraussetzung der Syllogistik auf die wir gleich noch eingehen werden und die auch erklärt, warum einige Merkworte **fettgedruckt** worden sind. Führen wir also die conversio per accidens an der Konklusion durch:

Einfache Konversion

So erhalten wir den Syllogismus „Bamalip“. An dieser Stelle begnügen wir uns mit der Nennung der anderen Operationen und gehen anschließend zur Darstellung von Syllogismen mit Hilfe von Euler-Venn Diagrammen über. Das „s" im Syllogismus Datisi steht für die einfache Konversion (conversio simplex). Bei der einfachen Konversion werden Subjekt- und Prädikatbegriff einfach vertauscht. Die einfache Konversion kann bei den logischen Partikeln e und i angewandt werden. An dem Wort „Datisi" erkennt man, dass die Zurückführung auf „Darii" erfolgen soll, indem bei der zweiten Prämisse eine einfache Konversion durchgeführt werden soll.

MaP MaP
SiM ⟶ MiS
SiP SiP

Reductio ad absurdum

Betrachten wir noch die letzte Operation. Die Buchstaben „c" und „r" stehen beide für die Operation der sog. Reductio ad absurdum. Bei der Reductio ad absurdum geht man wie folgt vor: Man nimmt die Verneinung der Konklusion an. Die Konklusion des Syllogismus „Baroco" der zweiten Figur lautet „SoP". Mit Hilfe des logischen Quadrates kann die Verneinung als kontradiktorisches Gegenteil bestimmt werden: SaP. Diese negierte Konklusion kann man nun mit der ersten Prämisse kombinieren:

PaM ⟶ PaM
SoM ↗ SaP
SoP

Die so ermittelten zwei Prämissen entsprechen den beiden Prämissen des Syllogismus „Barbara" in der ersten Figur (wobei an dieser Stelle P als Mittelbegriff fungiert). Mit Hilfe dieser Prämissen können wir also auf SaM schließen. SaM ist aber das kontradiktorische Gegenteil der zweiten Prämisse des Syllogismus „Baroco" in der zweiten Figur.

PaM	PaM
SaP	SoM
SaM →	SoP

Damit wurde die Annahme der verneinten Konklusion auf etwas „Absurdes" geführt. Das Absurde besteht in der Ableitung von zwei sich widersprechenden Aussagen (SaM und SoM). Wir setzen in der Syllogistik die hypothetische Wahrheit der Prämissen voraus. Für den Syllogismus „Baroco" bedeutet dies, dass die Aussagen „PaM" und „SoM" hypothetisch angenommen werden. Diese angenommenen Aussagen werden noch um die Annahme der Wahrheit von SaP (dem kontradiktorischen Gegenteil der Konklusion) ergänzt. Damit wurde gezeigt, dass diese drei Aussagen nicht zugleich wahr sein können. Da Aussagen entweder wahr oder falsch sind, muss die ursprüngliche Konklusion „SoP" wahr sein. Damit verlassen wir diesen Bereich der Syllogistik.

Gültigkeit von Syllogismen

Euler-Venn-Diagramme

Wie entscheidet man, ob ein Syllogismus gültig ist? Nun, eine Möglichkeit bestünde darin, diese Liste auswendig zu lernen, um entscheiden zu können, ob ein Schluss gültig oder ungültig ist. Einfacher wäre es zweifelsohne, wenn es ein Verfahren gäbe, mit dem überprüft werden kann, ob ein Schluss gültig oder ungültig ist. Um ein solches Verfahren zu etablieren, müssen wir uns in Erinnerung rufen, dass ein Syllogismus aus Aussagesätzen besteht, die aus je zwei Begriffen bestehen. Oben wurden an Begriffen die Intension und die Extension unterschieden. Mit der Extension wurden die Gegenstände bezeichnet, die unter einen Begriff fallen. Die Gesamtheit dieser Gegenstände wird als Menge bezeichnet.[23] Diese Menge von Gegenständen können graphisch durch einen Kreis dargestellt werden. Diese graphische Darstellung geht historisch auf den berühmten Mathematiker Leonard Euler (1707–1783) zurück. In den meisten modernen Darstellungen wird diese John Venn Jr. (1834–1923) zugeschrieben. Dies ist auch nicht falsch, da er maßgeblich zur Verbreitung beigetragen hat. Aber im Sinne der Wissenschaftsgeschichtsschreibung gebührt Euler das historische Primat, in der Einführung der Innovation.

23 Für eine kalkülisierte Verfahrensweise sei der § 3 systematische Ableitung der traditionellen Aristotelischen Schlüsse im zweiten Kapitel aus *Grundzüge der theoretischen Logik* empfohlen. D. Hilbert und W. Ackermann: Grundzüge der theoretischen Logik. Berlin u.a.: Springer, 1959, S.43–63.

Wie können die Verhältnisse der beiden Begriffe in einem syllogistischen Aussagesatz, die mit einer logischen Partikel in Beziehung gesetzt werden, graphisch dargestellt werden? Da es sich um zwei Begriffe handelt, werden zwei Kreise gebraucht, die sich überlappen. Durch die Überlappung der Kreise wird dargestellt, dass es Gegenstände geben könnte, die sowohl unter den einen als auch unter den anderen Begriff fallen. Es wird aber genauso dargestellt, dass es Gegenstände gibt, die nur unter den jeweiligen Begriff fallen. Für den Aussagesatz SxP ergibt sich damit eine graphische Darstellung wie in Abbildung 2.

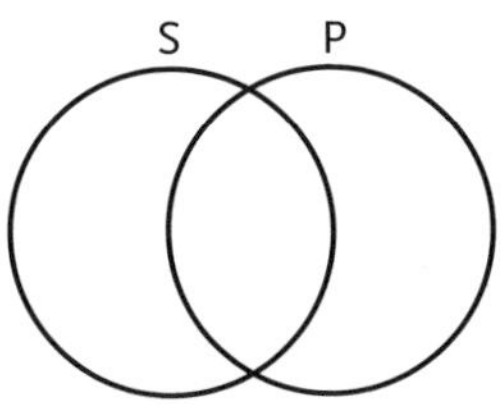

Abb. 2: Verhältnis der Begriffe im syllogistischen Aussagesatz

Darstellung SaP

Wie können nun die einzelnen logischen Partikel graphisch dargestellt werden? Der Aussagesatz SaP besagt, dass alle Gegenstände, die unter den Begriff S fallen, auch unter den Begriff P fallen. Dies bedeutet, dass es keine Gegenstände gibt, die nur unter den Begriff S fallen. Dieser Aussagesatz kann also so dargestellt werden, dass der Bereich vom Kreis S, der sich nicht mit P überlappt, schraffiert wird, um anzuzeigen, dass es diesen Bereich nicht gibt bzw. dass er leer ist.

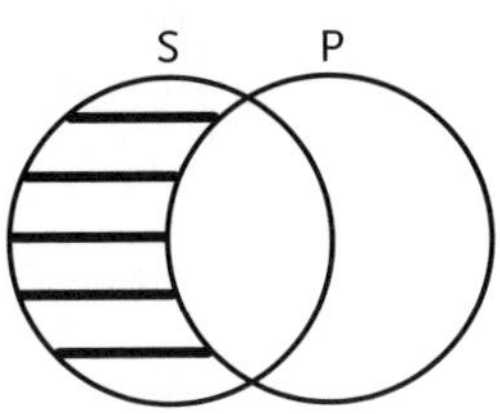

Abb. 3: SaP

Darstellung SeP

Bei dem Aussagesatz SeP wird ausgesagt, dass es keine Gegenstände gibt, die unter den Begriff S und P fallen. Dies kann graphisch dargestellt werden, indem der Bereich, bei dem sich die beiden Kreise überlappen, schraffiert wird.

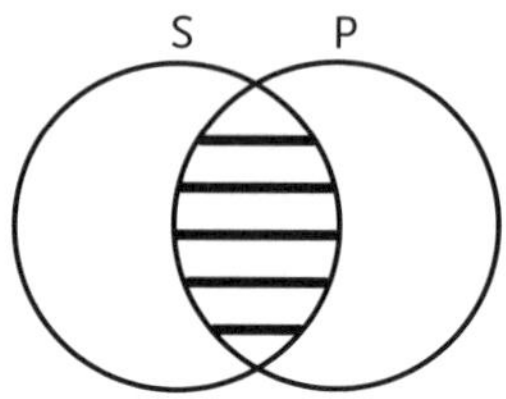

Abb. 4: SeP

Darstellung SiP

Bei dem Aussagesatz SiP wird ausgesagt, dass es mindestens einen Gegenstand gibt, dem sowohl das Prädikat S als auch das Prädikat P zukommt. Hierbei arbeitet man nicht mit einer Schraffur, sondern mit einem X, um dies anzuzeigen. Dieses X wird im überlappenden Bereich der Kreise S und P platziert.

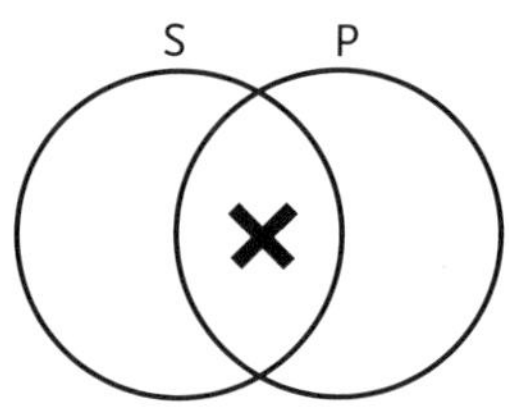

Abb. 5: SiP

Darstellung SoP

Bei dem Aussagesatz SoP wird ausgesagt, dass es mindestens einen Gegenstand gibt, dem zwar das Prädikat S zukommt, aber nicht das Prädikat P. Das X wird im Kreisbereich von S platziert, der sich nicht mit dem Kreis von P überlappt.

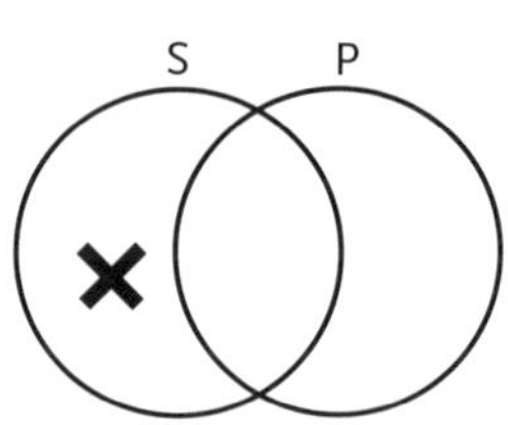

Abb. 6: SoP

Ein Syllogismus besteht aus drei syllogistischen Aussagesätzen, in denen drei Begriffe zueinander in Beziehung gesetzt werden. Dementsprechend fügen wir noch einen weiteren Kreis hinzu, um den Umfang des dritten Begriffs und dessen Beziehung zu den anderen beiden Begriffen darzustellen. Graphisch ergibt sich dann ein Bild wie in Abbildung 7.

Darstellung Syllogismus

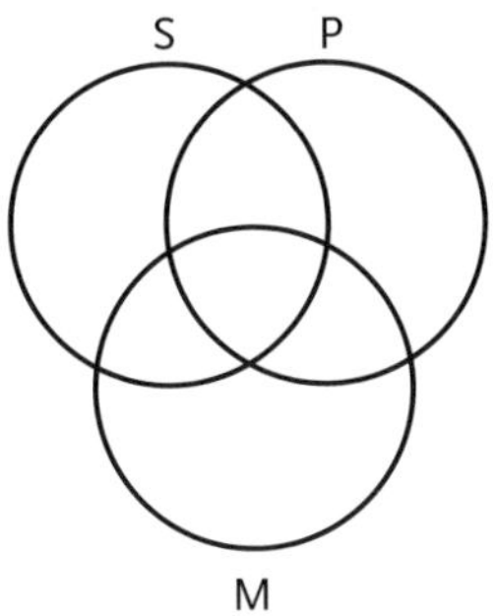

Abb. 7: Syllogismus

Wie geht man vor, wenn man mit Hilfe eines Euler-Venn-Diagramms die Gültigkeit eines Syllogismus überprüfen will? Betrachten wir hierzu den Syllogismus „Barbara" aus der ersten Figur. Dieser hat, wie oben angeführt, die folgende Schlussform:

Syllogismus Barbara

MaP
<u>SaM</u>
SaP

Um die erste Prämisse einzutragen, betrachtet man zuerst die Kreise, die die Begriffsumfänge der Begriffe P und M darstellen. Da die erste Prämisse besagt, dass alle Gegenstände, die unter das Prädikat M fallen, auch unter das Prädikat P fallen, wird der Bereich des Kreises von M schraffiert, der sich nicht mit Kreis für P überlappt (s. Abb. 8).

Eintragung der ersten Prämisse

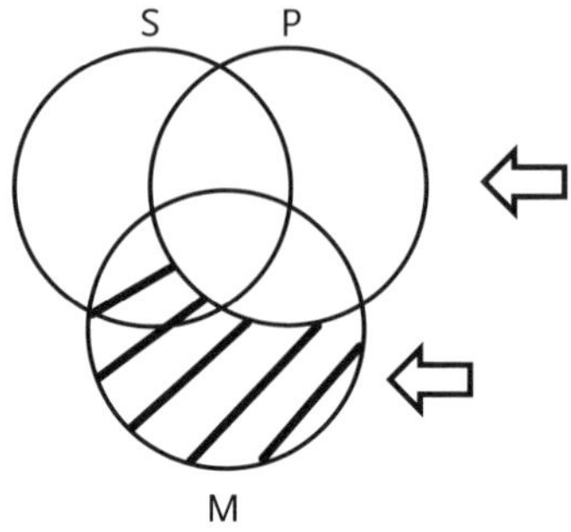

Abb. 8: Erste Prämisse

Eintragung der zweiten Prämisse

Bei der Schraffur ignoriert man den Kreis für das Prädikat S. Es ist aber auf der Grundlage der Beziehung der Prädikate M und P etwas über das Verhältnis der Prädikate M und S zu sagen. Wenn es Gegenstände gibt, die sowohl unter das Prädikat M als auch unter das Prädikat S fallen, dann muss es auch so sein, dass diese Gegenstände auch unter das Prädikat P fallen. Denn der Überlappungsbereich von S und M, der außerhalb von P liegt, wurde durch die Schraffur der ersten Prämisse bereits gestrichen. Und so erkennt man auch, ob der jeweilige Syllogismus gültig oder ungültig ist. Der jeweilige Syllogismus ist genau dann gültig, wenn man nach Abtragung beider Prämissen die Konklusion ablesen kann. Wir tragen also dementsprechend die zweite Prämisse ab und betrachten die Kreise für die Prädikate S und M. Die zweite Prämisse besagt, dass alle Gegenstände, die unter das Prädikat S fallen, auch unter das Prädikat M fallen. Es wird also der Bereich des Kreises von S schraffiert, der sich nicht mit M überlappt (s. Abb. 9).

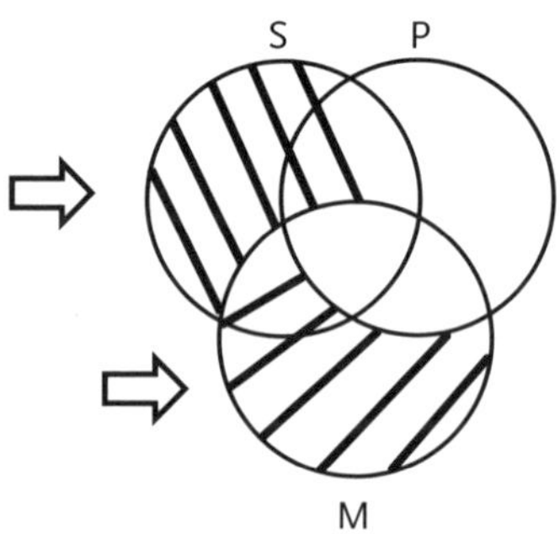

Abb. 9: Zweite Prämisse

Deutung des Diagramms

Wie ist dieses Diagramm zu deuten? Treten wir, bevor die Frage beantwortet wird, noch einen Schritt zurück. In den Vorbemerkungen wurde der logische Schluss derart bestimmt, dass ausgeschlossen ist, dass die Prämissen allesamt wahr sind, die Konklusion aber falsch. Die Wahrheit der Prämissen soll sich auf die Konklusion übertragen. Logische Schlüsse sollen wahrheits(wert)konservativ sein, d.h. die Konklusion enthält nicht mehr Wissen als die Prämissen. Diese Bestimmungen können auf die Syllogistik und die Bedeutung des Diagramms übertragen werden. Ist das Verhältnis der Begriffe und die Verbindung dieser mit der entsprechenden logischen Partikel in der Konklusion bereits in den Verhältnissen der Begriffe und deren Verbindung mit den entsprechenden logischen Partikeln in den Prämissen enthalten? Gerade wurde schon darauf hingewiesen, dass nach Eintragung der ersten Prämisse in das Diagramm auch etwas über das Verhältnis zu anderen Begriffen ausgesagt werden kann. Wir fragen uns dementsprechend jetzt, ob man nach Abtragung der zweiten Prämisse etwas über das Verhältnis der Begriffe, die in der Konklusion enthalten sind, abgelesen werden kann. Wenn man das in der Konklusion ausgesagte Verhältnis der Begriffe ablesen kann, dann ist der Syllogismus gültig. (Denn dann ist sichergestellt, dass die prädikativen Verhältnisse in den Prämissen ausreichen, um über die Konklusion zu entscheiden.)

Die Konklusion (SaP) besagt, dass alle Gegenstände, die unter das Prädikat S fallen, auch unter das Prädikat P fallen. Wir betrachten dementsprechend die Kreise für die Begriffe S und P. Damit sich die Konklusion am Diagramm ablesen lässt, müsste es der Fall sein, dass der Bereich des Kreises für den Begriff S, der sich nicht mit dem Kreis für den Begriff P überlappt, schraffiert ist. Dies besagt, dass es ausgeschlossen ist, dass es Gegenstände gibt, die zwar unter den Begriff S fallen, aber nicht unter den Begriff P. Schaut man nun auf das Diagramm, stellt man fest, dass dies der Fall ist (s. Abb. 10).

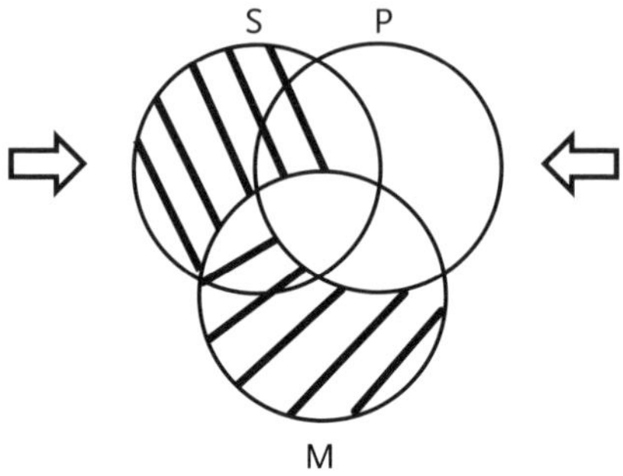

Abb. 10: Konklusion

Es kann also festgehalten werden, dass der Syllogismus „Barbara“ in der ersten Figur gültig ist.

Syllogismus Ferison

Als Zweites wählen wir den Syllogismus „Ferison“ in der zweiten Figur. Die Schlussform sieht nach Einsetzung der logischen Partikel wie folgt aus:

PeM
<u>SiM</u>
SoP

Eintragung der ersten Prämisse

Die erste Prämisse besagt, dass kein P ein M ist. Dementsprechend wird der Bereich schraffiert, in dem sich die Kreise von P und M überlappen (s. Abb. 11).

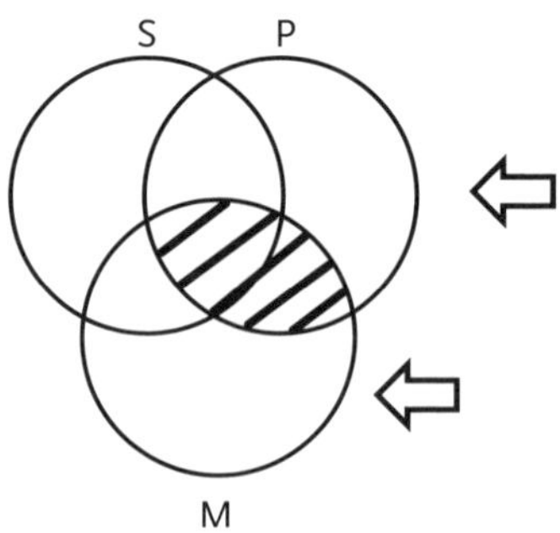

Abb. 11: Erste Prämisse von Ferison

Die zweite Prämisse sagt aus, dass einige S M sind. Dementsprechend wird ein X in dem verbleibenden Teil des Bereiches platziert, in dem sich die Kreise von S und M überlappen (s. Abb. 12).

Eintragung zweite Prämisse

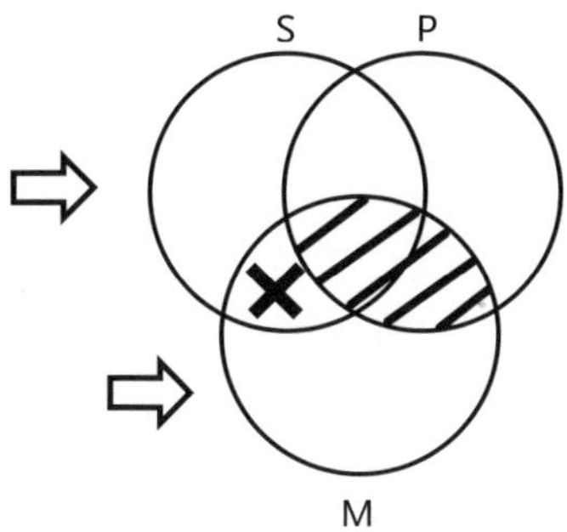

Abb. 12: Zweite Prämisse von Ferison

Nachdem die zweite Prämisse eingetragen wurde, sieht man, dass man die Konklusion am Diagramm ablesen kann. Wenn nur die Kreise von S und P betrachtet werden, gibt es ein X, das sich im Kreis von S befindet, aber nicht im Kreis von P. Ebendies besagt die Konklusion. Wir können also festhalten, dass der Syllogismus „Ferison" der zweiten Figur gültig ist.

Deutung des Diagramms

Bevor wir zu den Übungen übergehen, soll noch auf eine Besonderheit eingegangen werden. Diese Besonderheit tritt auf, wenn die erste Prämisse partikular ist. Betrachten wir hierzu den Syllogismus „Disamis" in der dritten Figur. Folgende Schlussform ergibt sich nach der Anordnung des Mittelbegriffs und der Eintragung der logischen Partikel:

Syllogismus Disamis

MiP
MaS
SiP

Die erste Prämisse besagt, dass einige M P sind. Es wird dementsprechend ein X in dem Bereich platziert, in dem sich die Kreise von M und P überlappen. Hierbei ergibt sich das Problem, dass bei der Eintragung zwar nur die Kreise von P und M betrachtet werden sollen, aber dem Kreis von S Rechnung getragen werden

Eintragung der ersten Prämisse

muss. Denn nur mit dem Inhalt der ersten Prämisse kann noch nicht gesagt werden, ob das eingezeichnete X nur in dem Bereich der überlappenden Kreise von P und M der außerhalb des Kreises von S liegt oder innerhalb (s. Abb. 13).

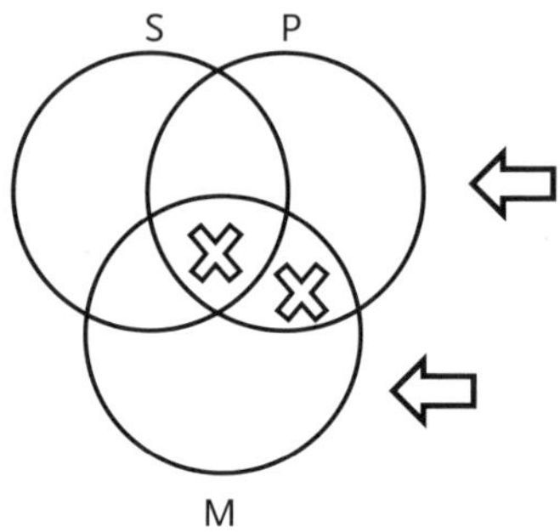

Abb. 13: Unter Berücksichtigung von M

Um diesem Umstand Rechnung zu tragen, wird das X auf der Linie des Kreises von S platziert (s. Abb. 14).

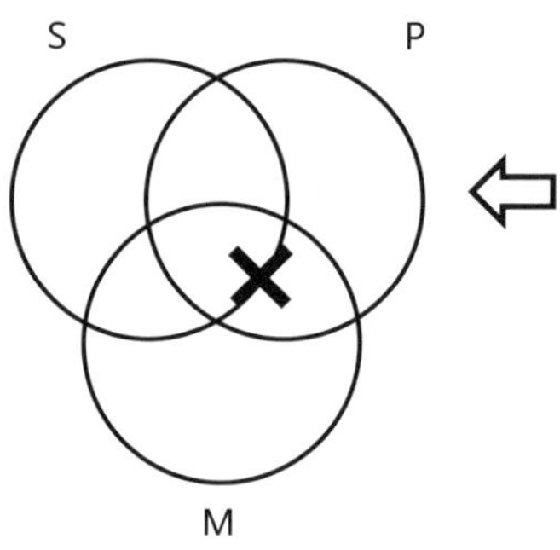

Abb. 14: Erste Prämisse mit X auf der Kreislinie S

Eintragung zweite Prämisse

Nun kann die zweite Prämisse eingetragen werden. Diese besagt, dass alle M S sind. Es wird dementsprechend der Bereich des Kreises von M schraffiert, der nicht im Kreis von S liegt (s. Abb. 15).

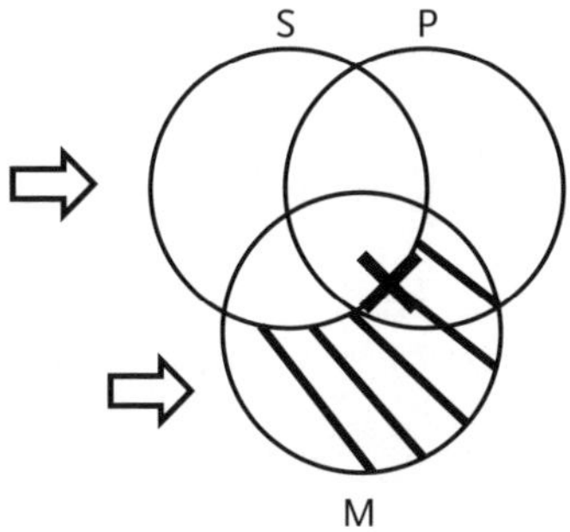

Abb. 15: Zweite Prämisse mit X

Besonderheit

Durch die Einzeichnung der zweiten Prämisse kann nun gesagt werden, dass das eingezeichnete X der ersten Prämisse innerhalb des Kreises von S liegt. Dies können wir markieren, indem durch einen Pfeil (→) angezeigt wird, dass das X in diesen Teil des Kreises wandert (s. Abb. 16).

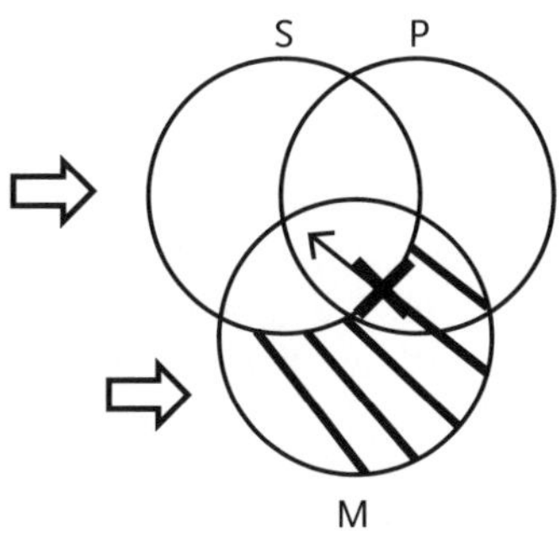

Abb. 16: X wandert in Kreis S

Deutung des Diagramms

Die Konklusion besagt, dass einige S P sind und dies kann nach der Eintragung der beiden Prämissen am Diagramm abgelesen werden. Denn es gibt ein X im überlappenden Bereich der Kreise von S und P. Der Syllogismus „Disamis“ der dritten Figur ist also gültig.

Syllogismus Bamalip

Kommen wir damit nochmals auf den oben als gültig ausgewiesenen Syllogismus „Bamalip“ der vierten Figur zurück. Folgende Schlussform ergibt sich beim Syllogismus „Bamalip“ der vierten Figur:

PaM
<u>MaS</u>
SiP

Wenn man beide Prämissen im Diagramm abträgt, ergibt sich Folgendes (s. Abb. 17):

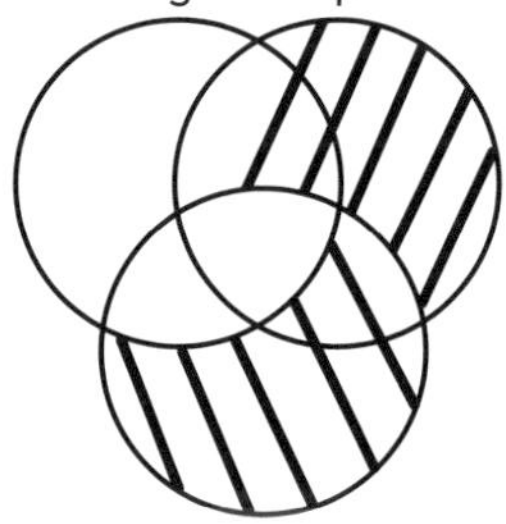

Abb. 17: Syllogismus Bamalip mit beiden Prämissen

Eingeschränkt gültiger Syllogismus

Wenn man das Diagramm betrachtet, kann man nicht feststellen, ob der Syllogismus „Bamalip" der vierten Figur gültig oder ungültig ist. In dem Bereich der sich überlappenden Kreise von S und P findet sich nämlich kein X. Dies führt eine zentrale Voraussetzung der Syllogistik vor Augen: Denn der Schluss wäre gültig, wenn sichergestellt ist, dass es Gegenstände gibt, die unter die Begriffe S und P fallen, oder anders gesagt, wenn die entsprechenden Begriffe nicht leer sind. Eben diese Voraussetzung macht Aristoteles in der Syllogistik. Da man aber erst zeigen muss, dass es sich nicht um leere Begriffe handelt, gelten diese Syllogismen nur eingeschränkt. Dies ist auch der Grund für den Fettdruck einiger syllogistischer Merkworte. Es handelt sich bei diesen um die eingeschränkt gültigen Syllogismen.

Ungültiger Syllogismus

Betrachten wir zum Abschluss noch einen ungültigen Syllogismus. Hier sind wir in einer misslichen Lage: Wir können nicht auf die obigen Merkworte zurückgreifen, da diese – mit Ausnahme der eingeschränkt gültigen Syllogismen – die gültigen Syllogismen bezeichnen. Unsere Kreativität ist also gefragt. An dieser Stelle empfehle ich Ihnen zu Übungszwecken selbst-

Syllogismus Immanuel

ständig Worte herauszusuchen, in denen drei der vier Vokale (a, e, i und o) vorkommen. Dies ist beispielsweise bei dem Namen Immanuel der Fall. Nun muss noch bestimmt werden, in welcher Figur die Kombination der logischen Partikel einzutragen sind. Die Figur kann man dabei frei wählen. Auf diese Weise können Sie sich selbst Übungsaufgaben erstellen. In Bezug auf unser Beispiel stellen wir uns die Frage, ob der Syllogismus „Immanuel" in der zweiten Figur gültig ist.

PiM
SaM
SeP

Nachdem man beide Prämissen im Diagramm eingetragen hat, ergibt sich Folgendes (s. Abb. 18).

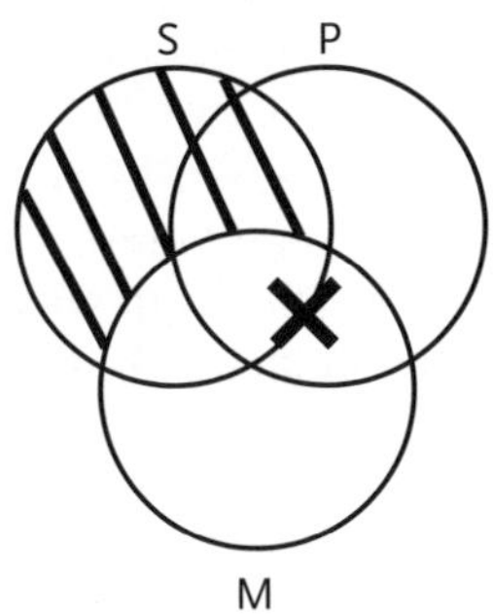

Abb. 18: Immanuel mit beiden Prämissen

Nach der Abtragung wird deutlich, dass der vorgegebene Zweck, einen ungültigen Syllogismus zu erzeugen, erreicht wurde. Der Syllogismus „Immanuel" in der zweiten Figur ist ungültig, da die Konklusion nicht am Euler-Venn-Diagramm abgelesen werden kann. Hierfür müsste der Bereich, in dem sich die Kreise S und P überlappen, schraffiert worden sein.

2.3 Grenzen der Syllogistik

In der Syllogistik können nur Argumente mit zwei Prämissen und einer Konklusion behandelt werden. Die Logik soll (nach unserer Zielsetzung) eine Hilfswissenschaft der Philosophie sein und bei der Evaluation von natürlich-sprachlichen Argumenten helfen. In Bezug auf diesen Zweck erscheint der Mittelbestand der Syllogistik eher dürftig (auch wenn die historischen Leistungen des Aristoteles und seiner, etwa mittelalterlichen, Nachfolger selbstverständlich unbestritten bleiben).

Hypothetische und disjunktive Syllogismen

Die Gültigkeit der in der Syllogistik thematisierten Schlüsse wird durch eine Beziehung von drei Begriffen ausgewiesen. Diese werden auch als kategorische Syllogismen bezeichnet. Neben den kategorischen Syllogismen werden in der weiteren Entwicklung der Syllogistik zwei weitere Schlussformen thematisiert: die hypothetischen und disjunktiven Syllogismen. Der hypothetische Syllogismus besteht ebenso aus zwei Prämissen, wobei die erste Prämisse eine Wenn-Dann-Aussage zwischen zwei syllogistischen Aussagesätzen beinhaltet und die zweite Prämisse aus einem syllogistischen Aussagesatz besteht. Der disjunktive Syllogismus besteht ebenso aus zwei Prämissen, wobei die erste Prämisse eine Oder-Aussage aus zwei syllogistischen Aussagesätzen beinhaltet und die zweite Prämisse aus einem syllogistischen Aussagesatz besteht. Die disjunktiven Syllogismen übergehen wir und zeigen die Problematik an einem hypothetischen Syllogismus. Betrachten wir hierzu folgendes Beispiel:

Beispiel hypothetischer Syllogismus

> Wenn alle Lebewesen Säugetiere sind, dann haben alle Lebewesen eine Lunge. Da alle Lebewesen Säugetiere sind, haben alle Lebewesen eine Lunge.

Wenn man dieses Argument formalisieren möchte, muss man sich überlegen, was die logische Struktur dieses Arguments ist. In diesem Argument können die syllogistischen Aussagesätze leicht identifiziert und dementsprechend formalisiert werden. Das „wenn ... dann" hingegen bereitet Schwierigkeiten. Dieses wird in der Syllogistik behandelt und intuitiv ist diese Verwendungsweise auch verständlich. Wir führen die Formalisierung durch und werden die Wenn-Dann-Verknüpfung in deutscher Sprache anzeigen. Folgende Formalisierung ergibt sich:

L: ... ist ein Lebewesen
S: ... ist ein Säugetier
G: ... hat eine Lunge

Wenn LaS, dann LaG
LaS
____
LaG

Modus Ponens

Semantik

Andere Aussagen

Auch wenn es wie gesagt intuitiv einsichtig ist, dass dieser Schluss (man nennt ihn auch Modus Ponens) gültig ist, so kann die Verwendungsweise der logischen Partikel „wenn ... dann" nicht angegeben werden. Damit ist die Semantik des Wenn... Dann nicht eindeutig. Bei den im Kapitel 2.2 behandelten kategorischen Syllogismen war dies anders. Über die eindeutigen Verwendungsregeln der logischen Partikel konnte auf Grundlage eines Verhältnisses von drei Begriffen ein Verfahren angegeben werden, mit dem die Gültigkeit eines Schlusses ausgewiesen werden konnte. Bei dem gerade formalisierten Schluss sind die bisherigen logischen Partikel irrelevant, auch ein dritter Begriff fehlt, sodass ein anderes Verfahren gewählt werden müsste. Um dieses Verfahren zu entwickeln, müsste man sich vorher über die Semantik der investierten logischen Partikel (hier: wenn ... dann) Klarheit verschaffen. Dies wollen wir aber auf das dritte Kapitel verschieben. An dieser Stelle versuchen wir das Problem im engen Rahmen der Syllogistik anzugehen. Für dieses Unterfangen können wir bereits festhalten, dass die logische Partikel verwendet wird, um Aussagen miteinander zu verknüpfen. In diesem Zusammenhang ist auch nicht klar, warum durch die logischen Partikel „wenn ... dann" nur syllogistische Aussagesätze verknüpft werden können und nicht Aussagen von einem anderen Typ. Betrachten wir hierzu das folgende Beispiel:

Wenn die Staaten das Pariser Klimaschutzabkommen einhalten, dann wird das 1,5-Grad-Ziel erreicht.
Die Staaten halten das Pariser Klimaschutzabkommen ein.
____
Das 1,5-Grad-Ziel wird erreicht.

Auch diesem Beispiel liegt ein gültiger Schluss zugrunde, obwohl es sich um Aussagen handelt, die keine syllogistischen Aussagesätze sind. Die Gültigkeit des Schlusses hängt also an der Semantik der Wenn-Dann-Verknüpfung und nicht an einer spezifischen Gestalt der Aussagen. Innerhalb der Syllogistik kann nun die Semantik dieser Art von Verknüpfungen nicht thematisiert werden.

Modus Tollens

Die fehlende Semantik der Wenn-Dann-Verknüpfung kann am Modus Tollens (Bei diesem wird als zweite Prämisse der Dann-Teil (Sukcedens) verneint und so auf die Verneinung der Bedingung (Antecedens) geschlossen.) verdeutlicht werden. Der Modus Tollens ist zwar innerhalb der Syllogistik darstellbar, aber nur sehr umständlich und auch nur unter Rückgriff auf das logische Quadrat. Um diesen Schluss überhaupt darstellen zu können, muss man sich überlegen, wie das Sukcedens verneint wird. An dieser Stelle kommt das logische Quadrat ins Spiel. Durch dieses ist bekannt, dass die logischen Partikel a und o in einem kontradiktorischen Gegensatz stehen. Dementsprechend ist die Verneinung der Aussage LaG in der Syllogistik LoG. Die Aussage LoG führt in Verbindung mit der ersten Prämisse („Wenn LaS, dann LaG") zu der Konklusion LoS.

Wenn LaS, dann LaG
LoG
———————
LoS

Dahinter steht die folgende Überlegung: Wenn die Aussage LaS wahr wäre, könnte man mit Hilfe der Schlussform des Modus Ponens auf die Aussage LaG schließen. Die Aussage LaG stünde aber im Widerspruch zur zweiten Prämisse, der Aussage LoG. Dementsprechend kann die Aussage LaS unter der Voraussetzung der Wahrheit der beiden Prämissen nicht wahr sein, sondern nur deren Verneinung. Die Verneinung ist aber LoS. Dies ist aber alles andere als ein elegantes Verfahren und zeigt die Grenzen ziemlich eindringlich.

Schlüsse mit mehr als zwei Prämissen

Neben den gerade vorgeführten Beschränkungen der Syllogistik sollen noch einige weitere benannt werden. In der Syllogistik bestehen alle Schlüsse aus zwei Prämissen und einer Konklusion. Diese Beschränkung der Schlussform erscheint aber relativ willkürlich. Könnte doch die obige Schlussform leicht um weitere Prämissen ergänzt werden.

Wenn LaS, dann LaG
LaS
Wenn LaG, dann LaB
Wenn LaB, dann LaK
LaK

Innerhalb der Syllogistik müssten diese Schlussformen in drei separiert werden. Der Grund ist aber nicht recht einsichtig, da immer nur der Modus Ponens angewendet wird. Zudem sind in den meisten natürlich-sprachlich verfassten Argumenten mehr als zwei Prämissen vorhanden. Da die Logik bei der Evaluierung von natürlich-sprachlich verfassten Argumenten helfen soll, ist die Syllogistik kein sehr leistungsstarkes Mittel in Bezug auf diesen Zweck.

Eine weitere Schwäche soll an dieser Stelle in Form einer Frage formuliert werden: Gibt es neben Begriffen noch andere sprachliche Einheiten, die relevant für das logische Schließen sind? Diese Frage werden wir wieder aufgreifen, wenn wir über die Prädikatenlogik erster Stufe sprechen werden.

Und schließlich haben die Überlegungen zur Gültigkeit des Modus Tollens gezeigt, dass es Aussageverknüpfungen gibt, über deren Bezug auf den Wahrheitswert von anderen Aussagen geschlossen werden kann. Weiter oben wurde bereits auf die Disjunktion als eine Aussagenverknüpfung hingewiesen, die auch diese Eigenschaft besitzt. Es ist aber vollkommen offen, ob es noch andere Aussagenverknüpfungen gibt, die in dieser Hinsicht logisch relevant sind. Wir sehen, dass es an der Zeit ist, mit der (modernen) Aussagenlogik zu beginnen, um weitere Mittel kennenzulernen, die uns bei der Evaluation natürlich-sprachlicher Argumente in der Philosophie (und anderswo) helfen können.

2.4 Aufgaben zur Syllogistik

1. Bei welchen Sätzen handelt es sich um Aussagesätze im Sinne der Syllogistik?
   Peter lacht.
   Alle Fechter sind Sportler.
   Sokrates ist sterblich.
   Alle Kinder sollen glücklich sein!

2. Wie sind syllogistische Aussagesätze definiert?
3. Begründen Sie, warum es sich bei manchen der obigen Sätze nicht um Aussagesätze im Sinne der Syllogistik handelt.
4. Worum handelt es sich semantisch bei den folgenden Ausdrücken: Mensch, Lebewesen, Raucher und Logiker.
5. Erläutern Sie, wie die Bestandteile eines syllogistischen Aussagesatzes, abgesehen von den logischen Partikeln, semantisch zu verstehen sind.
6. Wie verhält sich die semantische Bestimmung von Begriffen zu der Unterscheidung von Subjekt- und Prädikatbegriff in der Syllogistik?
7. Der Prädikatbegriff soll dem Subjektbegriff zukommen. Wie ist diese Aussage zu verstehen?
8. Warum kann die einfache Konversion bei syllogistischen Aussagesätze mit den logischen Partikeln e und i angewandt werden, aber bei a und o nicht?
9. Wie ist ein Syllogismus formal aufgebaut?
10. Auf welcher Grundlage wird in der Syllogistik geschlossen?
11. Formalisieren Sie die folgenden Schlüsse:
    Wenn alle Sportler Menschen sind und einige Sportler Männer sind, dann sind einige Männer Menschen.
    Wenn einige Kommunisten Millionäre sind und einige Millionäre Kapitalisten sind, dann sind einige Kommunisten Kapitalisten.

12. Überprüfen Sie die Gültigkeit der formalisierten Schlüsse und erläutern, warum es sich nicht um gute Argumente handelt.
13. Überprüfen Sie die Gültigkeit der Syllogismen „Ferio“ 1. Figur, „Camestres“ 2. Figur, „Felapton“ 3. Figur und „Fresison“ 4. Figur.

3. Aussagenlogik

3.1 Grundgedanken der Aussagenlogik und die Bedeutung des Konjunktors

In der Syllogistik wurden logische Schlussfolgerungen unter anderem über die logische Binnenstruktur der Aussagen gezogen. In der Aussagenlogik wird nun nicht die logische Binnenstruktur der Aussagen thematisiert, sondern die logische Verknüpfung von Aussagen. An mehreren Stellen wurde bereits der Unterschied zwischen grammatischer und logischer Form zur Sprache gebracht. Die Grammatik kennt viele Aussagenverknüpfen. Als Beispiele mögen die folgenden drei Sätze dienen:

Aussagenverknüpfungen

1. Karl warnte Peter, indem er laut pfiff.
2. Frege ist der Autor der *Begriffsschrift* und George Boole verfasste *The Mathematical Analysis of Logic*.
3. Friedrich geht zum Konzert, obwohl die Hausaufgaben noch erledigt werden müssen.

Damit die Logik ihre Aufgabe (Schlüsse allein unter Rückgriff auf die Bedeutung der logischen Partikel als gültig bzw. ungültig auszuweisen) erfüllen kann, müssen zum einen die bloß grammatischen Satzverknüpfungen von den logisch relevanten Satzverknüpfungen unterschieden werden. Zum anderen muss die Bedeutung der logisch relevanten Satzverknüpfungen angegeben werden und gezeigt werden, wie unter Rückgriff auf diese Bedeutung ein Schluss als gültig bzw. ungültig ausgewiesen werden kann. In Bezug auf die Unterscheidung zwischen grammatischen und logischen Satzverknüpfungen entsteht nun die Frage, wie entschieden werden kann, welche Aussagenverknüpfungen die logisch relevanten sind. In der klassischen Logik gibt es eine einfache Antwort auf diese Frage:

Logische Satzverknüpfungen

> Die für die Aussagenlogik relevanten logischen Partikel sind diejenigen Partikel, über deren Wahrheit allein aufgrund der Wahrheit der Teilaussagen entschieden werden kann.

Wahrheitsfunktional

Bei dem ersten und dritten Satz ist dies nicht der Fall. Diese Sätze sind wahr, wenn Karl Peter tatsächlich warnte, indem er laut pfiff und wenn Friedrich zum Konzert geht, obwohl er noch Hausaufgaben erledigen muss. Bei diesen Satzverknüpfungen kann man nicht entscheiden, ob sie wahr sind, wenn man die Wahr- bzw. Falschheit der Teilaussagen kennt. Beim zweiten Satz ist dies anders. Diese Aussage besteht aus zwei Teilaussagen: „Frege ist der Autor der *Begriffsschrift*." und „George Boole verfasste *The Mathematical Analysis of Logic*." Die gesamte Aussage ist genau dann wahr, wenn beide Teilaussagen wahr sind. Wenn eine Teilaussage oder beide Teilaussagen falsch sind, dann ist auch die gesamte Aussage falsch. Die Auffassung von Satzverknüpfungen dieser Art wird deshalb auch wahrheitsfunktional genannt. Die Wahrheit bzw. Falschheit der komplexen Aussage ist eine Funktion der Wahrheit bzw. Falschheit der Teilaussagen.

Aussagenlogische Struktur

Aussagenvariablen

Wie bei der Syllogistik kommt es in der Aussagenlogik nicht auf die tatsächliche Wahr- bzw. Falschheit der Teilaussagen an, genauso wenig wie auf die tatsächlichen Aussagen. In der Syllogistik haben wir dies dadurch dargestellt, dass die Begriffe durch Variablen ersetzt wurden. In der Aussagenlogik wird von der logischen Binnenstruktur der Aussagen abgesehen, sodass Aussagen durch Aussagenvariablen dargestellt werden. So erhalten wir für den zweiten Beispielsatz vorerst die Struktur: A und B. Wobei die Aussagenvariable A für die Aussage „Frege ist der Autor der *Begriffsschrift*." steht und die Aussagenvariable B für die Aussage „George Boole verfasste *The Mathematical Analysis of Logic*." (Da es sich um Aussagenvariablen handelt, ist es selbstverständlich gestattet, auch andere Belegungen zu wählen. Beispielsweise C für die Aussage „Frege ist der Autor der *Begriffsschrift*.")

Zweiwertigkeits- und Wahrheitsfunktioinalitätsprinzip

Damit können wir zur Frage nach der Bedeutung der logischen Satzverknüpfungen übergehen. In der Syllogistik wurden die logischen Partikel (a, e, i, o) mit einer bestimmten Bedeutung verwendet. Wie ist es nun, um die Bedeutung der logischen Partikel „und" in der klassischen Aussagenlogik bestellt? Diese logischen Partikel wird im Folgenden mit dem Symbol „$\wedge$" dargestellt. Die logische Struktur des zweiten Beispielsatzes kann entsprechend mit „$A \wedge B$" angegeben werden. Die Bedeutung der logischen Partikel (auch Konjunktor genannt) ∧ kann über eine sogenannte Wahrheitstafel angegeben werden. Für die Erstellung der Wahrheitstafel werden in der klassischen Aussagenlogik zwei Voraussetzungen gemacht. Für die klassische Aussagenlogik wäre an dieser Stelle das Zweiwertigkeits- oder auch Bivalenzprinzip sowie das Extensionalitäts- oder Wahrheitsfunktionalitätsprinzip zu nennen. Das Zweiwertigkeitsprinzip besagt, dass jede Aussage entweder wahr oder falsch ist. Das Extensionalitätsprinzip besagt, dass sich der Wahrheitswert einer komplexen Aussage aus den Wahrheitswerten der Teilaussagen eindeutig bestimmen lässt. Um dies genauer anzugeben, führen wir die Unterscheidung zwischen einer elementaren und einer komplexen Aussage ein. Die Unterscheidung zwischen elementaren und komplexen Aussagen ist erforderlich, um das Extensionalitätsprinzip durchzusetzen. Um dieses Prinzip durchzusetzen, muss sichergestellt werden, dass alle relevanten Aussagen entweder wahr oder falsch sind. Denn nur, wenn dies sichergestellt ist, kann man überhaupt darangehen, ein Verfahren anzugeben, durch das sich der Wahrheitswert einer komplexen Aussage aus den Wahrheitswerten der Teilaussagen bestimmen lässt. Ferner sind für die Unterscheidung von elementaren und komplexen Aussagen neben den Wahrheitswerten auch die logischen Partikel relevant. Denn diese sind genau diejenigen Satzverknüpfungen, bei denen man das Extensionalitätsprinzip durchsetzt. Folglich enthalten elementare Aussagen keine logischen Partikel, komplexe Aussagen hingegen schon. Dies können wir in einer Definition festhalten. Für die Definition verwenden wir das metasprachliche Zeichen $\mathfrak{A}$ als einen Namen für beliebig komplexe Aussagen.

> Eine Aussage $\mathfrak{A}$ ist elementar genau dann, wenn ihr einer der beiden Wahrheitswerte (w, f) zugeordnet werden kann und sie keine logischen Partikel enthält.
>
> Eine Aussage $\mathfrak{A}$ ist komplex genau dann, wenn ihr einer der beiden Wahrheitswerte (w, f) zugeordnet werden kann und sie logische Partikel enthält.

Wahrheitstafel des Konjunktors

Wie sieht die Wahrheitstafel zur obigen Aussage aus? Wir haben zwei wahrheitswerte (w, f) und zwei Aussagenvariablen (A, B) Dies macht nach den Regeln der Kombinatorik 2^2 Möglichkeiten der Verknüpfung dieser Wahrheitswerte. Die Wahrheitstafel für den Konjunktor hat als seine Bedeutung, dass er den Wert w erhält, wenn beide Teilaussagen[24] den Wert w haben. Ansonsten hat der Konjunktur den Wert f. Die Wahrheitswertbelegung für die Elementaraussagen ist frei wählbar. Es müssen nur für die gleichen Aussagenvariablen immer dieselben Belegungen (in diesem Fall 4) verwendet werden. Dass die Belegung für die Teilaussagen frei wählbar ist, bedeutet, dass es egal ist, ob man die Belegung für die beiden Aussagenvariablen so:

A	∧	B[25]
w		w
f		w
w		f
f		f

oder so:

A	∧	B
w		w
w		f
f		w
f		f

wählt. Es müssen nur vier (in anderen Fällen mehr oder weniger) Zeilen belegt werden. Mit der Bedeutung (der Wahrheitstafel) des Konjunktors kann für dieses Beispiel die Wahrheitswertbelegung für den Konjunktor bestimmt werden. Hierbei trägt man unter dem Konjunktor, je nachdem, ob die Voraussetzung für den Wert w oder f erfüllt ist, in der entsprechenden Zeile ein w oder f ab.[26] Die Voraussetzung für den Wert w ist nur in der

24 Es wird an dieser Stelle von Teilaussagen gesprochen, da eine komplexe Aussage aus anderen komplexen Aussagen zusammengesetzt sein kann, wie beispielsweise: $(A \wedge B) \wedge (C \wedge D)$.

25 Gesprochen: A und B

26 Für den einen oder anderen mag es vielleicht das Verständnis erleichtern, wenn an dieser Stelle deutlich gemacht wird, dass die Wahrheitstafel des Konjunktors

ersten Zeile erfüllt, in den anderen nicht. (Bei komplexeren Formeln kann die Wahrheitswertbelegung für den Konjunktor aber auch anders ausfallen, da es über die Verbindung mit anderen Aussagen der Fall sein kann, dass die Voraussetzung für den Wert w des Konjunktors in mehreren Zeilen oder auch in gar keiner erfüllt ist.) Es ergibt sich also die folgende Wahrheitswertbelegung für den Konjunktor:

A	∧	B
w	w	w
f	f	w
w	f	f
f	f	f

Um darzustellen, dass die Belegung der Aussagenvariablen abgetragen wurde, kann man sie durchstreichen.

A	∧	B
~~w~~	w	~~w~~
~~f~~	f	~~w~~
~~w~~	f	~~f~~
~~f~~	f	~~f~~

Neben dem Konjunktor gibt es noch andere logische Partikel (die sogenannten Junktoren). Aus dem Kapitel zur Syllogistik ist das „oder“ (Disjunktion) und das hypothetische Urteil „wenn ... dann“ (Subjunktion) bekannt. Neben diesen soll an dieser Stelle noch die Verneinung einer Aussage durch ein „nicht“ (Negator) und die Aussagenverknüpfung durch das „genau dann, wenn“ (Bisubjunktor) betrachtet werden. Für den Disjunktor wählen wir

auch durch 4 Übergangsregeln dargestellt werden kann. Die Übergangsregeln für die erste Zeile lautet: $\mathfrak{A}$ ist w, $\mathfrak{B}$ ist w $\Rightarrow$ $\mathfrak{A}\wedge\mathfrak{B}$ ist w. Für die zweite Zeile: $\mathfrak{A}$ ist w, $\mathfrak{B}$ ist f $\Rightarrow$ $\mathfrak{A}\wedge\mathfrak{B}$ ist f. Für die dritte Zeile: $\mathfrak{A}$ ist f, $\mathfrak{B}$ ist w $\Rightarrow$ $\mathfrak{A}\wedge\mathfrak{B}$ ist f. Für die vierte Zeile: $\mathfrak{A}$ ist f, $\mathfrak{B}$ ist f $\Rightarrow$ $\mathfrak{A}\wedge\mathfrak{B}$ ist f. Vgl. (in anderer Darstellung) Paul Lorenzen und Oswald Schwemmer: Konstruktive Logik, Ethik und Wissenschaftstheorie: Bibliographisches Institut: Mannheim, [2]1975, S.60.

folgendes Symbol: ∨, für den Subjunktor folgendes: →, für den Negator folgendes: ¬ und für den Bisubjunktor folgendes: ↔.

3.1.1 Die Bedeutung des Disjunktors

Wahrheitstafel des Disjunktors

Die logische Partikel ∨ entspricht in ihrem Gebrauch dem einschließenden „oder“ der deutschen Sprache. Beachten Sie bitte, dass nicht jedes Vorkommnis von „oder“ in einem natürlich sprachlichen Argument mit ∨ zu formalisieren ist. Sie müssen sich bei der Formalisierung fragen, welche logische Beziehung ausgedrückt werden soll. Neben dem einschließenden „oder“ ist noch das ausschließende „oder“ gebräuchlich. Während das ausschließende „oder“ nur wahr ist, wenn eine der beiden Teilaussagen wahr ist, ist das einschließende „oder“ auch wahr, wenn beide Teilaussagen wahr sind. Der Disjunktor hat genau dann den Wert w, wenn mindestens eine Teilaussage wahr ist. Die Wahrheitstafel von ∨ ist:

A	∨	B[27]
w	w	w
f	w	w
w	w	f
f	f	f

3.1.2 Die Bedeutung des Negators

Wahrheitstafel des Negators

Der Negator ist insofern besonders, weil er nicht zwei Aussagen verknüpft, sondern sich nur auf eine (beliebig komplexe) Aussage bezieht. Der Negator erhält genau dann den Wert w, wenn die verneinte Aussage falsch ist.

¬	A[28]
f	w
w	f

27 Gesprochen: A oder B

28 Gesprochen: Es ist nicht der Fall, dass A. Eine andere Variante wäre: nicht A.

3.1.3 Die Bedeutung des Subjunktors

Wahrheitstafel des Subjunktors

Kommen wir damit zum Subjunktor, dem „Wenn ... dann“. Der Subjunktor hat genau dann den Wert f, wenn das Antecedens den Wert w hat und das Sukcedens den Wert f. In allen anderen Fällen hat der Subjunktor den Wert w.

A	→	B[29]
w	w	w
f	w	w
w	f	f
f	w	f

Hierbei sollte die erste Zeile unproblematisch sein. Wenn das Antecedens (A) wahr ist, und das Sukcedens (B) auch wahr ist, dann ist die Subjunktion wahr. Problematischer sind die Zeilen 2 bis 4. Insbesondere ist unklar, weshalb die Subjunktion in Zeile 2 wahr sein soll, wenn das Antecedens falsch ist, das Sukcedens aber wahr. Ebenso ist es sonderbar, dass die Subjunktion wahr ist, obwohl Antecedens und Sukcedens falsch sind. Um diese Zeilen verständlich zu machen, müssen wir uns nochmals die Definition des gültigen Schlusses aus den Vorbemerkungen vergegenwärtigen. Diese lautete: Bei Wahrheit aller Prämissen soll ausgeschlossen sein, dass die Konklusion falsch sei. Die problematischen Zeilen können nun mit einem Verweis auf die Definition verständlich gemacht werden. Die Definition besagt, dass, wenn die Prämisse allesamt wahr sind, dann muss die Konklusion auch wahr sein. Die Zeile 2 entspricht der Definition. Denn das Sukcedens ist wahr und es ist ausgeschlossen, dass der Fall, den die Definition des gültigen Schlusses ausschließt, eintritt. Zeile 4 erfüllt auch die Definition des gültigen Schlusses. Das Sukcedens ist zwar falsch, aber da das Antecedens ebenso falsch ist, ist auch die Definition erfüllt. In Zeile 3 tritt der Fall ein, der durch die Definition ausgeschlossen wird, sodass die Subjunktion den Wert f erhält. Die Wahrheitswertbelegung ergibt sich also relativ zu der Definition des gültigen Schlusses innerhalb der klassischen Logik.

29 Gesprochen: Wenn A, dann B

3.1.4 Die Bedeutung des Bisubjunktors

Wahrheitstafel des Bisubjunktors

Die Wahrheitstafel für den Bisubjunktor betrachten wir nun. Der Bisubjunktor ist genau dann wahr, wenn die Aussagen den gleichen Wahrheitswert haben. (In der natürlichen Sprache wird der Bisubjunktor auch manchmal mit der Wendung „dann und nur dann, wenn", „genau dann, wenn" oder „nur, wenn" ausgedrückt.)

A	↔	B[30]
w	w	w
f	f	w
w	f	f
f	w	f

3.1.5 Zu den restlichen Junktoren

Die restlichen Junktoren

Jetzt stellt sich die Frage, ob es noch weitere Verknüpfungen dieser Art gibt. Diese Frage kann leicht beantwortet werden: Für eine Verknüpfung von zwei Aussagen bei zwei Wahrheitswerten gibt es vier mögliche Wahrheitswertbelegungen und jede dieser vier möglichen Belegungen können mit zwei Wahrheitswerten belegt werden. Nach den Regeln der Kombinatorik wird eine weitere 2er Potenz hinzugefügt zu 2^4. Dies ergibt 16 mögliche Wahrheitswertbelegungen. Diese 16 möglichen Belegungen können in der Abbildung 19 dargestellt werden.[31]

3.1.6 Die Interpretation aussagenlogischer Formeln

Bindungsregeln

Im weiteren Verlauf werden wir aber nur die zweistelligen Junktoren $\wedge$, $\vee$, $\rightarrow$, $\leftrightarrow$ und den einstelligen Junktor $\neg$ berücksichtigen. Bisher wurden ausschließlich Formeln betrachtet, die eine logische Partikel enthalten. Hierbei stellte die Erstellung der Wahrheitswertbelegung keine Schwierigkeit dar. Dies ist bei

30 Gesprochen: A genau dann, wenn B

31 Ludwig Wittgenstein: Tractatus logico-philosophicus. Frankfurt a. M.: Suhrkamp, 1963, S.57.

f	w	f	w	A	
w	w	w	w	Tautologie	(A→A)∧(B→B)
w	w	w	f	Nicht beides A und B	¬(A∧B)
w	w	f	w	Wenn B, dann A	B→A
w	f	w	w	Wenn A, dann B	A→B
f	w	w	w	A oder B	A∨B
f	f	w	w	B	B
f	w	f	w	A	A
f	w	w	f	A oder B, aber nicht beide.	(A∧¬B)∨(B∧¬A)
w	f	f	w	A genau dann, wenn B	A↔B
w	f	w	f	Nicht A	¬A
w	w	f	f	Nicht B	¬B
f	f	f	w	A und B	A∧B
f	f	w	f	B und nicht A	B∧¬A
f	w	f	f	A und nicht B	A∧¬B
w	f	f	f	Weder A noch B	¬A∧¬B
f	f	f	f	Kontradiktion	(A∧¬A)∨(B∧¬B)
f	f	w	w	B	

Abb. 19: 16 mögliche Wahrheitswertbelegungen

Formeln mit zwei oder mehr Junktoren anders, da hier die Frage entsteht, in welcher Reihenfolge die Partikel entwickelt werden sollen. Hierfür ist eine erste Regel, dass ∧ und ∨ stärker binden als → und ↔. Bei der Formel A∧B→C wäre dementsprechend der Konjunktur vor dem Subjunktor zu entwickeln. Soll der Subjunktor vor dem Konjunktor entwickelt werden, sind Klammern aufgrund der stärkeren Bindung von ∧ und ∨ gegenüber → und ↔ erforderlich. Bei dieser Formel A∧(B→C) wäre zuerst der Subjunktor und anschließend der Konjunktor zu entwickeln.

Der Negator bindet kürzest möglich. Bei der Formel ¬A∧B müsste der Negator vor dem Konjunktor entwickelt werden. Bei der Formel ¬(A∧B) müsste der Konjunktor vor dem Negator entwickelt werden.

Machen wir uns den Gebrauch des aussagenlogischen Instrumentariums an einem Beispiel deutlich. Betrachten wir hierzu die folgende Aussage:

> Es ist nicht so, dass Frege der Autor und nicht der Autor der *Begriffsschrift* ist.

Bestimmung der logischen Form

Wenn man sich die Frage stellt, ob diese Aussage wahr bzw. falsch ist, dann wird man vermutlich sagen, dass diese Aussage wahr ist. Dabei bemerkt man vielleicht bereits, dass die Wahrheit dieser Aussage unabhängig von der tatsächlich geäußerten Proposition ist, sondern allein von den gebrauchten logischen Partikeln abhängt. Denn wenn man die Aussage „Frege ist der Autor der *Begriffsschrift*." gegen die Aussage „George Boole verfasste *The Mathematical Analysis of Logic*." oder „Der Mond ist ein natürlicher Trabant der Erde." austauscht, bleibt die Aussage wahr. Die Wahrheit dieser Aussage scheint dementsprechend unabhängig von den tatsächlich geäußerten Propositionen zu sein und nur von der logischen Form abzuhängen. Wir versuchen nun durch eine Formalisierung die logische Form der Aussage anzugeben. Zunächst weisen wir den Aussagenvariablen die Aussagen zu. Da nur eine Aussage vorliegt, benötigen wir nur eine Aussagenvariable. Die Aussagevariable A belegen wir mit der Aussage: „Frege ist der Autor der *Begriffsschrift*." In der ursprünglichen Aussage wird gesagt, dass es nicht so ist, dass diese Aussage zutrifft und nicht zutrifft. Wenn wir nun diese Aussage mit den Mitteln der Aussagenlogik darstellen möchten, benötigen wir zunächst den Konjunktor, da zwei Aussagen als zugleich wahr behauptet werden. Dabei wird behauptet, dass die Aussage A und deren Negation (Verneinung) zugleich wahr ist. Als Zwischenergebnis erhalten wir also zunächst folgende Formel: $A \wedge \neg A$. Diese Formel wird noch verneint, sodass wir als Ergebnis der Formalisierung die logische Form der Aussage mit: $\neg(A \wedge \neg A)$ angeben können. Ein erster Blick auf die logische Form dieser Aussage zeigt, dass sich der Eindruck, die Wahrheit dieser Aussage ist unabhängig von den tatsächlich geäußerten Propositionen, bestätigt. Diesen Eindruck wollen wir mit Hilfe einer Wahrheitstafel bestätigen.

Hierzu trägt man zunächst bei den Aussagenvariablen die Wahrheitswertbelegung ab. In dem Beispiel gibt es nur eine Variable, also sind zwei Wahrheitswertbelegungen erforderlich:

¬	(A	∧	¬	A)[32]
	w			w
	f			f

Interpretation einer Formel

Anschließend beginnt man mit dem Ausrechnen der Formel. Hierbei muss man sich überlegen, in welcher Reihenfolge die Partikel entwickelt werden müssen. In dem Beispiel ist die Hauptpartikel der Negator, der vor der Klammer steht. Um die Wahrheitswertbelegung für diesen auszurechnen, muss die Formel in der Klammer ausgerechnet werden. In der Klammer steht eine Konjunktion. Um diese ausrechnen zu können, müssen die Konjunkte entwickelt sein. Bei dem einen Konjunkt handelt es sich um eine Elementarformel, die dementsprechend nicht entwickelt werden muss. Das andere Konjunkt ist eine Negation und muss entwickelt werden. Die Reihenfolge der Entwicklung kann wie folgt angegeben werden: Zuerst wird die Wahrheitswertbelegung für den Negator vor der Aussagevariable A entwickelt (1), anschließend die Belegung für den Konjunktor (2) und zuletzt die Belegung für den Negator vor der Klammer (3).[33]

3		2	1	
¬	(A	∧	¬	A)
	w			w
	f			f

Bei der Ausrechnung geht man entsprechend der Wahrheitstafel der entsprechenden Partikel vor. Beim Negator werden die Wahrheitswerte umgedreht. Die Belegung der Elementaraussage kann anschließend durchgestrichen werden.

32 Gesprochen: Es ist nicht so, dass A und nicht A der Fall ist.

33 Sobald Sie etwas Übung in der Interpretation von aussagenlogischen Formeln haben, können sie die Nummerierung auch weglassen. Diese dient nur didaktischen Zwecken und der Fehlervermeidung.

3		2	1	
¬	(A	∧	¬	A)
	w		f	w
	f		w	f

Der Konjunktor ist nur wahr, wenn beide Konjunkte wahr sind. In diesem Fall ergibt sich der Wahrheitswert des Konjunktors aus dem Wahrheitswert der Elementaraussage A und der komplexen Aussage (¬A). Um den Wahrheitswert der entsprechenden Zeile für den Konjunktor zu bestimmen, betrachtet man die Werte der beiden Teilaussagen. In beiden Zeilen ergibt sich für den Konjunktor der Wert f.

3		2	1	
¬	(A	∧	¬	A)
	w	f	f	w
	f	f	w	f

Nun können wir den Hauptpartikel entwickeln. Wie beim vorherigen Negator drehen sich die Wahrheitswerte der Aussage um, sodass sich eine wahre Aussage ergibt. Damit bestätigt sich der eingangs formulierte Eindruck.

3		2	1	
¬	(A	∧	¬	A)
w	w	f	f	w
w	f	f	w	f

Wie ist diese Wahrheitstafel zu deuten? Bei der Wahrheitstafel ist unter der Hauptpartikel in jeder Zeile ein w notiert. Diese Belegung bedeutet, dass die Formel allgemeingültig ist. Bevor wir fortfahren treffen wir noch einige terminologische Festlegungen:

Interpretationstermini

Die Zeilen, die sich aus der frei wählbaren Belegung der Aussagenvariablen und den Wahrheitstafeln der logischen Partikel ergeben, sollen **Interpretationen** heißen. Eine Interpretation, die

die Formel insgesamt als wahr ausweist, heißt **Modell**. Im Beispiel liegen also zwei Interpretationen vor und beide Interpretationen sind Modelle. Der Bereich der Modelle ergibt den **logischen Ort** der Formel. Wenn eine Formel mindestens ein Modell hat, ist sie **erfüllbar**. Wenn alle Interpretationen der Formel Modelle sind, ist sie **allgemein gültig** (logisch wahr). Die Formel wird dann auch Tautologie genannt. Wenn eine Formel kein Modell besitzt, dann ist sie **nicht erfüllbar**. Sie wird dann auch eine Kontradiktion (logisch falsch) genannt. Bei dem Beispiel handelt es sich um eine Tautologie. Es handelt sich um den Satz vom ausgeschlossenen Widerspruch.

Andere Darstellungen der Aussagenlogik

Es soll noch etwas über andere systematische Zugänge zur Aussagenlogik gesagt werden. Durch die Auswahl dieser zweistelligen Junktoren ($\wedge$, $\vee$, $\rightarrow$, $\leftrightarrow$) und diesem einstelligen Junktor ($\neg$) kann die Logik ihren Zweck, der in der Evaluation von natürlich-sprachlichen Argumenten besteht, ohne größere Schwierigkeiten erfüllen. Dies hängt damit zusammen, dass die Strukturen von natürlichen und idealen Sprachen sehr unterschiedlich sind. Damit man mit Hilfe der Logik Argumente überprüfen kann, müssen die natürlich-sprachlichen Argumente formalisiert werden. Die Formalisierung geht leichter von der Hand, wenn zwischen der Reichhaltigkeit der logischen Partikel in der natürlichen Sprache und der idealen Sprache nicht zu große Unterschiede bestehen. Aus rein theoretischer Sicht lassen sich unabhängig von dem gerade genannten pragmatischen Gesichtspunkt die unterschiedlichen Logiksysteme mit verschiedenen Grundpartikeln in diesem Punkt nicht als besser oder schlechter ausweisen. So hat Frege in der *Begriffsschrift* nur den Subjunktor und den Negator[34], Russel und Whitehead in den *Principia Mathematica* den Disjunktor und Negator[35], Hilbert und Ackermann in den *Grundzügen der theoretischen Logik* auch den Disjunktor und Negator[36] verwendet.

Wechselseitige Definierbarkeit der Junktoren

Warum besteht aus theoretischer Sicht kein Unterschied zwischen diesen unterschiedlichen Zugängen? Die logischen Partikel lassen sich wechselseitig definieren. Die Wahrheitstafeln der anderen Junktoren werden durch eine Kombination von Aussa-

34 Gottlob Frege: Begriffsschrift, eine der arithmetischen nachgebildete Formelsprache des reinen Denkens. Berlin und Heidelberg: Springer, 2018, S.213ff.

35 Alfred North Whitehead und Bertrand Russel: Principia Mathematica. Cambridge: Cambridge University Press, Bd.1, [2]1925, S.11.

36 David Hilbert und Wilhelm Ackermann: Grundzüge der theoretischen Logik. Berlin: Springer, [4]1959, S.25f.

genvariablen und den entsprechenden grundlegenden Junktoren (man spricht auch von der Junktorenbasis) erzeugt. Die Wahrheitstafel des Subjunktors lässt sich durch den Disjunktor und den Negator erzeugen. Die Wahrheitstafel für die Formel $\neg A \vee B$[37] entspricht der Wahrheitstafel des Subjunktors. Wenn man die Wahrheitswertverläufe der beiden Formeln miteinander vergleicht, stellt man fest, dass jede Interpretation denselben Wahrheitswert aufweist:

				1		2	
A	→	B		¬	A	∨	B
w	w	w		f	w	w	w
f	w	w		w	f	w	w
w	f	f		f	w	f	f
f	w	f		w	f	w	f

Dementsprechend kann der Subjunktor über den Disjunktor und den Negator definiert werden: $A \rightarrow B \stackrel{\text{def}}{=} \neg A \vee B$.[38] Es ist aber genauso möglich, den Subjunktor und den Negator zum Definiens und den Disjunktor zum Definiendum zu machen: $A \vee B \stackrel{\text{def}}{=} \neg A \rightarrow B$.[39] Denn auch bei diesen Formeln liegen in jeder Interpretation dieselben Wahrheitswerte vor.

1		2					
¬	A	→	B		A	∨	B
f	w	w	w		w	w	w
w	f	w	w		f	w	w
f	w	w	f		w	w	f
w	f	f	f		f	f	f

An dieser Stelle kann festgehalten werden, dass die einzelnen Junktoren wechselseitig aufeinander reduzierbar sind. Dabei

37 Gesprochen: Nicht A oder B

38 Gesprochen: „Wenn A, dann B" wird definiert als nicht „A oder B"

39 Gesprochen: „A oder B" wird definiert als, „Wenn nicht A, dann B."

wird die Reduzierbarkeit der einzelnen Junktoren über die Bedeutung der einzelnen Junktoren, d.h. die einzelnen Wahrheitstafeln, nachgewiesen. Anstatt von Reduzierbarkeit spricht man auch von logischer Äquivalenz.

Ein aussagenlogischer Ausdruck $\mathfrak{A}$ ist genau dann mit einem anderen aussagenlogischen Ausdruck $\mathfrak{B}$ äquivalent, wenn $\mathfrak{A}$ und $\mathfrak{B}$ denselben Wahrheitswertverlauf haben.

Hierbei muss man auf einen Unterschied achten, der auch bei der Einführung des Implikators relevant werden wird, und der deswegen bereits an dieser Stelle thematisiert werden soll. Sowohl bei der Definition der Äquivalenz als auch der Definition des Disjunktors durch den Subjunktor und Negator ($A \lor B \stackrel{def}{=} \neg A \to B$) muss zwischen einer Meta- und einer Objektsprache unterschieden werden. Dabei ist $\stackrel{def}{=}$ ein Zeichen der Metasprache und $A \lor B$ und $\neg A \to B$ Zeichen der Objektsprache. Ist die Definition ($A \lor B \stackrel{def}{=} \neg A \to B$) adäquat, dann können die beiden Ausdrücke in allen Kontexten ersetzt werden, ohne dass sich der Wahrheitswert ändert. Diese metasprachlichen Bestimmungen hängen mit der Objektsprache zusammen. Denn die Äquivalenz oder die Adäquatheit einer Definition zwischen zwei aussagenlogischen Formeln wird in diesem Fall unter Bezug auf die Bedeutung der logischen Partikel ausgewiesen. Sind die Wahrheitswertverläufe gleich, dann sind sie äquivalent. Macht man den metasprachlichen Satz zu einem objektsprachlichen ($A \lor B \stackrel{def}{=} \neg A \to B$ wird zu $A \lor B \leftrightarrow (\neg A \to B)$), dann erhält man eine Formel, die nur den Wert w im Wahrheitswertverlauf hat und dementsprechend allgemeingültig ist.

1		2		4		3	
(¬	A	→	B)	↔	A	∨	B[40]
f	w	w	w	w	w	w	w
w	f	w	w	w	f	w	w
f	w	w	f	w	w	w	f
w	f	f	f	w	f	f	f

40 „Wenn nicht A, dann B“ genau dann, wenn „A oder B“

Zurückführung auf einen Junktor

Der Vollständigkeit halber soll noch erwähnt werden, dass es auch möglich ist, aussagenlogische Systeme mit nur einem Junktor aufzubauen. Mit dem Nicod-Funktor[41] oder dem Peirceschen-Junktor[42] und auch dem Scheffer-Strich[43] ist es sogar möglich, nur einen Partikel zu verwenden. Hier wird die Wahrheitstafel, die die Bedeutung der logischen Partikel ausmachen, durch geeignete Kombinationen erzeugt. Dies soll mit dem Sheffer-Strich „|" verdeutlicht werden. Dabei entspricht die Wahrheitstafel von | der Wahrheitstafel des Weder-Nochs. Sheffer beginnt seine Postulate mit der folgenden Definition:

> „Def. a' = a | a"[44]

In die Notation dieser Einführung übersetzt, besagt die Definition, dass die Wahrheitstafel des Negators der Wahrheitstafel des „Weder ... Noch" entspricht.

¬	A	$\overset{def}{\equiv}$	A	|[45]	A
f	w		w	f	w
w	f		f	w	f

41 Jean George Pierre Nicod: A Reduction in the number of the Primitive Propositions of logic. Proceedings of the Cambridge Philosophical Society 19, 1916–19, S.32–41.

42 Charles Sanders Peirce: A Boolian Algebra with One Constant. In: Writings of Charles Sanders Peirce: Cambrigde: Havard Univerisity Press, Bd. 4, 1931f., S.12–21.

43 Henry Maurice Sheffer: A Set of Five Independent Postulates for Boolean Algebra, with Applicarion to Logical Constants. Transactions of the American Mathematical Society 14, 1913 S. 481–488. Zu den Aufsätzen muss man sagen, dass diese sich mit Boole auseinandersetzen. Dies mag, wenn man in die heutige Literatur sieht etwas merkwürdig anmuten. Dies liegt aber daran, dass Frege lange Zeit unbekannt war. Dies ist heute ganz anders. Eine Aufarbeitung der Rezeptionsgeschichte von dem Werk Freges finden Sie in: Matthias Wille: ‚Largely unknown'. Gottlob Frege und der posthume Ruhm. Münster: Mentis, 2016.

44 Henry Maurice Sheffer: A Set of Five Independent Postulates for Boolean Algebra, with Applicarion to Logical Constants. Transactions of the American Mathematical Society 14, 1913, S.482.

45 Sheffer verwendet in seinem Aufsatz folgendes Zeichen „∧". Da dieses aber in dieser Einführung als Konjunktor verwendet wird, wurde dieses Zeichen „|" verwendet. Sheffer definiert das ∧ aber über |. Henry Maurice Sheffer: A Set of Five Independent Postulates for Boolean Algebra, with Applicarion to Logical Constants. Transactions of the American Mathematical Society 14, 1913, S.487.

Anhand dieser Definition kann der Disjunktor wie folgt definiert werden:

A	∨	B	$\stackrel{\text{def}}{\equiv}$	(A	I	B)	I	(A	I	B)
w	w	w		w	f	w	w	w	f	w
f	w	w		f	f	w	w	f	f	w
w	w	f		w	f	f	w	w	f	f
f	f	f		f	w	f	f	f	w	f

Diese systematische Eleganz wird aber, wie gesagt, mit einer großen Menge an praktischen Problemen in der Anwendung auf natürlich-sprachliche Argumente erkauft. Folgende Partikel werden im Folgenden verwendet: $\wedge$, $\vee$, $\rightarrow$, $\leftrightarrow$ und $\neg$.

3.1.7 Aufgaben zu den Grundlagen der Aussagenlogik

1. Welche Aussagen sind Aussagen im Sinne der Aussagenlogik?
   - 1.1 Du sollst nicht lügen!
   - 1.2 Sollen wir alle Anstrengungen unternehmen, um den CO_2-Ausstoß zu verringern?
   - 1.3 2+2=4
   - 1.4 1990 wurde die deutsche Nationalmannschaft Fußballweltmeister.
   - 1.5 Es regnet.
   - 1.6 Das Wesen der Natur besteht in der stetigen Veränderung.
   - 1.7 Im Kühlschrank befindet sich eine Flasche Milch.
   - 1.8 Jedes Ereignis hat eine Ursache.
   - 1.9 Gleiche Ursachen haben gleiche Wirkungen.
   - 1.10 Gleiche Fälle müssen gleich beurteilt werden.

2. Formalisieren Sie die folgenden Aussagen:
   - 2.1 Eine Aussage ist wahr oder falsch.
   - 2.2 Wenn du so weitermachst, wird es nichts werden.
   - 2.3 Peter isst seinen Kuchen, aber er möchte den Kuchen auch behalten.
   - 2.4 Marianne und Horst sind die Eltern von Klara.
   - 2.5 Wenn Karl-Heinz die Dame in der Bahn anspricht und auf einen Kaffee einlädt, dann nimmt die Dame das Angebot an oder lehnt ab.

2.6 Nur, wenn Peter die Hausaufgaben gemacht hat, darf er ins Kino gehen und Popcorn kaufen.
2.7 Wenn es nicht so ist, dass Hans die Torte gegessen hat oder Berta die Torte gegessen hat, dann hat Claudia die Torte gegessen.
2.8 Wenn die Mondlandung von den Amerikanern inszeniert wurde und es nicht so ist, dass die Mondlandung von den Amerikanern inszeniert wurde oder die Amerikaner mit Hilfe der Apollo-11-Rakete zum Mond geflogen sind, dann sind die Amerikaner mit Hilfe der Apollo-11-Rakete zum Mond geflogen.
2.9 Hannah wird Philosophielehrerin, außer, wenn Hannah im Lotto gewinnt oder die Welt untergeht.
2.10 Wenn Frederike nicht arbeiten oder einen reichen Mann heiraten möchte, dann wird sie nur dann zu Geld kommen, wenn sie im Lotto gewinnt.

3. Welche der formalisierten Aussagen sind Tautologien, Kontradiktionen oder erfüllbar?
Erstellen Sie die Wahrheitstafel zu folgenden Aussagen:
3.1 $\neg(A \wedge \neg B)$
3.2 $(\neg A \vee B) \wedge B \rightarrow A$
3.3 $A \wedge \neg B \rightarrow \neg A \vee B$
3.4 $\neg A \vee B \rightarrow (A \rightarrow B)$
3.5 $A \rightarrow (B \rightarrow A)$
3.6 $\neg(A \vee \neg A) \rightarrow B$
3.7 $\neg A \wedge (A \rightarrow B) \rightarrow \neg B$
3.8 $(A \rightarrow B) \rightarrow (\neg B \rightarrow \neg A)$
3.9 $(A \rightarrow B \wedge \neg B) \rightarrow \neg A$
3.10 $A \vee \neg B \rightarrow \neg(A \wedge B)$

3.2 Aussagenlogische Schlüsse mit den bisherigen Mitteln überprüfen

Logische und semantische Schlüsse

Bisher wurde die Wahrheitstafelmethode für die logische Struktur von einzelnen (teilweise sehr komplexen) Aussagen vorgestellt. In den Vorbemerkungen wurde ein Schluss unter anderem als ein Übergang von Aussagen zu einer Aussage bestimmt. Es scheint nun so, dass man zumindest in Bezug auf einzelne Aussagen zeigen kann, dass es sich um eine Tautologie, eine Kontradiktion oder eine erfüllbare Formel handelt. Aber dies würde nicht ausreichen, um einen Schluss zu überprüfen. Damit die Wahrheitstafelmethode als Teil der Logik ihren Zweck, die Evaluation von natürlichsprachlichen Argumenten, erfüllen kann, soll überlegt werden, wie Schlüsse mit den bisherigen Mitteln dargestellt und geprüft werden können. Hierfür muss man die Frage beantworten, ob ein Schluss als eine komplexe Aussage verstanden werden kann. Bevor diese Frage beantwortet wird, soll nochmals anknüpfend an die Unterscheidung von einem logischen und einem semantischen Schluss die spezielle Perspektive der Logik verdeutlicht werden. Der Schluss, mit dem der Übergang zur Aussagenlogik plausibilisiert wurde, war:

> Wenn alle Lebewesen Säugetiere sind, dann haben alle Lebewesen eine Lunge. Da alle Lebewesen Säugetiere sind, haben alle Lebewesen eine Lunge.

Durch die Bereitstellung der ersten aussagenlogischen Mittel können wir, anders als mit den syllogistischen Mitteln, die logische Struktur der ersten Prämisse angeben. Was immer noch fehlt, ist die Darstellung des Schlusses (des „also“) selbst. Formalisieren wir zunächst das Argument. Die Aussagenvariablen werden wie folgt belegt:

> A: Alle Lebewesen sind Säugetiere.
> B: Alle Lebewesen haben eine Lunge.

Es ergibt sich folgende Schlussform:

$$\begin{array}{l} A \rightarrow B \\ \underline{A\quad} \\ B \end{array}$$

Bei dieser Schlussform handelt es sich um den Modus Ponens. Wir geben noch die Schlussform des Modus Tollens an:

$$\begin{array}{l} A \rightarrow B \\ \underline{\neg B} \\ \neg A \end{array}$$

In der Aussagenlogik wird auf die logische Binnenstruktur der einzelnen Aussagen keine Rücksicht genommen. Es kommt allein auf die Wahrheitsfunktionalität der logischen Partikel an und die Wahrheitswerte der Elementaraussagen. An dieser Stelle kann nochmals deutlich gemacht werden, dass in der Logik nicht die tatsächliche Wahrheit bzw. Falschheit der einzelnen Aussagen relevant ist. Betrachtet man die Belegungen für die Aussagenvariablen („Alle Lebewesen sind Säugetiere." und „Alle Lebewesen haben eine Lunge.") so lässt sich, wenn man die Gebrauchsregeln der einzelnen Ausdrücke in den Aussagen kennt, entscheiden, ob diese wahr bzw. falsch sind. Jeder, der die Verwendungsregeln der Ausdrücke in den Aussagen kennt, wird sagen, dass beide Aussagen falsch sind. Mit dieser Feststellung ist die Frage nach der logischen Wahrheit bzw. Gültigkeit von Schlüssen noch gar nicht berührt. Die Wahrheit, die in der Logik eine Rolle spielt, ist eine, die sich auf die Bedeutung der logischen Partikel bezieht. Um über die logische Wahrheit zu sprechen, kann man bis auf die Bedeutung der logischen Partikel von allem absehen. In der Syllogistik wurden die Begriffe durch Variablen dargestellt, weil die tatsächliche Wahr- bzw. Falschheit der Aussage irrelevant ist. Es kam nur auf die Bedeutung der logischen Partikel an. So auch in der Aussagenlogik; nur die Bedeutung der logischen Partikel ist bestimmt, während die Aussagen durch Aussagenvariablen dargestellt werden. Das Wissen über die tatsächliche Falschheit der Aussagen, die die Belegung von A und B ausmachen, hilft nur, um zu bestimmen, in welcher Interpretation man sich gerade bewegt.[46] Für die Subjunktion wäre dies die vierte Interpretation:

46 Dies zeigt, dass das Argument auf einem gültigen Schluss beruht, aber das Argument nicht gut ist, da die Prämissen nicht wahr sind!

A	→	B
w	w	w
f	w	w
w	f	f
f	w	f

Wie kann man nun mit den bisherigen Mitteln überprüfen, ob die beiden Schlüsse gültig oder ungültig sind? Hierfür müssen zwei Fragen beantwortet werden:

1. Wie stellt man den Folgerungsindikator dar?
2. Wie wird die Verknüpfung der Prämissen dargestellt?

Der Subjunktor als Folgerungsindikator

Die Antwort auf die erste Frage wurde implizit bereits bei der Erläuterung der Wahrheitstafel des Subjunktors gegeben. Die Wahrheitstafel wurde mit der Definition des gültigen Schlusses in der klassischen Logik erläutert und entsprechend wissen wir schon, dass die Wahrheitstafel des Subjunktors mit der Definition in Einklang ist. Der Folgerungsindikator kann dementsprechend durch den Subjunktor dargestellt werden.

Der Konjunktor als Prämissenverbindung

Die Antwort auf die zweite Frage ist nicht viel schwieriger zu geben. Die Definition des gültigen Schlusses fordert, dass ausgeschlossen ist, dass bei Wahrheit der Prämissen, die Konklusion falsch ist. Die Verbindung der Prämissen muss gewährleisten, dass man feststellen kann, dass die Prämissen allesamt wahr sind. Es wird also nach einem Junktor gesucht, der nur wahr ist, wenn alle Teilaussagen wahr sind. Dies entspricht der Wahrheitstafel des Konjunktors. Die Antwort auf die zweite Frage ist dementsprechend, dass die Verbindung der Prämissen durch den Konjunktor dargestellt werden kann. (Aufgrund der Kommutativität des Konjunktors ist es auch irrelevant, wie die Prämissen durch die Klammerungen verbunden werden!)

Der Schluss als komplexe Aussage

Damit können die beiden obigen Schlüsse mit den bisherigen Mitteln auf ihre Gültigkeit hin überprüft werden und als eine komplexe Aussage aufgefasst werden. Der erste Schluss besteht aus zwei Prämissen ($A \rightarrow B$, A). Diese werden mit einem Konjunktor verbunden. Sie bilden das Antecedens des Subjunktors, der den Folgerungsindikator abbildet, und das Sukcedens ist die Konklusion (B). Der Schluss stellt sich dann auf folgende Art und Weise dar:

$((A \rightarrow B) \wedge A)$[47] $\rightarrow B$

Mit dem zweiten Schluss kann in analoger Weise verfahren werden. Die Prämissen werden mit dem Konjunktor verbunden. Diese bilden das Antecedens einer Subjunktion, die die Konklusion als Sukcedens hat. Der zweite Schluss kann auf die folgende Art und Weise formalisiert werden:

$((A \rightarrow B) \wedge \neg B)$[48] $\rightarrow \neg A$

Gültigkeit des Schlusses

An dieser Stelle sollte beachtet werden, dass auf diese Art und Weise der Schluss, zu einer Formel wird und zwischen dem Subjunktor und dem Folgerungsindikator kein Unterschied besteht. Auf diesen Punkt werden wir weiter unten nochmals zu sprechen kommen. Unabhängig von den benannten Punkten ist es durch diese Darstellung eines Schlusses möglich, die Gültigkeit mit Hilfe der Wahrheitstafelmethode zu überprüfen.

Modus Ponens:

	1		2		3	
((A	→	B)	∧	A)	→	B
w	w	w	w	w	w	w
f	w	w	f	f	w	w
w	f	f	f	w	w	f
f	w	f	f	f	w	f

An der Wahrheitstafel kann man erkennen, dass es sich um eine Tautologie bzw. eine allgemeingültige Formel handelt. Damit kann festgehalten werden, dass es sich bei diesem Schluss um einen gültigen handelt. Zudem scheint es so zu sein, dass dieses

47 Diese Klammer wurde als Lesehilfe gesetzt, obwohl sie eigentlich unnötig ist.

48 Die äußeren Klammern stellen eine Lesehilfe dar. Sie sind aber aufgrund der stärkeren Bindung des Konjunktors überflüssig.

Verfahren in der Anwendung keine großen Schwierigkeiten bereitet und damit ein geeignetes Mittel für die Evaluation von natürlich-sprachlichen Argumenten ist. Dieser letzte Eindruck wird sich aber als Täuschung herausstellen. So ist die Überprüfung des zweiten Schlusses schon wesentlich aufwendiger. Dies liegt an dem größeren Vorkommen von logischen Partikeln $(((A \rightarrow B) \wedge \neg B) \rightarrow \neg A)$. Die zwei weiteren Negatoren führen dazu, dass aus den drei Schritten fünf werden. Hierdurch wird die Erstellung der Wahrheitstafel komplexer.

Modus Tollens:

1			3	2		5	4	
((A	→	B)	∧	¬	B)	→	¬	A
w	w	w	f	f	w	w	f	w
f	w	w	f	f	w	w	w	f
w	f	f	f	w	f	w	f	w
f	w	f	w	w	f	w	w	f

Auch diese Wahrheitstafel ergibt, dass es sich bei der Formel, um eine Tautologie bzw. allgemeingültige Formel handelt. Der Schluss ist dementsprechend gültig. Allein aufgrund der Bedeutung der logischen Partikel kann die Formel als gültig ausgewiesen werden. Aber die Erstellung dieser Wahrheitstafel ging schon nicht so leicht von der Hand. Zudem wurden, wie beim ersten Schluss, lediglich zwei Aussagenvariablen verwendet. Nun enthalten die meisten natürlich-sprachlichen Argumente größtenteils mehr als zwei Aussagen. Hierbei erweist sich das gegenwärtige Verfahren aber als sehr unvorteilhaft. Die Komplexität nimmt bei einer steigenden Anzahl von Aussagenvariablen zu. Betrachten wir, um diesen Punkt zu verdeutlichen, folgendes Beispiel:

Komplexe Formeln mit 3 Aussagenvariablen

$(((A \rightarrow B) \wedge (\neg A \rightarrow \neg C)) \wedge \neg C)$[49] $\rightarrow B$

49 Die äußeren Klammern stellen eine Lesehilfe dar. Sie sind aber aufgrund der stärkeren Bindung des Konjunktors überflüssig.

Belegungshilfe

Für die einzelnen Aussagenvariablen gibt es (2^3=)8 Zeilen an möglichen Wahrheitswertbelegungen (Bei vier Aussagenvariablen gibt es schon (2^4=)16 Zeilen). Um sich die Belegung etwas zu vereinfachen, sodass man keine mögliche Kombination übersieht, kann man wie folgt vorgehen: Man beginnt bei einer Aussagenvariabel mit der Belegung (w, f). Bei jeder weiteren Aussagenvariabel werden die Vorkommnisse von w und f verdoppelt.

A	B	C
w	w	w
f	w	w
	f	w
	f	w
		f
		f
		f
		f

Dann können die anderen Belegungen in der entsprechenden Alternation von w und f aufgefüllt werden.

A	B	C
w	w	w
f	w	w
w	f	w
f	f	w
w	w	f
f	w	f
w	f	f
f	f	f

Dieses Verfahren wenden wir am besten direkt bei den entsprechenden Aussagenvariablen der zu untersuchenden Formel an. Wählen wir hierzu drei Aussagenvariablen aus $((((\mathbf{A}\rightarrow\mathbf{B})\wedge(\neg A \rightarrow\neg\mathbf{C}))\wedge\neg C)\rightarrow B)$, führen das obigen Verfahren durch und tragen dann die Belegungen bei den verbleibenden Aussagenvariablen nach (Dabei versteht sich von selbst, dass gleiche Aussagenvariablen gleich belegt werden müssen). Es ergibt sich dabei folgende Belegung:

(A	→	B)) ∧ (¬	A	→ ¬	C)) ∧ ¬	C) →	B
w		w	w		w	w	w
f		w	f		w	w	w
w		f	w		w	w	f
f		f	f		w	w	f
w		w	w		f	f	w
f		w	f		f	f	w
w		f	w		f	f	f
f		f	f		f	f	f

Nachdem die Entwicklungsreihenfolge festgelegt wurde, kann mit der Erstellung der Wahrheitstafel begonnen werden.

(((A	→	B)	∧	(¬	A	→	¬	C))	∧	¬	C)	→	B
	1		5	2		4	3		7	6		8	
w	w	w	w	f	w	w	f	w	f	f	w	w	w
f	w	w	f	w	f	f	f	w	f	f	w	w	w
w	f	f	f	f	w	w	f	w	f	f	w	w	f
f	w	f	f	w	f	f	f	w	f	f	w	w	f
w	w	w	w	f	w	w	w	f	w	w	f	w	w
f	w	w	w	w	f	w	w	f	w	w	f	w	w
w	f	f	f	f	w	w	w	f	f	w	f	w	f
f	w	f	w	w	f	w	w	f	w	w	f	f	f

Die Wahrheitstafel ergibt, dass es sich um eine erfüllbare, aber nicht allgemeingültige Formel handelt. In der achten Interpretation hat der Subjunktor den Wert f. Es ist also nicht sichergestellt, dass bei Wahrheit aller Prämissen die Konklusion auch wahr ist. Die Konjunktion, das Antecedens der Subjunktion, hat den Wert w, d.h. die Prämissen sind allesamt wahr, die Aussagenvariable B, das Sukcedens der Subjunktion, hat aber den Wert f. Der Schluss, der auf diese Art und Weise dargestellt wurde, ist also nicht gültig. Wenn sie sich die Formel nochmals genauer ansehen, ist der Grund auch ersichtlich: Die Konklusion ist B und eine der Prämissen ist die folgende Subjunktion

(A→B). Wäre unter den weiteren Prämissen noch die Aussagenvariable A vorhanden, könnte man mit Hilfe des Modus Ponens auf die Konklusion schließen. Die weiteren Prämissen beinhalten aber weder die Aussagenvariable A noch kann diese aus den restlichen Prämissen gefolgert werden. Dementsprechend kann nicht auf die Konklusion B geschlossen werden.

Schwierigkeiten des Verfahrens

Unabhängig von der Frage nach der Gültigkeit der Schlussfolgerung sehen Sie an dem vorliegenden Fall, dass es, gelinde gesagt, ein sehr unpraktisches Verfahren ist. Stellen Sie sich vor, wie unübersichtlich und fehleranfällig die Erstellung einer Wahrheitstafel ist, die vier Aussagenvariablen enthält. Sie hätten an dieser Stelle nicht acht, sondern 16 Interpretationen zu beachten und korrekt auszuführen. Das Verfahren fällt unter anderem so aufwendig aus, weil die Prämissen durch einen Konjunktor verbunden werden und der Folgerungsindikator durch einen Subjunktor dargestellt wird. Dies scheint aber eigentlich nicht erforderlich zu sein. Die Definition eines gültigen Schlusses müsste sich auch überprüfen lassen, ohne die Prämissen durch einen Konjunktor zu verbinden und den Folgerungsindikator durch einen Subjunktor darzustellen. In der schriftlichen Erläuterung zur Ungültigkeit des obigen Schlusses wurde darauf hingewiesen, dass das Antecedens des Subjunktors der Konjunktor den Wert w hat und dies bedeutet, dass die Prämissen allesamt wahr sind, während das Sukcedens die Konklusion (Aussagenvariable B) den Wert f aufweist, sodass die Subjunktion insgesamt den Wert f erhält. Das Vorliegen der Konstellation von wahren Prämissen und einer falschen Konklusion lässt sich aber auch feststellen, ohne die Prämissen mit dem Konjunktor zu verbinden und den Folgerungsindikator durch einen Subjunktor darzustellen. Hierfür müsste aber der bisherige Mittelbestand erweitert werden und eine Interpretationsfunktion eingeführt werden, die genau das eben Gesagte gestattet. Gleichzeitig eine Menge an Formeln zu interpretieren und diesen einen der beiden Wahrheitswerte w oder f zuzuweisen und dabei die Prämissen nicht durch einen Konjunktor zu verbinden sowie den Folgerungsindikator nicht durch einen Subjunktor darstellen zu müssen. Mit dem erweiterten Interpretationsbegriff liegt diese Funktion vor und um diese wird es im nächsten Kapitel (3.3) gehen.

3.2.1 Aufgaben zu aussagenlogischen Schlüssen

1. Überprüfen Sie mit Hilfe der Wahrheitstafelmethode die folgenden Schlüsse:
   - 1.1 $\neg(A\wedge B)\rightarrow\neg A\vee\neg B$
   - 1.2 $A\wedge(B\vee C)\rightarrow(A\wedge B)\vee(A\wedge C)$
   - 1.3 $\neg A\wedge\neg B\rightarrow\neg(A\vee B)$
   - 1.4 $(A\rightarrow B)\rightarrow\neg A\vee B$
   - 1.5 $A\rightarrow\neg B\vee A$
   - 1.6 $(A\rightarrow C)\wedge(B\rightarrow C)\rightarrow(A\vee B\rightarrow C)$
   - 1.7 $(\neg A\vee B)\wedge(A\vee\neg B)\rightarrow(A\leftrightarrow B)$
   - 1.8 $(\neg A\vee C)\wedge(\neg B\vee C)\rightarrow\neg(A\vee B)\vee C$
   - 1.9 $(A\vee B\rightarrow C)\wedge\neg C\rightarrow\neg A$
   - 1.10 $((A\wedge B)\wedge(C\rightarrow\neg B))\wedge(C\vee D)\rightarrow(E\rightarrow D)$

3.3 Der erweiterte Interpretationsbegriff

In diesem Kapitel soll der Interpretationsbegriff so erweitert werden, dass er auf Mengen von Formeln angewandt werden kann. Diese Erweiterung soll anhand der Schlussform des Modus Ponens erläutert werden. Die Schlussform des Modus Ponens sieht wie folgt aus:

$$\begin{array}{l} A\rightarrow B \\ \underline{A\quad} \\ B \end{array}$$

Schlüsse als Verhältnis von Formeln

Um diese Schlussform als logisch gültig auszuweisen, wurde in Kapitel 3.2 aus den drei Formeln ($A\rightarrow B$, A und B) eine Formel gemacht ($(A\rightarrow B)\wedge A\rightarrow B$). Mit Hilfe des erweiterten Interpretationsbegriffs ist diese Umformung nicht mehr nötig, da über das Verhältnis von Mengen von Formeln gesprochen wird. Annäherungsweise können wir dies andeuten, indem wir fragen, ob aus der Menge an Formeln ($A\rightarrow B$, A) diese Formel (B) folgt. Die Frage wird anhand der Definition des gültigen Schlusses (bei Wahrheit der Prämissen muss sichergestellt sein, dass auch die Konklusion wahr ist.) beantwortet werden. Die Frage kann mit ja beantwortet werden, wenn sichergestellt ist, dass, wenn alle betrachteten Formeln ($A\rightarrow B$, A) den Wert w haben, auch die Formel

(B) den Wert w aufweist. Anstatt nun über die Formeln (A→B, A) (Prämissen) und die Formel (B) (Konklusion) zu sprechen, kann dieser Zusammenhang auch auf der metasprachlichen Ebene ausgedrückt werden: Hierbei steht das Symbol „Σ" für eine Menge an Formeln. Als Formeln treten nun keine objektsprachlichen Formeln auf (wie im obigen Beispiel (A→B, A), sondern metasprachliche Ausdrücke „$\mathfrak{A}$, $\mathfrak{B}$, $\mathfrak{C}$ ...", die für objektsprachliche Formeln stehen, die logischen Partikel und metasprachliche Satztrennzeichen (Kommata). Mit den „$\mathfrak{A}$, $\mathfrak{B}$, $\mathfrak{C}$ ..." kann auch die Konklusion dargestellt werden. Da zu diesem Zeitpunkt noch kein metasprachliches Zeichen für den Folgerungsindikator vorliegt, verwenden wir vorläufig folgendes Symbol: „*" Eine Schlussfolgerung kann dann wie folgt ausgedrückt werden: $\Sigma{*}\mathfrak{B}$[50].

Der Zusammenhang wird zunächst am Modus Ponens verdeutlicht. Dabei beinhaltet Σ die folgenden Formeln: $\{\mathfrak{A}\rightarrow\mathfrak{B}, \mathfrak{A}\}$. In der metasprachlichen Schreibweise des Schlusses ($\mathfrak{A}\rightarrow\mathfrak{B}$, $\mathfrak{A}{*}\mathfrak{B}$) entspricht das Komma dem objektsprachlichen ∧ und * dem →. Es sollte ferner bedacht werden, dass die metasprachlichen Ausdrücke „$\mathfrak{A}$, $\mathfrak{B}$, $\mathfrak{C}$ ..." für beliebig komplexe Formeln stehen. In diesem Fall werden sie als Aussagenvariablen auf der objektsprachlichen Ebene interpretiert. Sie könnten aber auch durch komplexere objektsprachliche Formeln interpretiert werden. Es ergibt sich für diesen Fall folgende Entsprechung zwischen der metasprachlichen und der objektsprachlichen Ebene:

$$\mathfrak{A} \rightarrow \mathfrak{B} \;,\; \mathfrak{A} \quad {*}\, \mathfrak{B}$$
$$((A \rightarrow B) \wedge A)^{51} \rightarrow B$$

Interpretation von Teilformeln

Auf den Zusammenhang zwischen Objekt- und Metasprache werden wir gleich nochmals zurückkommen. Lassen Sie uns an dieser Stelle als Übergangslösung nur die Wahrheitstafel der ersten Prämisse entwickeln und den Konjunktor und den Subjunktor, der für den Folgerungsindikator steht, unentwickelt lassen. Auf dieser Grundlage soll überlegt werden, ob der dargestellte Schluss gültig oder ungültig ist. Es ergibt sich folgende Wahrheitswertbelegung:

50 Gesprochen: Aus der Formelmenge Σ folgt die beliebig komplexe Formel $\mathfrak{B}$.

51 Auch diese Klammer dient der besseren Lesbarkeit, obgleich sie überflüssig ist.

Die Definition des gültigen Schlusses fordert, dass die Konklusion wahr ist, wenn alle Prämissen wahr sind. Dies kann überprüft werden, indem alle Interpretationen in denen alle Prämissen wahr sind, daraufhin untersucht werden, ob in diesen Interpretationen auch die Konklusion wahr ist. In diesem Fall sind nur in der ersten Interpretation alle Prämissen wahr. In der ersten Interpretation hat auch die Konklusion den Wert w, sodass der Schluss gemäß der Definition eines gültigen Schlusses gültig ist:

Ist der Schluss gültig?

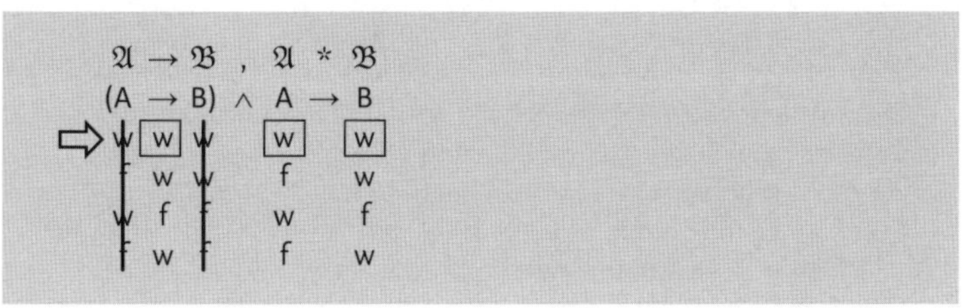

Auch wenn dieser Nachweis vielleicht einsichtig erscheint, ist das Verfahren technisch nicht korrekt ausgeführt worden. Es hätten noch der Konjunktor und der zweite Subjunktor entwickelt werden müssen. Der erweiterte Interpretationsbegriff liefert nun genau das Verfahren, das es erlaubt technisch korrekt, das zu tun, was eben gemacht wurde.

Der erweitertet Interpretationsbegriff

Beginnen wir die Einführung dieser Funktion mit der Überlegung, was durch das Verfahren auf der Metaebene (Σ*𝔅) gewährleistet werden muss. Der Schluss ist gemäß der Definition des gültigen Schlusses gültig, wenn sichergestellt ist, dass wann immer alle Formeln aus Σ den Wert w haben, auch die Konklusion 𝔅 den Wert w hat. Die Frage ist also, wie können innerhalb der Modelltheorie die Formeln interpretiert werden, sodass man diesen eindeutig einem der Wahrheitswerte zuweisen kann?

Hierbei muss (1) zunächst wie bei dem bisherigen Interpretationsbegriff sichergestellt werden, dass den Elementarformeln einer der beiden Wahrheitswerte (w, f) zugeordnet wird. Zudem (2) wird nicht mehr jede Wahrheitsfunktion für sich betrachtet, sondern immer eine Wahrheitsfunktion für alle junktorenlogischen Zusammensetzungen definiert. Dies ist die sogenannte Interpretationsfunktion $|\mathfrak{A}|$. Damit kann die Interpretationsfunktion wie folgt definiert werden:

I ist eine Interpretation einer Menge Σ von L-Formeln genau dann, wenn

1. Jeder Elementarformel $\mathfrak{A}_e$ von L genau einer der Werte w, f zugeordnet wird (also entweder $|\mathfrak{A}_e| = w$ oder $|\mathfrak{A}_e| = f$).

und

2. sich die Werte komplexer Formeln über die folgende Zuordnung ergeben:

$|\neg\mathfrak{A}| = w$ genau dann, wenn $|\mathfrak{A}| = f$
$|\neg\mathfrak{A}| = f$ genau dann, wenn $|\mathfrak{A}| = w$
$|\mathfrak{A}\wedge\mathfrak{B}| = w$ genau dann, wenn $|\mathfrak{A}| = w$ und $|\mathfrak{B}| = w$
$|\mathfrak{A}\wedge\mathfrak{B}| = f$ genau dann, wenn $|\mathfrak{A}| = f$ oder $|\mathfrak{B}| = f$ (oder beides)
$|\mathfrak{A}\vee\mathfrak{B}| = w$ genau dann, wenn $|\mathfrak{A}| = w$ oder $|\mathfrak{B}| = w$ (oder beides)
$|\mathfrak{A}\vee\mathfrak{B}| = f$ genau dann, wenn $|\mathfrak{A}| = f$ und $|\mathfrak{B}| = f$
$|\mathfrak{A}\rightarrow\mathfrak{B}| = w$ genau dann, wenn $|\mathfrak{A}| = f$ oder $|\mathfrak{B}| = w$ (oder beides)
$|\mathfrak{A}\rightarrow\mathfrak{B}| = f$ genau dann, wenn $|\mathfrak{A}| = w$ und $|\mathfrak{B}| = f$
$|\mathfrak{A}\leftrightarrow\mathfrak{B}| = w$ genau dann, wenn $|\mathfrak{A}| = |\mathfrak{B}|$
$|\mathfrak{A}\leftrightarrow\mathfrak{B}| = f$ genau dann, wenn $|\mathfrak{A}| \neq |\mathfrak{B}|$

Was wurde gegenüber der Interpretation von einzelnen Formeln verändert? Gar nicht so viel. Das vorher angesprochene Bivalenz bzw. Zweiwertigkeitsprinzip gilt nach wie vor. Dieses findet seinen Niederschlag in Punkt 1. Dieser besagt umgangssprachlich ausgedrückt nichts anderes, als dass jede Elementaraussage entweder wahr oder falsch ist. Punkt 2 ist eine Formulierung des Extensionalitätsprinzip zur Bestimmung des Wahrheitswertes von Formelmengen. Durch die unter Punkt 2 angegebenen Regeln können die Wahrheitswerte von komplexen Aussagen aus den Wahrheitswerten der Teilaussagen eindeutig bestimmt werden. So entspricht beispielsweise die Interpretationsfunktion einer negierten Formel ($|\neg\mathfrak{A}| = w$ genau dann, wenn $|\mathfrak{A}| = f$ und $|\neg\mathfrak{A}| = f$ genau dann, wenn $|\mathfrak{A}| = w$) auf der Metaebene der Wahrheitstafel des Negators auf der Objektebene.

Ein neuer Modellbegriff

Bisher wurde der Interpretationsbegriff erweitert, sodass er auf Mengen von Formeln angewandt werden kann. Warum ist es wichtig, auch den Modell-Begriff neu einzuführen? Die bisherige Definition eines Modells konnte verwendet werden, um im Fall der Darstellung eines logischen Schlusses durch einen Subjunktor zu überprüfen, ob der entsprechende Schluss allgemeingültig ist oder nicht. Die Allgemeingültigkeit einer Subjunktion besagte, dass bei Wahrheit des Antecedens die Wahrheit des Sukcedens sichergestellt ist und somit der durch eine Formel dargestellte Schluss gültig ist. Zur Erläuterung der Wahrheitstafel des Subjunktors hatten wir oben auf die Definition des gültigen Schlusses aus der Einleitung zurückgegriffen. Auf diese Definition greifen wir auch beim erweiterten Interpretationsbegriff zurück. Um mit Hilfe des erweiterten Interpretationsbegriffs entscheiden zu können, ob ein Schluss gültig ist oder nicht, muss in jedem Fall auf die Wahr- bzw. Falschheit der Formeln Bezug genommen werden. Hierfür muss definiert werden, wann die Interpretation einer Formelmenge ein Modell liefert. Auf Grundlage dieser Überlegungen kann der Modellbegriff für den erweiterten Interpretationsbegriff, wie folgt, eingeführt werden:

I ist ein Modell für Σ genau dann, wenn I für jede Formel $\mathfrak{A}$ aus Σ ergibt: $|\mathfrak{A}|=w$.

Wenn Σ aus den beiden Formeln A→B und A besteht, dann ergeben sich insgesamt vier Interpretationen:

A	→	B,	A
w	w	w	w
f	w	w	f
w	f	f	w
f	w	f	f

Für dieses Σ ist nur die erste Interpretation ein Modell. Nun handelt es sich beim erweiterten Interpretationsbegriff nicht um eine Formel, sondern gemäß der Voraussetzung um eine Menge von Formeln. Damit wurde ein Verfahren bereitgestellt, das es technisch korrekt erlaubt, zu überprüfen, ob die Definition eines gültigen Schlusses erfüllt ist oder nicht. Es kann überprüft werden, ob die Interpretation einer Formel (𝔅), die die Konklusion bildet, in Verbindung mit einer Formelmenge (Σ) ein Modell liefert. Wenn wir das obige Beispiel (Σ*𝔅) mit Σ={A→B, A} auf folgende Art und Weise 𝔅: B erweitern, kann überprüft werden, ob der Schluss gültig ist. Da wir nun schon wissen, dass für dieses Σ nur die erste Interpretation ein Modell liefert, muss nur in der ersten Interpretation überprüft werden, ob 𝔅 auch den Wert w erhält. Wenn die entsprechende Formel und das vorläufige Zeichen für den Folgerungsindikator (*) ergänzt wird, kann der Schluss (Σ*𝔅) interpretiert werden. Die Interpretation liefert dann folgendes Ergebnis:

A	→	B,	A	*	B
w	**w**	w	**w**		**w**
f	w	w	f		w
w	f	f	w		f
f	w	f	f		f

Nur in der ersten Interpretation sind die beiden Prämissen wahr, da aber auch die Konklusion wahr ist, liefert die Interpretation insgesamt ein Modell. Bei allen anderen Interpretationen sind nicht alle Prämissen wahr und somit können diese Interpretationen nicht zur Ungültigkeit des Schlusses führen. Der Schluss ist also gültig.

Semantische Gültigkeit

Als nächstes kann ein Zeichen für den Folgerungsindikator eingeführt werden, das den vorläufigen Platzhalter * ersetzt. Hierzu wird zunächst der Begriff der relativen Gültigkeit eingeführt:

> Eine Formel 𝔄[52] ist relativ gültig in Bezug auf die Formeln Σ, wenn für alle Interpretationen, die sämtliche Formeln aus Σ wahrmachen, auch 𝔄 den Wert w erhält.

52 Man beachte, dass 𝔄 nun die Konklusion darstellt.

Um die relative Gültigkeit zwischen einer Formelmenge Σ und einer Formel 𝔄 symbolisch auszudrücken, wird folgendes Zeichen „⊨" verwendet. Die relative Gültigkeit wird dann wie folgt notiert:

$\Sigma \models \mathfrak{A}$[53]

Aufgrund der modelltheoretischen Bestimmung der relativen Gültigkeit spricht man auch von der semantischen Gültigkeit einer Formel. Für das verwendete Beispiel des Modus Ponens würde der Schluss so notiert werden können: A, A→B ⊨ B.

Anwendungsbeispiel

Betrachten wir ein weiteres Beispiel, um den Umgang mit dem erweiterten Interpretationsbegriff einzuüben. Es soll geprüft werden, ob der folgende Schluss ¬A, A→B ⊨ ¬B gültig ist.

¬	A,	A	→	B	⊨	¬	B
f	w	w	w	w		f	w
[w]	f	f	**[w]**	w		**[f]**	w
f	w	w	f	f		w	f
w	f	f	f	f		w	f

Die zweite Interpretation zeigt, dass der Schluss ungültig ist. In der zweiten Interpretation sind zwar beide Prämissen wahr, aber die Konklusion falsch. In diesem Fall würde man das Ergebnis formal so festhalten: ¬A, A→B ⊭ ¬B.

Besondere Fälle

Gehen wir noch auf einen weiteren Schluss ein, um auf eine Besonderheit hinzuweisen. Hierzu betrachten wir Schlüsse, bei denen die Prämissen nicht allesamt wahr sind. Hierzu wählen wir ein Beispiel, bei dem die Prämisse eine Kontradiktion ist.

A	∧	¬	A	⊨	B
w	f	f	w		w
f	f	w	f		w
w	f	f	w		f
f	f	w	f		f

53 Die Formel 𝔄 ist relativ zu Σ gültig. Oder: Aus Σ folgt semantisch 𝔄

Da die Prämisse eine Kontradiktion ist, haben alle Interpretationen der Prämisse den Wert f. Damit ist, auch wenn es vielleicht etwas sonderbar erscheint, dennoch die Definition des gültigen Schlusses erfüllt. Denn diese fordert, dass bei Wahrheit aller Prämissen die Konklusion auch wahr ist. In diesem Fall ist es ausgeschlossen, dass es eine Interpretation gibt, die die Definition des gültigen Schlusses nicht erfüllt. Wenn die Konklusion den Wert f hat, ist ausgeschlossen, dass die Prämissen den Wert w haben. (Dies ist auch der Fall, wenn es bei mehreren Prämissen keine Interpretation gibt, bei der alle Prämissen zugleich den Wert w haben.) Es handelt sich bei diesem Schluss um eine Variante des ex falso quod libet: Aus (logisch) Falschem folgt Beliebiges.

Zusammenhang zwischen meta- und objektsprachlicher Ebene

Im Folgenden thematisieren wir den Zusammenhang zwischen der metasprachlichen semantischen Folgerung ($\models$) und dem objektsprachlichen Subjunktor ($\rightarrow$). In der Hinführung zum metasprachlichen Folgerungszeichen wurde der Zusammenhang bereits deutlich. Metasprachlich folgt eine Formel $\mathfrak{B}$ genau dann aus einer Formel $\mathfrak{A}$ ($\mathfrak{A} \models \mathfrak{B}$), wenn die objektsprachliche Formulierung ($\models \mathfrak{A}\rightarrow\mathfrak{B}$) eine allgemeingültige Formel ist. Dieser Zusammenhang wurde am Beispiel des Modus Ponens verdeutlicht. Legen wir dieses Beispiel zugrunde, dann stellt sich der Zusammenhang auf folgende Art und Weise dar:

$$A\rightarrow B, A \models B \Leftrightarrow \models (A\rightarrow B)\wedge A\rightarrow B$$

Ausgesprochen lautet die Formel: Aus den Formeln „A→B“ und „A“ folgt die Formel „B“ genau dann, wenn die Formel „(A→B)∧A→B“ eine allgemeingültige Formel ist. Die Allgemeingültigkeit der Formel „(A→B)∧A→B“ wird formal durch das semantische Folgerungszeichen angezeigt. Es braucht keine Prämissen, sondern nur die Semantik der logischen Partikel der Formel, um einzusehen, dass die Formel logisch wahr (allgemeingültig) ist.

Bei dem Zusammenhang zwischen semantischer Folgerung und objektsprachlichem Subjunktor handelt es sich zunächst um einen definitorischen Zusammenhang. Wie ist dieser Zusammenhang zu verstehen? Ausgehend von einem modelltheoretischen Ansatz wurde die Bedeutung der logischen Partikel angegeben. Über diesen Zugang konnten allgemeingültige aussagenlogische Formeln ausgezeichnet werden. Eine Formel, bei der jede Interpretation ein Modell liefert, wurde als allgemeingültig bestimmt. Hiermit kann die semantische Implikation umgangssprachlich wie folgt bestimmt werden: Eine Menge von Formeln impliziert eine beliebig komplexe Formel genau dann, wenn die objektsprachliche Subjunktion (also die objektsprachliche Formulierung des Schlusses $((A \to B) \land A \to B)$ allgemeingültig ist.

Formal kann dies allgemein so formuliert werden:

$\Sigma \models \mathfrak{B} \Leftrightarrow \models \mathfrak{A}_1 \land \mathfrak{A}_2 \land, \ldots, \land \mathfrak{A}_n \to \mathfrak{B}$, wobei Σ aus dem folgenden Formeln besteht: $\{\mathfrak{A}_1, \mathfrak{A}_2, \ldots, \mathfrak{A}_n\}$[54]

Deduktionstheorem

Den Hintergrund dieser Überlegungen bildet das Deduktionstheorem $(\Sigma, \mathfrak{A} \models \mathfrak{B} \Rightarrow (\Leftrightarrow)\ \Sigma \models \mathfrak{A} \to \mathfrak{B})$.[55] An dieser Stelle belassen wir es bei diesem Hinweis. Wenn wir nochmals auf die Version des ex falso quod libet zurückkommen, können wir die Gültigkeit der Äquivalenz für diesen Fall zeigen $A \land \neg A \models B \Leftrightarrow \models A \land \neg A \to B$. Oben wurde mit Hilfe des erweiterten Interpretationsbegriffs gezeigt, dass folgende Implikation gilt: $A \land \neg A \models B$

A	∧	¬	A	⊨	B
w	f	f	w		w
f	f	w	f		w
w	f	f	w		f
f	f	w	f		f

54 Wenn aus einer Menge an Formeln Σ eine beliebig komplexe Aussage $\mathfrak{B}$ semantisch folgt, dann kann zu einer allgemeingültigen Formel übergegangen werden, in der alle Prämissen mit einem Konjunktor verbunden sind und diese Prämissen mit Hilfe eines Subjunktors mit der Konklusion verbunden sind. Dieser Zusammenhang besteht auch in der Rückrichtung.

55 Gesprochen: Wenn eine Formel $\mathfrak{B}$ aus einer Menge an Formeln Σ und der Formel $\mathfrak{A}$ folgt, dann folgt aus Σ allein die Formel $\mathfrak{A} \to \mathfrak{B}$.

Aufgrund der Wahrheitswertbelegung der Prämisse und der Konklusion ist aber eindeutig, dass die objektsprachliche Formulierung (⊨ A∧¬A→B) eine Tautologie ist. Dies liegt daran, dass eine Subjunktion immer wahr ist, wenn das Antecedens den Wert f hat. Die Rückrichtung (⊨ A∧¬A→B ⇒ A∧¬A ⊨ B) gilt aber aufgrund derselben semantischen Überlegungen.

Zusammenfassung

Lassen Sie uns diese Feststellung zum Anlass nehmen, um den Zusammenhang zwischen semantischer Folgerung und Subjunktion nochmals zusammenzufassen. Als erster Punkt ist zunächst darauf hinzuweisen, dass dieser Zusammenhang zwischen Implikation und Subjunktion nur dann besteht, wenn die Subjunktion eine allgemeingültige Formel ist. Dies ist aber bezogen auf die Subjunktion nicht immer der Fall. Denn die Subjunktion kann auch einfach erfüllbar sein. Der zweite Punkt ist, dass die Implikation eine metasprachliche Aussage über einen Zusammenhang zwischen den Prämissen und der Konklusion ist, während dies bei einer allgemeingültigen Subjunktion nicht der Fall ist; es ist *eine* komplexe Aussage.

Anwendbarkeit

Kommen wir nochmals auf das Beispiel zurück, mit dem die Einführung des erweiterten Interpretationsbegriffs motiviert wurde. Die Zielsetzung der Einführung war unter anderem, die Anwendung der Wahrheitstafelmethode zu vereinfachen. Wenn wir nun den Schluss mit dem erweiterten Interpretationsbegriff überprüfen, kann man sicherlich feststellen, dass dieses Ziel zum Teil erreicht wurde. Mit dem erweiterten Interpretationsbegriff ergibt sich folgende Wahrheitswertbelegung:

A	→	B,	¬	A	→	¬	C,	¬	C	⊨	B
w	w	w	f	w	w	f	w	f	w		w
f	w	w	w	f	f	f	w	f	w		w
w	f	f	f	w	w	f	w	f	w		f
f	w	f	w	f	f	f	w	f	w		f
w	[w]	w	f	w	[w]	w	f	[w]	f		[w]
f	w	w	w	f	w	w	f	w	f		w
w	f	f	f	w	w	w	f	w	f		f
f	[w]	f	w	f	[w]	w	f	[w]	f		[f]

In den Interpretationen fünf und acht sind alle Prämissen wahr, aber während in der Interpretation fünf die Definition des gültigen Schlusses erfüllt ist, ist dies in der Interpretation acht nicht der Fall. Der Schluss ist also ungültig. Im Vergleich zu der ausufernden Wahrheitstafel in Kapitel 3.2 wird die Sache durch den erweiterten Interpretationsbegriff erleichtert, aber eine richtige Erleichterung bietet das neue Verfahren auch nicht. Denn das Problem, dass die Anzahl der Interpretationen steigt, wenn sich die Anzahl der Aussagenvariablen vergrößert, wird nicht vermieden. Es wäre gut, wenn man die Prämissen zur Konklusion umformen könnte und auf diese Weise zeigt, dass die Konklusion aus den Prämissen folgt.

3.3.1 Aufgaben zum erweiterten Interpretationsbegriff

1. Überprüfen Sie die folgenden Schlüsse:
   - 1.1 $A \models A \wedge (B \vee C)$
   - 1.2 $A \rightarrow B \models \neg A \vee B$
   - 1.3 $\neg A \vee \neg B \models \neg (A \wedge B)$
   - 1.4 $A \wedge \neg B \models A \rightarrow B$
   - 1.5 $A \vee (B \wedge C) \models (A \vee B) \wedge (A \vee C)$
   - 1.6 $A \models \neg A \rightarrow B$
   - 1.7 $A \rightarrow B,\ B \rightarrow C \models A \rightarrow C$
   - 1.8 $A \rightarrow B,\ C \rightarrow D,\ A \vee C \models B \vee D$
   - 1.9 $A \vee B \rightarrow C,\ \neg C \models \neg A$
   - 1.10 $A \leftrightarrow B,\ C \wedge (B \rightarrow D),\ (A \rightarrow D) \rightarrow D \models C \wedge D$

3.4 Aussagenlogisches Kalkül des natürlichen Schließens

Durch die Überprüfung der Gültigkeit des letzten Schlusses ist deutlich geworden, dass diese Methode zwar ein geeignetes Mittel zur Überprüfung von Schlüssen ist, aber sie wird mit steigender Anzahl der Aussagenvariablen auch fehleranfälliger und umständlicher in der Handhabung. Es wäre dementsprechend sehr gut, wenn es ein anderes Überprüfungsmittel gäbe, bei dem diese Nachteile vermieden werden. Dieses Mittel liegt in Form von Ableitungen innerhalb eines Kalküls vor.

3.4.1 Grundlagen eines Kalküls des natürlichen Schließens und die Regeln des Konjunktors

Aufbau eines Kalküls

Nun entsteht selbstverständlich die Frage, was denn ein Kalkül sei. Diese Frage beantworten wir zunächst mit einer allgemeinen Darstellung, um anschließend zum Aufbau eines Kalküls überzugehen. Ein Kalkül ist ein formalwissenschaftliches Regelwerk (System), mit dessen Hilfe Ableitungen durchgeführt werden können. Mit dieser Antwort werden die meisten Leser und Leserinnen vermutlich nicht viel anfangen können. Zunächst ist wichtig zu bemerken, dass es bei Kalkülen nicht mehr um die semantische Gültigkeit von Formeln relativ zu gewissen anderen Formeln geht, sondern um Ableitungen von Formeln bzw. Figuren aus gewissen anderen Formeln bzw. Figuren. Dies drückt sich auch in verschieden Symbolen aus. Für die semantische Gültigkeit wurde folgendes Zeichen „$\vDash$" eingeführt. Für die Ableitung in einem Kalkül wird das folgende Zeichen „$\vdash$" verwendet. Im Gegensatz zur Interpretation der Junktoren durch die modeltheoretische Semantik, sollen die Figuren innerhalb eines Kalkül bedeutungslos sein. Es soll ein rein schematisches Operieren mit bedeutungslosen Zeichen sein. Bei Ableitungen werden selbstverständlich eine Syntax und ein Zeichensatz verwendet. Wir werden den bereits bekannten Zeichensatz der Aussagenvariablen und der logischen Partikel verwenden.[56] Nun wäre die Ableitung von Formeln mit Hilfe eines Kalküls natürlich witzlos, wenn die Formeln, die man als semantisch gültig ausweisen kann, nicht innerhalb eines Kalküls abgeleitet werden können bzw. Formeln innerhalb eines Kalküls abgeleitet werden könnten, die sich semantisch als ungültig erweisen lassen. Allgemein stellt sich also die Frage nach dem systematischen Zusammenhang zwischen den Zeichen „$\vdash$" und „$\vDash$". Wünschenswert wäre es natürlich, dass sichergestellt ist, dass eine Formel

Zusammenhang zwischen Ableitbarkeit und Gültigkeit

56 Es wird an dieser Stelle auf die rekursive Definition von syntaktisch wohlgeformten Formeln verzichtet. Diese legen fest, wie Aussagen zu bilden sind. Dabei stehen die Symbole für Aussagenvariablen für Aussagen, die mit Hilfe der Junktoren zu komplexen Aussagen zusammengesetzt werden. Wichtig ist, dass von den Bedeutungen abgesehen wird und die Figuren sich nach den entsprechenden Definitionen bilden lassen. Regeln dieser Art lauten umgangssprachlich formuliert etwa: Wenn A eine Figur ist und B eine Figur ist, ist auch $A \land B$ eine Figur. Alle Figuren, die sich nach endlich vielen Anwendungen der entsprechenden Regeln bilden lassen, sind Figuren des aussagenlogischen Kalküls und syntaktisch wohlgeformt.

genau dann semantisch gültig ist, wenn die Formel auch abgeleitet werden kann. Formal lässt sich dies, wie folgt ausdrücken:

$$\Sigma \models \mathfrak{A} \Leftrightarrow \Sigma \vdash \mathfrak{A}.$$[57]

Vollständigkeit
Korrektheit

Diese Äquivalenz hat zwei Richtungen. Zum einen kann man prüfen, ob ein Kalkül vollständig ist, d.h., dass man zeigen kann, dass wenn eine Formel $\mathfrak{A}$ semantisch aus Σ folgt, dass dann die Formel $\mathfrak{A}$ aus Σ abgeleitet werden kann: $\Sigma \models \mathfrak{A} \Rightarrow \Sigma \vdash \mathfrak{A}$. Zum anderen kann man prüfen, ob ein Kalkül korrekt ist, d.h., dass man zeigen kann, dass wenn eine Formel $\mathfrak{A}$ aus Σ abgeleitet werden kann, dass dann die Formel $\mathfrak{A}$ auch semantisch aus Σ folgt: $\Sigma \vdash \mathfrak{A} \Rightarrow \Sigma \models \mathfrak{A}$.

Mit diesen Hinweisen wollen wir es an dieser Stelle bewenden lassen. Die Vollständigkeit und Korrektheit der Aussagenlogik wurde zuerst von Paul Bernays in dem Aufsatz *Axiomatische Untersuchung des Aussagenkalküls der ‚Principia Mathematica'* gezeigt. Dieses Ergebnis aufgreifend konnte Kurt Gödel in *Die Vollständigkeit der Axiome des logischen Funktionenkalküls* zeigen, dass auch die Prädikatenlogik erster Stufe und die Erweiterungen um die Identität vollständig und korrekt sind. Dies müsste für das folgende Kalkül gezeigt werden (und wurde von Gentzen in dem Aufsatz *Untersuchungen über das logische Schließen II* gezeigt). Dies sind Themen der Metamathematik oder Metalogik, die selbstverständlich auch untersucht werden müssen, aber aufgrund der Ausrichtung dieser Einführung nur mit Hinweisen bedacht werden.

Ableitungen in einem Kalkül

Viel weiter sind wir im Verständnis von Kalkülen noch nicht gekommen. Wir wissen nun zwar, dass (bei dem vorgestellten Kalkül) die Zeichen „$\vdash$" und „$\models$" äquivalent sind und damit gegeneinander ausgetauscht werden können, aber wie Ableitungen in einem Kalkül vollzogen werden, wissen wir immer noch nicht. Nähern wir uns diesem Zusammenhang, indem wir zwei Hauptrichtung von Kalkülen unterscheiden: Zum einen gibt es satzlogische Kalküle und zum anderen regellogische Kalküle. Wenn Sie in die *Begriffsschrift, eine der arithmetischen nachgebildete For-*

57 Eine Formel $\mathfrak{A}$ folgt semantisch aus Σ genau dann, wenn eine Formel $\mathfrak{A}$ aus Σ abgeleitet werden kann.

melsprache des reinen Denkens von Frege, oder in die *Principia Mathematica* von Whitehead und Russel einen Blick werfen, dann sehen Sie Beispiele für satzlogische Kalküle. Da diese in der Handhabung (auch dieses sehen Sie, wenn Sie einen Blick in die angegebenen Werke werfen) sehr umständlich sind, wird hier in ein regellogisches Kalkül eingeführt. Diese werden durch die größere Nähe zur argumentativen Praxis Kalküle des natürlichen Schließens genannt. Der erste Kalkül des natürlichen Schließens wurde von Gerald Gentzen in den Aufsätzen *Untersuchungen über das logische Schließen I* und II entwickelt. Im Kalkül des natürlichen Schließens werden mit Hilfe von Übergangsregeln Ableitungen vorgenommen. An dieser Stelle soll in ein Kalkül eingeführt werden, bei dem die Übergangsregeln aus Einführungs- und Beseitigungsregeln für die entsprechenden logischen Partikel bestehen. Eine Besonderheit bei dieser Art der Kalküle ist, dass durch die Einführungs- und Beseitigungsregeln auch die Bedeutung der logischen Partikel angegeben wird. Wir nähern uns diesem Kalkül zunächst einmal, indem wir uns für den Konjunktor überlegen, wie solche Ableitungen mit Hilfe von Einführungs- und Beseitigungsregeln aussehen könnten. Überlegen wir, wie eine Einführungsregel ($\wedge$E) für den Konjunktor formuliert werden könnte. Durch die obigen Erläuterungen zum Zusammenhang zwischen der semantischen Gültigkeit und der Ableitbarkeit einer Formel wissen wir, dass die Ableitungsregeln an sich bedeutungslos sind, aber sie werden selbstverständlich vor dem Hintergrund der modelltheoretischen Semantik der logischen Partikel formuliert. Wenn man sich die modelltheoretische Bedeutung des Konjunktors vor Augen führt, ist eine komplexe Aussage mit dem Konjunktor als Hauptpartikel genau dann wahr, wenn beide Teilaussagen wahr sind. Wenn dementsprechend zwei wahre Aussagen vorliegen, ist man berechtigt, diese beide Aussagen durch einen Konjunktor zu verbinden. Für den Konjunktor könnte dementsprechend beispielsweise folgende Einführungsregel ($\wedge$E) formuliert werden:

Einführungsregel des Konjunktors

> ($\wedge$E) Wenn zwei Figuren A und B vorliegen, dann ist es erlaubt, zu der Figur $A \wedge B$ überzugehen.

Ihnen fällt vermutlich auf, dass diese Regel mit Hilfe der natürlichen Sprache formuliert ist und dementsprechend noch nicht die eigentliche Regel darstellt. Es geht an dieser Stelle um eine Hinführung zu Ableitungen in einem Kalkül. Der Einstieg gestaltet sich dabei erfahrungsgemäß immer sehr schwierig. Dementsprechend werden wir zunächst eine Ableitung in natürlicher Sprache verfassen, um dann in einem weiteren Abstraktionsschritt zu Ableitungen in einem Kalkül zu gelangen.

Mit der obigen ∧E-Regel könnte folgende (nicht gerade spektakuläre) Ableitung vorgenommen werden. Zunächst notieren wir das Ableitungsverhältnis und begründen anschließend die Ableitung:

$A, B \vdash A \wedge B$[58]
Begründen könnte man diese Ableitung auf die folgende Art und Weise: Die Prämissen liefern die Bedingungen der ∧E-Regel, sodass die Prämissen mit einem Konjunktor zur Konklusion umgeformt werden können.

Was ist zu diesem Vorgehen zu sagen? Zunächst kann gemäß dem oben aufgezeigten Zusammenhang zwischen der Ableitbarkeit und der semantischen Gültigkeit einer Formel festgehalten werden, dass die Ableitung korrekt ist ($\Sigma \vdash \mathfrak{A} \Rightarrow \Sigma \models \mathfrak{A}$). Die Interpretation dieser Formel mit Hilfe des erweiterten Interpretationsbegriffs ergibt eine semantisch gültige Schlussfolgerung:

A,	B	⊨	A	∧	B
w	w		w	w	w
f	w		f	f	w
w	f		w	f	f
f	f		f	f	f

Regeln der Beweisführung

Beweisschema

Aber weiter oben wurde ein Kalkül als ein formales System bestimmt, mit dessen Hilfe sich Ableitungen durchführen lassen. Die Begründung, die unter die Ableitung $A, B \vdash A \wedge B$ notiert wur-

58 Gesprochen: Aus den Prämissen A und B kann die Formel $A \wedge B$ abgeleitet werden.

de, ist natürlich-sprachlich verfasst und kommt dieser Bestimmung nicht nahe. Es ist kein bloßes schematisches Operieren mit selbstkonstituierten Zeichen. Es ist dementsprechend erforderlich, nicht nur die Ableitungsregeln zu reformulieren, sondern auch Regeln für das Führen eines Beweises innerhalb eines Kalküls festzulegen. Beginnen wir mit den Rahmenregeln für den Aufbau von formalen Beweisen. Die Ableitungen sollen zeigen, wie sich aus der logischen Form der Prämissen die Konklusion durch bloßes Umformen der Prämissen ergibt. Die Umformungsregeln werden sich aus den Einführungs- und Beseitigungsregeln ergeben. Damit die Umformungen nachvollzogen werden können und sich keine Sprünge im Beweis ergeben (also Ableitungsschritte, die nicht von den Einführungs- und Beseitigungsregeln gedeckt sind), ist es erforderlich, zeilenweise vorzugehen und den Übergang von Zeile zu Zeile durch den Verweis auf die jeweilige Einführungs- und Beseitigungsregel zu rechtfertigen. Neben der Durchnummerierung der Zeilen und dem Verweis auf die Einführungs- und Beseitigungsregeln, muss der Status der Formeln notiert werden, denn es könnte sich um eine Prämisse, eine weitere Annahme oder eine durch die Anwendung einer Einführungs- und Beseitigungsregel umgeformte Formel handeln. Für die Bewertung der Ableitung, ist es hilfreich in den Zeilen auch die logische Abhängigkeit zu notieren, damit man direkt sieht, ob die Konklusion nur von den Prämissen oder noch von anderen Annahmen abhängt. Es ergibt sich damit folgendes Schema:

1 Zeilen-nummer	$\mathfrak{A}$ Formel	(P) Status: Prämisse		(1) Logische Abhängigkeit
2 Zeilen-nummer	$\mathfrak{B}$ Formel	(A) Status: Annahme		(2) Logische Abhängigkeit
3 Zeilen-nummer	$\mathfrak{C}$ Formel	(R) Status: Ergibt sich aus Regel-anwendung R	1, 2 R wird auf Zeile 1 und Zeile 2 angewandt	(1,2) Logische Abhängigkeit
n. n-te Zeile	Konklusion Formel			

Reformulierung der Einführungsregel des Konjunktors

Nachdem ein Schema für Ableitungen entwickelt wurde, kann nun die $\wedge$E-Regel formuliert werden. Bei der Formulierung der Regel ist es auch erforderlich zu notieren, wie sich die logischen Abhängigkeiten bei der Umformung verteilen. Bei der natürlichsprachlichen Formulierung der $\wedge$E-Regel wurde darauf geachtet, dass sich die metasprachliche Formulierung leicht angeben lässt:

($\wedge$E) $\mathfrak{A}_{L}, \mathfrak{B}_{L'} \Rightarrow \mathfrak{A}\wedge\mathfrak{B}_{LL'}$[59]

Die Indices L und L' stehen dabei für die logischen Abhängigkeiten, die sich von den Formeln $\mathfrak{A}$ und $\mathfrak{B}$ auf die neue Formel $\mathfrak{A}\wedge\mathfrak{B}$ übertragen.

Ableitung einer Formel

Mit dem Schema von Beweisen können wir uns an den ersten Beweis wagen. Es soll folgende Ableitung bewiesen werden: A, B $\vdash$ A$\wedge$B. Diese schreiben wir hin und darunter wird der Beweis geführt.

A, B $\vdash$ A$\wedge$B

1. A	P		(1)
2. B	P		(2)
3. A$\wedge$B	($\wedge$E)	1, 2	(1, 2)

Der Beweis soll kurz erläutert werden. In den Zeilen 1 und 2 wurden die Prämissen A und B abgetragen. Da es sich hierbei um Prämissen handelt wurden die Formeln mit einem „P" markiert. In die Abhängigkeitsliste kommt die jeweilige Zeilennummer, da Prämissen von sich selber abhängen (ebenso wie Annahmen). Die Konklusion besteht in der Konjunktion der beiden Prämissen. Die Konklusion kann unter Rückgriff auf die $\wedge$E-Regel hergeleitet werden. Die Übergangsbedingungen liegen vor. In den Zeilen 1 und 2 liegen zwei Formeln vor, sodass diese durch den Konjunktor verbunden werden können. In Zeile 3 wird dementsprechend notiert, mit welcher Regel ($\wedge$E) sich die Formel in Zeile 3 herleiten lässt, welche anderen Zeilen dafür verwendet werden (dies wird in

59 Gesprochen: Es ist erlaubt ($\Rightarrow$) von den beliebig komplexen Formeln $\mathfrak{A}$ und $\mathfrak{B}$ zu der Formel $\mathfrak{A}\wedge\mathfrak{B}$ überzugehen.

der zweiten Zahlenkolonne notiert) und zu guter Letzt werden die Abhängigkeitslisten aus den Zeilen 1 und 2 zusammengetragen.

Später werden wir noch zu längeren und schwierigeren Beweisen kommen. An diesen 3 Zeilen finden sie aber schon alle Eigenschaften eines formalen Beweises. Durch das schematische Operieren mit den selbstkonstituierten Zeichen (A, B und ∧) konnte von den Prämissen zur Konklusion übergegangen werden.

Beseitigungsregel des Konjunktors

Aber nur mit der ∧E-Regel kann man nicht viel anfangen. Es muss noch eine ∧B-Regel aufgestellt werden. Bei der Formulierung der Beseitigungsregel können wir uns von folgender Überlegung leiten lassen. Wenn zwei Formeln, durch einen Konjunktor verbunden sind, dann bedeutet dies semantisch, dass beide Aussagen wahr sind. Dementsprechend ist es erlaubt, zu einer der beiden Aussagen überzugehen. Dies formulieren wir wieder zunächst mit Hilfe der natürlichen Sprache:

(∧B) Wenn die Formel A∧B vorliegt, dann ist es erlaubt, sowohl zu der Aussage A als auch zu der Aussage B überzugehen.

Dies können wir wieder als metasprachliche Übergangsregel für den Kalkül formulieren. Dabei werden wir zwei ∧B-Regeln formulieren. Dies hat den Vorteil, dass gewisse Umständlichkeiten in den Beweisen vermieden werden:

(∧B_1) $\mathfrak{A} \wedge \mathfrak{B}_L \Rightarrow \mathfrak{A}_L$[60]

Die zweite ∧B-Regel wird wie folgt formuliert:

(∧B_2) $\mathfrak{A} \wedge \mathfrak{B}_L \Rightarrow \mathfrak{B}_L$[61]

60 Gesprochen: Es ist erlaubt, wenn eine Aussage der Form $\mathfrak{A} \wedge \mathfrak{B}$ vorliegt, zu der Aussage $\mathfrak{A}$ überzugehen.

61 Gesprochen: Es ist erlaubt, wenn eine Aussage der Form $\mathfrak{A} \wedge \mathfrak{B}$ vorliegt, zu der Aussage $\mathfrak{B}$ überzugehen.

Verdeutlichen wir an einem Beispiel, wie die bisherigen Regeln zusammenwirken. Folgende Ableitung A∧B, C∧D ⊢ B∧C soll bewiesen werden. Für den Beweis reichen die Einführungs- und Beseitigungsregeln des Konjunktors aus.

A∧B, C∧D ⊢ B∧C[62]

1. A∧B	P		(1)
2. C∧D	P		(2)
3. B	$(\wedge B_1)$	1	(1)
4. C	$(\wedge B_2)$	2	(2)
5. B∧C	(∧E)	3, 4	(1, 2)

Erläutern wir den Beweis wieder kurz. In den ersten beiden Zeilen werden die Prämissen abgetragen. Da es sich hierbei um Prämissen handelt, werden die jeweiligen Formeln wieder mit einem P markiert. Die Konklusion ist eine Konjunktion der Teilformeln B und C. Diese Teilformeln liegen in den beiden Prämissen vor, müssen aber noch aus den Prämissen gelöst werden. Dies geschieht für die Formel B in Zeile 3. Auf die Zeile 1 wird die $\wedge B_1$-Regel angewandt und die dritte Zeile ist dementsprechend von der ersten Zeile abhängig. Die Formel C wird in der vierten Zeile unter Anwendung der $\wedge B_2$-Regel auf Zeile 2 hergeleitet und ist dementsprechend von dieser Zeile abhängig. Die Konklusion, die Konjunktion der Formeln B und C, wird in der fünften Zeile unter Anwendung der ∧E-Regel auf die Zeilen 3 und 4 hergeleitet. Dementsprechend hängt die hergeleitete Konklusion von den Zeilen 1 und 2 ab.

3.4.2 Die Einführungs- und Beseitigungsregel des Disjunktors

Einführungsregel des Disjunktors

Machen wir mit der Einführung der logischen Partikel weiter. Lassen Sie uns versuchen, Einführungs- und Beseitigungsregel für den Disjunktor zu formulieren. Beginnen wir wieder mit der Formulierung einer Einführungsregel. Als die Wahrheitstafel-

62 Gesprochen: Aus den Formeln „A und B“ und „C und D“ lässt sich die Formel „B und C“ ableiten.

methode eingeführt wurde, ist die Bedeutung des Disjunktors derart angegeben worden, dass dieser immer wahr ist, wenn mindestens eine Teilaussage wahr ist. Für die ∨E-Regel bedeutet dies, dass wenn eine Formel beispielsweise A vorliegt, dann ist eine Disjunktion, in der A und eine andere Formel B, die beliebig gewählt werden kann, vorkommen, immer wahr. Natürlichsprachlich kann die ∨E-Regel wie folgt formuliert werden:

(∨E) Wenn eine Formel A vorliegt, dann ist es erlaubt, zu der Formel A∨B überzugehen.

Bei der metasprachlichen Formulierung werden wir zwei Varianten der Einführungsregel formulieren. Dies wird helfen, einige Beweise abzukürzen.

($\vee E_1$) $\mathfrak{A}_L \Rightarrow \mathfrak{A}\vee\mathfrak{B}_L$[63]

Bei der zweiten ∨E-Regel verändert sich lediglich die Stellung der beliebig komplexen Formel $\mathfrak{A}$ in der Disjunktion.

($\vee E_2$) $\mathfrak{A}_L \Rightarrow \mathfrak{B}\vee\mathfrak{A}_L$[64]

Beispiel

Der Gebrauch der ∨E-Regel wird wieder an einem Beispiel deutlich gemacht. Folgende Ableitung $A\wedge C \vdash (A\vee B)\wedge(D\vee C)$ soll bewiesen werden.

63 Gesprochen: Es ist erlaubt, wenn die beliebig komplexe Formel $\mathfrak{A}$ vorliegt, zu der Formel $\mathfrak{A}\vee\mathfrak{B}$ überzugehen.

64 Gesprochen: Es ist erlaubt, wenn die beliebig komplexe Formel $\mathfrak{A}$ vorliegt, zu der Formel $\mathfrak{B}\vee\mathfrak{A}$ überzugehen.

$A \wedge C \vdash (A \vee B) \wedge (D \vee C)$[65]

1. $A \wedge C$	P		(1)
2. A	$(\wedge B_1)$	1	(1)
3. $A \vee B$	$(\vee E_1)$	2	(1)
4. C	$(\wedge B_2)$	1	(1)
5. $D \vee C$	$(\vee E_2)$	4	(1)
6. $(A \vee B) \wedge (D \vee C)$	$(\wedge E)$	3, 5	(1)

Erläutern wir den Beweis wieder kurz. Da neben dem Disjunktor in der Konklusion in den Prämissen und der Konklusion jeweils noch ein Konjunktor vorkommt, werden wir nicht nur auf die $\vee$E-Regel, sondern auch auf die Einführungs- und Beseitigungsregel für den Konjunktor zurückgreifen. Zunächst werden wieder die Prämissen notiert. Da in der Ableitung nur eine Prämisse vorliegt, wird diese in der ersten Zeile notiert und mit einem P versehen. Wenn man die Prämisse und die Konklusion vergleicht, stellt man fest, dass die Konklusion eine abgeschwächte Variante der Prämisse ist. Es wird nicht mehr nur behauptet, dass A und C der Fall ist, sondern, dass „A oder B" und „D oder C" der Fall ist. Um diese abgeschwächte Variante herzuleiten, muss zunächst die Konjunktion in der ersten Zeile beseitigt werden. In Zeile 2 des Beweises wurde mit der $\wedge B_1$-Regel angewandt auf Zeile 1 die Formel A, die von Zeile 1 abhängig ist, hergeleitet (Man hätte an dieser Stelle auch mit der $\wedge B_2$-Regel die Formel C herleiten können und dementsprechend weitermachen können.). In Zeile 3 kann die Formel $A \vee B$ hergeleitet werden unter Anwendung der $\vee E_1$-Regel auf die Zeile 2. Die Formel $A \vee B$ bleibt logisch abhängig von Zeile 1. Die Hauptpartikel der Konklusion ist eine Konjunktion und muss über die Anwendung der $\wedge$E-Regel hergeleitet werden. Damit diese angewandt werden kann, müssen beide Formeln, die durch den Konjunktor verbunden werden, hergeleitet werden. Eine Formel liegt bereits in Zeile 3 vor. Es muss also noch die zweite Formel hergeleitet werden. In Zeile 4 wird hierfür zunächst unter Anwendung der $\wedge B_2$-Regel auf Zeile 1 Formel C hergeleitet (abhängig von Zeile 1). In Zeile 5 wird anschließend die Formel $D \vee C$ hergeleitet, indem die $\vee E_2$-Regel auf die Formel in Zeile 4 angewandt wird. Damit liegt die

65 Gesprochen: Aus der Formel „A und C" lässt sich die Formel „A oder B" und „D oder C" ableiten.

zweite Formel vor. Die Konklusion kann in Zeile 6 unter Anwendung der ∧E-Regel auf die Zeilen 3 und 5 hergeleitet werden. Die Konklusion ist nur von der Prämisse in Zeile 1 abhängig.

Wir haben einen Sechs-Zeilen-Beweis sehr ausführlich erläutert. Dies mag dem einen oder anderen vielleicht umständlich oder gar überflüssig erscheinen. Zumal die bisherigen Ableitungen noch nicht sehr spektakulär sind. Gerade beim Erlernen von Ableitungen ist es aber erforderlich zu verstehen, wie man bei Ableitungen vorgeht, damit die späteren, spannenderen Ableitungen nicht so schwerfallen.

Beseitigungsregel des Disjunktors

Betrachten wir nun die ∨B-Regel. Diese gestaltet sich im Unterschied zur ∧B-Regel umfangreicher. Dies liegt daran, dass eine Disjunktion wahr ist, wenn mindestens eine Teilaussage wahr ist, während eine Konjunktion wahr ist, wenn beide Teilaussagen wahr sind. Es kann dementsprechend von einer Disjunktion nicht einfach zu beiden Teilaussagen übergegangen werden, da man nicht weiß, ob beide Aussagen wahr sind oder nur eine der beiden. In manchen Kalkülen wird der sogenannte Disjunktive Syllogismus ¬A, A∨B ⊢ B[66] als ∨B-Regel verwendet. An dieser Stelle soll eine andere Regel gewählt werden. Die Gründe werden wir ausführlich besprechen, wenn die Einführungs- und Beseitigungsregeln des Negators besprochen werden.

Die Idee hinter der ∨B-Regel ist Folgende: Man weiß zwar nicht, ob beide oder nur eine Teilformel wahr ist. Wenn man aber zeigen kann, dass aus beiden Teilformeln dieselbe neue Formel hergeleitet werden kann, dann folgt diese neue Formel bereits aus der Disjunktion. Damit man die Regel anwenden kann, müssen die Teilaussagen als Annahmen gesetzt und gezeigt werden, dass aus diesen Annahmen dieselbe neue Formel folgt. Wenn man dies gezeigt hat, dann können die Annahmen gestrichen werden, da diese nur gesetzt wurden, um zu zeigen, dass die neue Formel aus beiden Teilformeln unabhängig voneinander abgeleitet werden kann.

> (∨B) Wenn aus der Annahme einer Teilformel einer Disjunktion A und aus der Annahme einer Teilformel B eine neue Formel C hergeleitet werden kann, dann kann man von der Disjunktion A∨B zu der neue Formel C übergehen.

66 Gesprochen: Aus „nicht-A“ und „A oder B“ lässt sich B ableiten.

Dies können wir wieder metasprachlich formulieren:

> (∨B) $\mathfrak{A}\lor\mathfrak{B}_{L'}, [\mathfrak{A}_i] \ldots \mathfrak{C}_{L'}, [\mathfrak{B}_j] \ldots \mathfrak{C}_{L''} \Rightarrow \mathfrak{C}_{LL'L''\setminus i,j} \mid i \notin LL'', j \notin LL'$
> Annahmen werden durch eckige Klammern um Formeln dargestellt. Die Annahmen können nach der Regelanwendung gestrichen werden. Bei den beiden Herleitungen $[\mathfrak{A}] \ldots \mathfrak{C}$ (die aus beliebig vielen Schritten bestehen können) und $[\mathfrak{B}] \ldots \mathfrak{C}$ ist darauf zu achten, dass $[\mathfrak{A}]$ nicht in der Herleitung von $[\mathfrak{B}] \ldots \mathfrak{C}$ verwendet wird und umgekehrt. Des Weiteren darf die zu beseitigende Disjunktion $(\mathfrak{A}\lor\mathfrak{B})$ nicht von den Annahmen $[\mathfrak{A}]$ oder $[\mathfrak{B}]$ abhängen.[67]

Die Anwendung der ∨B-Regel veranschaulichen wir wieder mit Hilfe eines Beispiels: Beispiel

$A\lor B \vdash A\lor(B\lor C)$[68]

1. $A\lor B$	P		(1)
2. A	A		(2)
3. $A\lor(B\lor C)$	($\lor E_1$)	2	(2)
4. B	A		(4)
5. $B\lor C$	($\lor E_1$)	4	(4)
6. $A\lor(B\lor C)$	($\lor E_2$)	5	(4)
7. $A\lor(B\lor C)$	($\lor B$)	1, 2, 3, 4, 6	(1, ~~2~~, ~~4~~)

Erläutern wir den Beweis wieder kurz. In der ersten Zeile wird die Prämisse abgetragen, mit einem P markiert und ist von sich selbst abhängig. Bei der Prämisse handelt es sich um eine Disjunktion. Wenn man diese in der Ableitung verwenden möchte, muss man die Anwendung der ∨B-Regel vorbereiten. Hier wäre es natürlich super, wenn die Konklusion direkt aus den Teilfor-

67 Gesprochen: Es ist erlaubt, von der Formel $\mathfrak{A}\lor\mathfrak{B}$ und dem Nachweis, dass aus der Annahme von $\mathfrak{A}$ gezeigt werden kann, dass eine neue Formel $\mathfrak{C}$ hergeleitet werden kann, und auch dem Nachweis, dass aus der Annahme von $\mathfrak{B}$ gezeigt werden kann, dass eine neue Formel $\mathfrak{C}$ hergeleitet werden kann, dann kann man zur neuen Formel $\mathfrak{C}$ übergehen und die logische Abhängigkeit von den beiden Annahmen kann gestrichen werden.

68 Gesprochen: Es lässt sich aus der Formel „A oder B“ die Formel „A oder „B oder C““ herleiten.

meln der Disjunktion hergeleitet werden könnte. Dies ist in diesem Beispiel der Fall (muss aber nicht immer so sein). In Zeile 2 wird die erste Teilformel A angenommen, dies wird mit einen A markiert und logisch ist die Annahme von sich selbst abhängig. Die Aufgabe besteht nun darin, zu versuchen die Konklusion aus dieser Annahme herzuleiten. Dies ist zum Glück nicht so schwer. In Zeile 3 kann unter Rückgriff auf die $\vee E_1$-Regel angewandt auf Zeile 2 die Konklusion hergeleitet werden (diese ist von Zeile 2 abhängig). In Zeile 4 wird die zweite Teilformel B angenommen und mit einem A markiert und diese Annahme ist ebenso von sich selbst abhängig. Von dieser Annahme kann man in Zeile 5 unter Anwendung der $\vee E_1$-Regel auf Zeile 4 zunächst auf die Formel B∨C übergehen, die von Zeile 4 abhängig ist. In Zeile 6 lässt sich dann die Konklusion herleiten, wenn man die $\vee E_2$-Regel auf Zeile 5 anwendet. Die auf diese Weise hergeleitete Konklusion ist nur von Zeile 4 abhängig. Damit konnte gezeigt werden, dass aus beiden Teilformeln die neue Formel $\mathfrak{C}$ in diesem Fall die Konklusion (A∨(B∨C)) hergeleitet werden kann. Damit sind die Bedingungen für die Anwendung der ∨B-Regel erfüllt. Diese wird angewandt auf die Zeile 1, die Disjunktion, die Zeile 2, die Annahme der ersten Teilformel, die Zeile 3, die aus Zeile 2 hergeleitete Konklusion, die Zeile 4, die Annahme der zweiten Teilformel, und die Zeile 6, die aus Zeile 4 hergeleitete Konklusion. In Zeile 7 wird die Konklusion notiert, die von den Zeilen 1, 2 und 4 abhängig ist, wobei die Abhängigkeit von den Zeilen 2 und 4 gestrichen werden kann. Die Annahmen in den Zeilen 2 und 4 wurden nur vorgenommen, um zu zeigen, dass sich aus beiden Teilformeln dieselbe neue Formel herleiten lässt. Damit ist der Nachweis erbracht, dass diese neue Formel bereits aus der Disjunktion folgt und die Annahmen können gestrichen werden.

3.4.3 Die Einführungs- und Beseitigungsregel des Subjunktors

Einführungsregel des Subjunktors

Kommen wir damit zur Subjunktion. Setzen wir uns zunächst mit der →E-Regel auseinander. Um diese Regel verständlich zu machen, sollte man sich zuerst verdeutlichen, dass die Subjunktion eine hypothetische Aussagenverknüpfung ist. Demnach muss gezeigt werden, dass sich unter der Annahme, dass eine Aussage vorliegt, eine andere Aussage ableiten lässt. Ist dieser Zusammenhang gezeigt, kann die Annahme der Aussage beseitigt werden. Vor diesem Hintergrund kann zunächst die →E-Regel natürlich-sprachlich wie folgt ausgedrückt werden:

(→E) Wenn unter der Annahme einer Formel A eine andere Formel B abgeleitet werden kann, dann ist es erlaubt zu der Formel A→B überzugehen.

Metasprachlich lässt sich die →E-Regel wie folgt ausdrücken:

(→E) $[\mathfrak{A}_i] \ldots \mathfrak{B}_L \Rightarrow \mathfrak{A}\rightarrow\mathfrak{B}_{L\setminus i}$[69]

Hierbei muss die →E-Regel richtig verstanden werden. Die Formulierung der →E-Regel legt nahe, dass sich das Sukcedens aus dem Antecedens ableiten lässt, also eine Beziehung zwischen Antecedens und Sukcedens bestehen muss. Dies muss aber nicht immer der Fall sein. Denken Sie an den folgenden Schluss aus dem letzten Kapitel: B→(A→B)[70]. Diese Formel ist semantisch allgemeingültig. Es lässt sich auch innerhalb des Kalkül des natürlichen Schließens zeigen, dass sich diese Formel prämissenlos ableiten lässt, aber ein Zusammenhang zwischen den Formeln A und B besteht dabei nicht. Betrachten wir hierzu den Beweis: Beispiel

⊢ B→(A→B)

1. B	A		(1)
2. A	A		(2)
3. A→B	(→E)	1, 2	(1, ~~2~~)
4. B→(A→B)	(→E)	1, 3	(~~1~~)

An der Ableitung sieht man, dass zwischen den einzelnen Aussagen überhaupt kein Zusammenhang bestehen muss. In den Zeilen 1 und 2 werden die Aussagen B und A als Annahmen gesetzt und mit einem A markiert. Da die →E-Regel die Beseitigung des angenommen Antecedens erlaubt, kann in Zeile 3 un-

69 Gesprochen: Wenn man unter der Annahme der Formel $\mathfrak{A}$ in beliebig vielen Ableitungsschritten die Formel $\mathfrak{B}$ herleiten kann, dann ist es erlaubt, zu der Aussage $\mathfrak{A}\rightarrow\mathfrak{B}$ (gesprochen: Wenn $\mathfrak{A}$, dann $\mathfrak{B}$) überzugehen.

70 Wahre Aussagen werden durch beliebige Aussagen impliziert.

ter Rückgriff auf die →E-Regel, die auf die Zeile 1 und 2 angewandt wird, die Formel A→B hergeleitet werden. Diese Formel ist abhängig von den Zeilen 1 und 2, wobei die Abhängigkeit von Zeile 2 gestrichen werden kann. In Zeile 4 kann bereits die Konklusion hergeleitet werden. Hierfür wendet man die →E-Regel auf die Zeile 1 und 3 an und erhält so die Formel B→(A→B). Diese Formel ist nur von der Zeile 1 abhängig, wobei diese Abhängigkeit gestrichen werden kann.

Zwei weitere Besonderheiten

Betrachten wir noch zwei weitere Besonderheiten der →E-Regel. Die Formel A→A lässt sich innerhalb des Kalkül des natürlichen Schließens in zwei Zeilen ableiten. Die entsprechende Ableitung lautet wie folgt:

⊢ A→A

1. A	A		(1)
2. A→A	(→E)	1	(~~1~~)

Die Erklärung der Ableitung fällt dementsprechend kurz aus. In Zeile 1 wird die Aussage A als Annahme gesetzt und mit einem A markiert. Diese Annahme ist von sich selbst abhängig. In Zeile 2 kann die Konklusion mit Hilfe der →E-Regel angewandt auf die Zeile 1 hergeleitet werden und die Abhängigkeit von Zeile 1 gestrichen werden. Damit handelt es sich um ein logisches Gesetz. Zu Beginn dieses Kapitels wurde darauf hingewiesen, dass zwischen der Ableitbarkeit einer Formel und der semantischen Gültigkeit einer Formel zu unterscheiden sei. Für die Aussagenlogik liegt aber die Äquivalenz von Ableitbarkeit und semantischer Folgerung vor. Dementsprechend greifen wir zur Erläuterung auf die modelltheoretische Semantik zurück. Wenn Sie sich nochmals an die modeltheoretische Bestimmung der Semantik des Subjunktors erinnern, dann kann es auch nicht anders sein, da die Wahrheitswerte der Aussagenvariablen in jedem Fall übereinstimmen und die Subjunktion damit immer wahr ist. Es handelt sich um das logische Gesetz der Selbstimplikation.

Eine Besonderheit der →E-Regel ist, dass sie nur korrekt ausgeführt wird, wenn es sich beim Antecedens um eine Annahme handelt. Dies macht die folgende Ableitung deutlich:

A ⊢ A→A

1. A	P		(1)
2. A	A		(2)
3. A→A	(→E)	1, 2	(1, ~~2~~)

Da der Beweis sehr ähnlich zu dem vorherigen ist, soll an dieser Stelle nur darauf hingewiesen werden, dass die →E-Regel nicht auf die Zeile 1 angewandt werden kann, da es sich um keine Annahme, sondern eine Prämisse handelt. In der metasprachlichen Formulierung der →E-Regel deuten die eckigen Klammern um die beliebig komplexe Formel $[\mathfrak{A}_i]$ an, dass es sich um eine Annahme handelt. Dementsprechend muss im obigen Beweis noch das Antecedens A als Annahme in Zeile 2 gesetzt werden, um die Konklusion herzuleiten. Die Ableitung ist zwar formal korrekt, aber die Konklusion kann auch ohne Prämisse hergeleitet werden.

Beseitigungsregel des Subjunktors

Nun soll die →B-Regel besprochen werden. Diese Regel ist die metasprachliche Formulierung der bereits als gültig ausgewiesen Schlussfigur des Modus Ponens. Da diese bereits bekannt ist, gehen wir unvermittelt zur natürlich-sprachlichen Formulierung der →B-Regel über:

(→B) Wenn das Antecedens einer Subjunktion und die Subjunktion vorliegt, kann zum Sukcedens übergegangen werden.

Dies lässt sich dann in die folgende metasprachliche Formulierung umformen:

(→B) $\mathfrak{A}_{L}, \mathfrak{A} \rightarrow \mathfrak{B}_{L'} \Rightarrow \mathfrak{B}_{LL'}$[71]

Beispiel

Die Anwendung dieser Regel soll wieder an einem Beispiel deutlich gemacht werden. Der Modus Ponens A, A→B ⊢ B soll im Kalkül bewiesen werden.

71 Gesprochen: Es ist erlaubt, von den Formeln „$\mathfrak{A}$“ und „$\mathfrak{A} \rightarrow \mathfrak{B}$“ zu der Formel $\mathfrak{B}$ überzugehen.

A, A→B ⊢ B			
1. A	P		(1)
2. A→B	P		(2)
3. B	(→B)	1, 2	(1, 2)

Auch dieser Beweis soll kurz erläutert werden. Die Prämissen werden in den Zeilen 1 und 2 notiert und mit P markiert. Die jeweiligen Zeilen sind von sich selbst abhängig. Die Konklusion lässt sich bereits in Zeile 3 unter Anwendung der →B-Regel auf die Zeilen 1 und 2 herleiten. Die Zeile 3 ist abhängig von den Zeilen 1 und 2.

3.4.4 Die Einführungs- und Beseitigungsregel des Bisubjunktors

Einführungsregel des Bisubjunktors

Bei der Besprechung der Einführungs- und Beseitigungsregel des Bisubjunktors muss man sich zunächst daran erinnern, dass eine Bisubjunktion (A↔B) als eine Konjunktion von zwei Subjunktionen ((A→B)∧(B→A)) dargestellt werden kann. Dies kann man verwenden, um die ↔E-Regel zu formulieren.

(↔E) Wenn zwei Subjunktionen der Art vorliegen, dass Antecedens und Sukcedens jeweils die Positionen vertauschen, dann können die jeweiligen Aussagen durch einen Bisubjunktor verbunden werden.

Dies lässt sich dann metasprachlich auf die folgende Regel bringen:

(↔E) $\mathfrak{A}\to\mathfrak{B}_{L}, \mathfrak{B}\to\mathfrak{A}_{L'} \Rightarrow \mathfrak{A}\leftrightarrow\mathfrak{B}_{LL'}$[72]

72 Gesprochen: Es ist erlaubt, wenn sowohl die Subjunktion $\mathfrak{A}\to\mathfrak{B}$ als auch die Subjunktion $\mathfrak{B}\to\mathfrak{A}$ vorliegt, zu der Bisubjunktion $\mathfrak{A}\leftrightarrow\mathfrak{B}$ überzugehen.

Beseitigungsregel des Bisubjunktors

Um eine Bisubjunktion herzuleiten muss man, wenn man nicht eine Subjunktion (oder beide) als Prämissen oder als Annahmen setzt, auf die →E-Regel zurückgreifen, um die beiden Subjunktionen herzuleiten. Aufgrund des Zusammenhangs zwischen der Subjunktion und der Bisubjunktion verwundert dies nicht. Dieser Zusammenhang wird auch an der ↔B-Regel deutlich. Wie auch bei der Subjunktion soll die ↔B-Regel im Modus Ponens bestehen. Da es sich bei der Bisubjunktion um eine Konjunktion von zwei Subjunktionen handelt, gibt es dementsprechend zwei ↔B-Regel.

(↔B) Wenn eine Teilaussage einer Bisubjunktion und die Bisubjunktion vorliegt, kann zur anderen Teilaussage übergegangen werden.

Diese Regel lässt sich metasprachlich als zwei ↔B-Regeln auf die folgende Art und Weise formulieren:

($\leftrightarrow B_1$) $\mathfrak{A}_{L}, \mathfrak{A}\leftrightarrow\mathfrak{B}_{L'} \Rightarrow \mathfrak{B}_{LL'}$
($\leftrightarrow B_2$) $\mathfrak{B}_{L}, \mathfrak{A}\leftrightarrow\mathfrak{B}_{L'} \Rightarrow \mathfrak{A}_{LL'}$

Beispiel

Die Anwendung dieser Regeln soll an einem Beispiel deutlich gemacht werden. In der folgenden Ableitung A∨B, A↔C, B↔C ⊢ C wird die Kombination von mehreren Beseitigungsregeln deutlich:

A∨B, A↔C, B↔C ⊢ C

1. A∨B	P		(1)
2. A↔C	P		(2)
3. C↔B	P		(3)
4. A	A		(4)
5. C	($\leftrightarrow B_1$)	2, 4	(2, 4)
6. B	A		(6)
7. C	($\leftrightarrow B_2$)	3, 6	(3, 6)
8. C	(∨B)	1, 4, 5, 6, 7	(1, 2, 3, ~~4~~, ~~6~~)

Der Beweis soll wieder kurz erläutert werden. Die Ableitung beinhaltet drei Prämissen. Diese werden in den ersten drei Zeilen notiert, mit einem P markiert und sind alle von sich selbst abhängig. Die erste Prämisse ist eine Disjunktion, die Prämissen 2 und 3 sind Bisubjunktionen. Die Disjunktion muss über die ∨B-Regel beseitigt werden. Hierfür muss sowohl für die Aussage A als auch für die Aussage B gezeigt werden, dass aus diesen Aussagen dieselbe neue Formel folgt. Die beiden anderen Prämissen besagen aber, dass sowohl die Aussage A als auch die Aussage B äquivalent mit der Aussage C ist, sodass C die neue Formel ist. Um die Anwendung der ∨B-Regel vorzubereiten, wird in Zeile 4 die Aussage A angenommen. Diese wird mit einem A markiert und ist von sich selbst abhängig. In Zeile 5 kann die erste Nebenrechnung bereits abgeschlossen werden, da die Formel C hergeleitet wurde. Die Aussage C kann mit Hilfe der $\leftrightarrow B_1$-Regel, die auf die Zeilen 2 und 4 angewandt wird, hergeleitet werden und ist ebenfalls von den Zeilen 2 und 4 abhängig. In Zeile 6 wird die Aussage B angenommen, mit einem A markiert und ist von sich selbst abhängig. In Zeile 7 kann die zweite Nebenrechnung durch die Herleitung der Formel C abgeschlossen werden. Hierzu wird die $\leftrightarrow B_2$-Regel auf die Zeilen 3 und 6 angewandt. Die Formel C ist abhängig von den Zeilen 3 und 6. In Zeile 8 kann der Beweis über die Anwendung der ∨B-Regel auf die Zeilen 1, 4, 5, 6 und 7 beendet werden. Die Formel C in Zeile 8 ist nur von den Prämissen in den Zeilen 1, 2 und 3 abhängig, da die Abhängigkeit von den Zeilen 4 und 7 gestrichen werden kann.

3.4.5 Die Einführungs- und Beseitigungsregel des Negators

Definition des Negators

Kommen wir damit auf den Negator zu sprechen. An dieser Stelle soll auf einen Zusammenhang zwischen der Einführungs- und Beseitigungsregel des Subjunktors und der Einführungs- und Beseitigungsregel des Negators eingegangen werden. Hierfür greifen wir auf das Absurditätsgesetz ((A→B∧¬B)→¬A) zurück, das Sie im Kapitel 3.2.1 bewiesen haben. Dieses besagte, dass, wenn aus einer Annahme ein Widerspruch folgt, diese Annahme zu verneinen sei. Wir führen zunächst das Falsum (⅄) als Symbol für das logische Falsche (eine Kontradiktion) ein: (⅄def) ⅄ $\overset{\text{def}}{=}$ $\mathfrak{A}\land\neg\mathfrak{A}$[73]. Mit dieser Definition können wir das Absurditätsgesetz wie folgt aufschreiben: (A→⅄)→¬A.

73 Hier kann jede Kontradiktion stehen. Das ⅄ steht semantisch für eine Formel in der jede Interpretation den Wert f hat. Auch bei der semantischen Interpretation der Formel $\mathfrak{A}\land\neg\mathfrak{A}$ erhält jede Interpretation den Wert f.

Nun stellen wir uns die Frage, ob die Rückrichtung des Absurditätsgesetzes auch gilt: ¬A→(A→⅄). Hierzu soll der folgende Beweis geführt werden:

⊢¬A ⊢ (A→⅄)

1. ¬A	A		(1)
2. A	A		(2)
3. A∧¬A	(∧E)	1, 2	(1, 2)
4. ⅄	(⅄def)	3	(1, 2)
5. A→⅄	(→E)	2, 4	(1, $\not{2}$
6. ¬A→(A→⅄)	(→E)	1, 5	($\not{1}$)

Damit haben wir gezeigt, dass auch die Rückrichtung des Absurditätsgesetzes ein logisches Gesetz ist. Damit besteht die folgende Äquivalenz: ¬A↔(A→⅄). Damit können wir die Negation definieren als:

$¬A \stackrel{def}{=} A→⅄$

Einführungsregel des Negators

Hiermit erweist sich die ¬E-Regel als ein Spezialfall der →E-Regel. Der Unterschied besteht darin, dass, wenn unter der Annahme einer Formel in beliebig vielen Ableitungsschritten eine neue Formel hergeleitet werden kann, können bei der →E-Regel beide Formel mit dem Subjunktor verbunden werden und die Abhängigkeit von der Annahme gestrichen werden. Bei der ¬E-Regel ist die hergeleitete neue Formel eine Kontradiktion. Formulieren wir zunächst die ¬E-Regel mit Hilfe der natürlichen Sprache:

(¬E) Wenn aus der Annahme einer beliebig komplexen Formel ein Widerspruch hergeleitet werden kann, dann ist die Annahme zu verneinen.

Um den Zusammenhang zwischen der ¬E-Regel und der →E-Regel zu verdeutlichen, benutzen wir die Definition des Negators $¬A \stackrel{def}{=} A→⅄$, um die Regel metasprachlich auf die folgende Art und Weise zu formulieren:

(¬E) $[\mathfrak{A}_i] \ldots ⅄_L \Rightarrow \mathfrak{A} \rightarrow ⅄_{L\backslash i}$

Nachdem der Zusammenhang deutlich gemacht wurde, formulieren wir die ¬E-Regel, die verwendet werden soll:

(¬E) $[\mathfrak{A}_i] \ldots ⅄_L \Rightarrow \neg\mathfrak{A}_{L\backslash i}$

Beseitigungsregel des Negators

Wenn zwischen der ¬E-Regel und der →E-Regel ein Zusammenhang besteht, dann auch zwischen den Beseitigungsregeln. Die Beseitigungsregel des Subjunktors bestand im Modus Ponens: A→B, A ⊢ B. Wenn wir die Subjunktion wieder spezialisieren zu A→⅄, lässt sich mit Hilfe des Modus Ponens auch das ⅄ ableiten.

A→⅄, A ⊢ ⅄

1. A→⅄	P		(1)
2. A	P		(2)
3. ⅄	(→B)	1, 2	(1, 2)

Da die Formel A→⅄ äquivalent mit ¬A ist, können wir den spezialisierten Modus Ponens als ¬B-Regel natürlich-sprachlich wie folgt formulieren:

(¬B) Wenn eine Formel negiert und nicht negiert vorliegt, dann darf man einen Widerspruch konstatieren.

Dies lässt sich metasprachlich so formulieren:

(¬B) $\neg\mathfrak{A}_L, \mathfrak{A}_{L'} \Rightarrow ⅄_{LL'}$

Der Gebrauch dieser beiden Regeln soll an einem Beispiel verdeutlich werden. Es soll der Satz vom ausgeschlossenen Widerspruch bewiesen werden. Beispiel

⊢ ¬(A∧¬A)

1. A∧¬A	A		(1)
2. A	(∧B_1)	1	(1)
3. ¬A	(∧B_2)	1	(1)
4. ⅄	(¬B)	2, 3	(1)
5. ¬(A∧¬A)	(¬E)	1, 4	(~~1~~)

Lassen Sie uns auch diesen Beweis erläutern. Da eine negierte Konklusion bewiesen werden soll, wird in der ersten Zeile die nicht negierte Konklusion (Position) angenommen und mit einem A markiert. Die Annahme hängt von sich selbst ab. Die Annahme ist eine Konjunktion von sich widersprechenden Aussagen A und ¬A. Um diesen Widerspruch zu konstatieren, muss die Anwendung der ¬B-Regel vorbereitet werden. Hierzu wird in den Zeilen 2 und 3 die ∧B_1-Regel und die ∧B_2-Regel jeweils auf Zeile 1 angewandt und diese Zeile ist dementsprechend von Zeile 1 abhängig. In Zeile 4 kann die ¬B-Regel auf die Zeilen 2 und 3 angewandt werden und die Formel ⅄ hergeleitet werden. Diese Formel ist nur von Zeile 1 abhängig. In Zeile 5 kann die ¬E-Regel auf die Zeile 1 und 4 angewandt werden und die Konklusion hergeleitet werden, die Abhängigkeit von Zeile 1 kann gestrichen werden. Der Satz vom ausgeschlossenen Widerspruch ist damit als ein logisches Gesetz bewiesen worden.

3.4.6 Die ⅄-Regel und die ¬¬-Regel

3.4.6.1 Die ⅄-Regel

Kommen wir damit noch zu zwei weiteren Regeln, die benötigt werden, um alle Formeln der klassischen Logik ableiten zu können. Wir beginnen mit der ⅄-Regel. Diese ist die metasprachliche Formulierung des Ex-falso-quod-libet (aus (logisch) Falschem folgt Beliebiges). In Kapitel 3.3 haben wir gesehen, dass eine Kontradiktion jede beliebige Formel impliziert, da ausgeschlossen ist, dass die Prämissen allesamt wahr sind, die Konklusion aber falsch.

Die Falsum-Regel

Dementsprechend können wir die ⅄-Regel natürlich-sprachlich auf folgende Art und Weise formulieren:

> (⅄) Wenn ein Widerspruch vorliegt, dann kann man zu jeder beliebigen Formel übergehen.

Metasprachlich lässt sich die Regel so formulieren:

> (⅄) $⅄_L \Rightarrow \mathfrak{C}_L$[74]

Beispiel

Zu Beginn des Kapitels 3.4.1 haben wir festgehalten, dass die klassische Aussagen- und Prädikatlogik erster Stufe vollständig und korrekt ist. Jede ableitbare Formel ist semantisch gültig und jede semantisch gültige Formel ist ableitbar. Ferner haben wir uns dazu entschieden, den disjunktiven Syllogismus ($\neg A$, $A \vee B \vdash B$) nicht als Beseitigungsregel für den Disjunktor zu verwenden. Würden wir die ⅄-Regel nicht zu unserem Kalkül hinzunehmen, könnte der disjunktive Syllogismus nicht abgeleitet werden. Schauen wir uns vor diesem Hintergrund den Beweis an:

$A \vee B, \neg A \vdash B$

1. $A \vee B$	P		(1)
2. $\neg A$	P		(2)
3. A	A		(3)
4. ⅄	($\neg$B)	2, 3	(2, 3)
5. B	(⅄)	4	(2, 3)
6. B	A		(6)
7. B	($\vee$B)	1, 3, 5, 6	(1, 2, ~~3~~, ~~6~~)

74 Gesprochen: Wenn ein Widerspruch vorliegt, ist es erlaubt, zu jeder beliebigen Formel überzugehen.

Der Beweis soll wieder kurz erläutert werden. In den Zeilen 1 und 2 werden die Prämisse abgetragen, mit P markiert und diese sind von sich selbst abhängig. Die erste Prämisse ist eine Disjunktion, sodass die Anwendung der $\vee$B-Regel vorbereitet werden muss. Hierbei muss man sich überlegen, was die neue Formel sein könnte, die sowohl aus der Aussage A als auch aus der Aussage B hergeleitet werden kann. Wenn man hierbei auf die Konklusion sieht, bemerkt man, dass die Konklusion einem Disjunktgard entspricht. Man müsste also nur noch zeigen, dass sich aus dem anderen Disjunktgard auch die Aussage B herleiten lässt. Es wird in Zeile 3 die Aussage A angenommen, mit einem A markiert und diese Zeile ist von sich selbst abhängig. In Zeile 4 kann ein Widerspruch hergeleitet werden, indem man die $\neg$B-Regel auf die Formeln $\neg$A in Zeile 2 und der Formel A in Zeile 3 angewendet. Das $\curlywedge$ ist von den Zeilen 2 und 3 abhängig. In Zeile 5 kann man mit Hilfe der $\curlywedge$-Regel auf die Aussage B schließen. Hierfür wird die $\curlywedge$-Regel auf die Zeile 4 angewandt, die dann von den Zeilen 2 und 3 abhängig ist. Damit ist die erste Nebenrechnung abgeschlossen. Die zweite Nebenrechnung beginnt in Zeile 6, indem die Aussage B als Annahme gesetzt wird. Diese wird mit einem A markiert und ist von sich selbst abhängig. Da es sich bei dieser Annahme um die Konklusion handelt, ist diese Nebenrechnung bereits mit der gesetzten Annahme abgeschlossen. Dementsprechend kann in Zeile 7 die $\vee$B-Regel auf die Zeilen 1, 3, 5 und 6 angewandt werden und auf die Aussage B geschlossen werden. Die Formel B in Zeile 7 ist nur von den Zeilen 1 und 2 abhängig, da die Abhängigkeit von den Formeln in den Zeilen 3 und 6 gestrichen werden kann. Durch den Beweis wird deutlich, dass dem disjunktiven Syllogismus das ex falso quod libet zugrunde liegt.

3.4.6.2 Die $\neg\neg$-Regel

Die Beseitigung der doppelten Negation

Es fehlt aber noch eine Regelerweiterung, um alle semantisch gültigen Formeln der Klassischen Logik im vorgelegten Kalkül ableiten zu können. Dies ist die $\neg\neg$-Regel (Duplex negatio affirmat). Diese Regel erlaubt es bei einer doppelt negierten Formel, die doppelte Negation zu streichen. In manchen Kalkülen wird die $\neg\neg$-Regel in Verbindung mit einer doppelten Negationseinführungsregel als Einführungs- und Beseitigungsregel des Negators verwendet. Dies ist aber angesichts der oben aufgezeigten Definition der Negation nicht optimal, da der Zusammenhang zur Subjunktion nicht deutlich wird.

Die ¬¬-Regel können wir natürlich-sprachlich wie folgt formulieren:

> (¬¬) Wenn eine doppelt negierte Formel vorliegt, dann kann man die doppelte Negation streichen.

Metasprachlich lässt sich dies so ausdrücken:

> (¬¬) $\neg\neg\mathfrak{A}_L \Rightarrow \mathfrak{A}_L$[75]

Beispiel

Dass wir die ¬¬-Regel benötigen, sieht man am Beweis des Satzes vom ausgeschlossenen Dritten (A∨¬A). Dieser Beweis kann nur indirekt geführt werden. Bei einem indirekten Beweis nimmt man die negierte Konklusion an ¬($\mathfrak{A}$) und leitet (evtl. in Verbindung mit anderen Prämissen) einen Widerspruch her, negiert anschließende die Annahme ¬¬($\mathfrak{A}$) und beseitigt die doppelte Negation. Aber betrachten wir den Beweis:

⊢ A∨¬A			
1. ¬(A∨¬A)	A		(1)
2. A	A		(2)
3. A∨¬A	(∨E_1)	2	(2)
4. ⅄	(¬B)	1, 3	(1, 2)
5. ¬A	(¬E)	2, 4	(1, ~~2~~)
6. A∨¬A	(∨E_2)	5	(1)
7. ⅄	(¬B)	1, 6	(~~1~~)
8. ¬¬(A∨¬A)	(¬E)	1, 7	(~~1~~)
9. A∨¬A	(¬¬)	8	( )

Auch dieser Beweis soll kurz erläutert werden. Es handelt sich um einen indirekten Beweis. Bei einem indirekten Beweis wird

75 Gesprochen: Es ist erlaubt bei einer doppelt negierten Formel, die doppelte Negation der Formel zu streichen.

die Negation der Konklusion angenommen und zu einem Widerspruch geführt. Diese Annahme wird in Zeile 1 getätigt, mit einem A markiert und auch diese Annahme ist von sich selbst abhängig. Damit der Beweis geführt werden kann, wird noch eine weitere Annahme benötigt, da es sich bei der Formel in Zeile 1 um eine Negation handelt. Der Regelsatz an Einführungs- und Beseitigungsregeln erlaubt es nicht, eine negierte Formel direkt zu nutzen. In Zeile 2 wird aus diesem Grund die Aussage A angenommen, mit einem A markiert und diese Zeile ist auch von sich selbst abhängig. In Zeile 3 kann auf die Annahme in Zeile 2 die $\vee E_1$-Regel angewandt werden und auf die Formel $A \vee \neg A$ geschlossen werden, die nur von Zeile 2 abhängig ist. Hierdurch entsteht zwischen den Zeilen 1 und 3 ein Widerspruch, der mit Hilfe der $\neg B$-Regel angewandt auf diese Zeilen konstatiert werden kann. Das $\curlywedge$ ist ebenso von den Zeilen 1 und 2 abhängig. Die Annahme in Zeile 2 kann unter Anwendung der $\neg E$-Regel beseitigt werden und zu der Formel $\neg A$ (abhängig von Zeile 1) übergegangen werden. Mit dieser Formel kann man nun aber wieder einen Widerspruch zur Formel in Zeile 1 erzeugen, indem man die $\vee E_2$-Regel auf die Formel in Zeile 5 anwendet und den Widerspruch zwischen den Formeln in den Zeilen 1 und 6 mit Hilfe der $\neg B$-Regel konstatiert. Das $\curlywedge$ ist nur noch von der Annahme in Zeile 1 abhängig, sodass man diese mit Hilfe der $\neg E$-Regel beseitigen kann und in Zeile 8 die Formel $\neg\neg(A \vee \neg A)$ erhält. Nun muss in Zeile 8 nur noch die $\neg\neg$-Regel auf Zeile 7 angewandt werden und der Beweis ist abgeschlossen.

3.4.7 Zusammenfassung der Regeln und weitere Ableitungen

Bevor zu weiteren Ableitungen übergegangen wird, sollen die Regeln nochmals gesammelt aufgeführt werden. Dies soll die Handhabung der Regeln erleichtern. Es handelt sich um ein aussagenlogisches Kalkül des natürlichen Schließens. Dies notiert man mit AL.

AL

($\wedge$E) $\mathfrak{A}_{L}, \mathfrak{B}_{L'} \Rightarrow \mathfrak{A} \wedge \mathfrak{B}_{LL'}$

($\wedge B_1$) $\mathfrak{A} \wedge \mathfrak{B}_{L} \Rightarrow \mathfrak{A}_{L}$

($\wedge B_2$) $\mathfrak{A} \wedge \mathfrak{B}_{L} \Rightarrow \mathfrak{B}_{L}$

$(\vee E_1)\ \mathfrak{A}_L \Rightarrow \mathfrak{A}\vee\mathfrak{B}_L$
$(\vee E_2)\ \mathfrak{A}_L \Rightarrow \mathfrak{B}\vee\mathfrak{A}_L$
$(\vee B)\ \mathfrak{A}\vee\mathfrak{B}_{L'}, [\mathfrak{A}_i] \ldots \mathfrak{C}_{L''}, [\mathfrak{B}_j] \ldots \mathfrak{C}_{L'''} \Rightarrow \mathfrak{C}_{LL'L''\setminus i,j} \mid i \notin LL'', j \notin LL'$
Annahmen werden durch eckige Klammern um Formeln dargestellt. Die Annahmen können nach der Regelanwendung gestrichen werden. Bei den beiden Herleitungen $[\mathfrak{A}] \ldots \mathfrak{C}$ (die aus beliebig vielen Schritten bestehen können) und $[\mathfrak{B}] \ldots \mathfrak{C}$ ist darauf zu achten, dass $[\mathfrak{A}]$ nicht in der Herleitung von $[\mathfrak{B}] \ldots \mathfrak{C}$ verwendet wird und umgekehrt. Des Weiteren darf die zu beseitigende Disjunktion $(\mathfrak{A}\vee\mathfrak{B})$ nicht von den Annahmen $[\mathfrak{A}]$ oder $[\mathfrak{B}]$ abhängen.

$(\rightarrow E)\ [\mathfrak{A}_i] \ldots \mathfrak{B}_L \Rightarrow \mathfrak{A}\rightarrow\mathfrak{B}_{L\setminus i}$
$(\rightarrow B)\ \mathfrak{A}_L, \mathfrak{A}\rightarrow\mathfrak{B}_{L'} \Rightarrow \mathfrak{B}_{LL'}$

$(\leftrightarrow E)\ \mathfrak{A}\rightarrow\mathfrak{B}_L, \mathfrak{B}\rightarrow\mathfrak{A}_{L'} \Rightarrow \mathfrak{A}\leftrightarrow\mathfrak{B}_{LL'}$
$(\leftrightarrow B_1)\ \mathfrak{A}_L, \mathfrak{A}\leftrightarrow\mathfrak{B}_{L'} \Rightarrow \mathfrak{B}_{LL'}$
$(\leftrightarrow B_2)\ \mathfrak{B}_L, \mathfrak{A}\leftrightarrow\mathfrak{B}_{L'} \Rightarrow \mathfrak{A}_{LL'}$

$(\neg E)\ [\mathfrak{A}_i] \ldots \curlywedge_L \Rightarrow \neg\mathfrak{A}_{L\setminus i}$
$(\neg B)\ \neg\mathfrak{A}_L, \mathfrak{A}_{L'} \Rightarrow \curlywedge_{LL'}$

$(\curlywedge)\ \curlywedge_L \Rightarrow \mathfrak{C}_L$
$(\neg\neg)\ \neg\neg\mathfrak{A}_L \Rightarrow \mathfrak{A}_L$

Weitere Ableitungen

Lassen Sie uns nun drei weitere Ableitungen betrachten, um die Beweisführung im Kalkül des natürlichen Schließens weiter zu verdeutlichen. Erfahrungsgemäß fällt es den meisten schwer, einen Zugang zum Beweisverfahren zu finden. Vor diesem Hintergrund ist es angebracht, den Einstieg zu erleichtern, indem das Führen von Beweisen vorgeführt wird. Folgende drei Ableitungen sollen bewiesen werden:

I) $A\rightarrow B, B\rightarrow C \vdash \neg C\rightarrow\neg A$
II) $A\rightarrow B, C\rightarrow D, A\vee C \vdash B\vee D$
III) $(\neg A\vee B)\wedge(\neg B\vee A) \vdash \neg(A\wedge\neg B)\wedge\neg(B\wedge\neg A)$

I) A→B, B→C ⊢ ¬C→¬A

1. A→B	P		(1)
2. B→C	P		(2)
3. ¬C	A		(3)
4. A	A		(4)
5. B	(→B)	1, 4	(1, 4)
6. C	(→B)	2, 5	(1, 2, 4)
7. ⅄	(¬B)	3, 6	(1, 2, 3, 4)
8. ¬A	(¬E)	4, 7	(1, 2, 3, ~~4~~)
9. ¬C→¬A	(→E)	3, 8	(1, 2, ~~3~~)

Bei dieser Ableitung handelt es sich um eine etwas kompliziertere Variante der Kontraposition. Beide Prämissen sind Subjunktionen. Das Antecedens ¬C der Konklusion steht im Widerspruch zum Sukcedens C der zweiten Prämisse. Die beiden Prämissen besagen, dass wenn die Aussage A der Fall ist, dass dann auch die Aussage B bzw. in letzter Instanz auch die Aussage C der Fall ist. Dies bedeutet aber, dass wenn die Aussage ¬C der Fall ist, dann kann auch die Aussage A nicht der Fall sein, da ansonsten ein Widerspruch zwischen der Aussage C und ¬C vorliegen würde. Diese Überlegungen tragen den Beweis. In den Zeilen 1 und 2 werden die Prämissen A→B und B→C abgetragen und mit P markiert. Diese Zeilen sind von sich selbst abhängig. In Zeile 3 wird das Antecedens der Konklusion ¬C angenommen und mit A markiert. Diese Zeile ist auch von sich selbst abhängig. Wenn man Annahmen setzt, dann sollte man sich am besten schon überlegen, wie diese Annahmen wieder zu beseitigen sind. Bei der Annahme des Antecedens der Konklusion ist diese Möglichkeit gegeben, da die Anwendung der →E-Regel vorbereitet wird und bei der Anwendung die Annahme des Antecedens ¬C beseitigt werden kann. In dem Beweis muss nun noch gezeigt werden, dass die Annahme der Aussage ¬C in Verbindung mit den Prämissen und der Annahme A zu einem Widerspruch führt. Die Annahme der Aussage A wird durch die Anwendung der ¬E-Regel beseitigt werden können. Für die Anwendung dieser Regel bedarf es eines ⅄, über dessen Herleitung bereits Auskunft gegeben wurde. In Zeile 4 wird die Aussage A dementsprechend angenommen und mit A markiert. Die Zeile 4 ist von sich selbst abhängig. In Zeile 5 kann die Aussage B hergeleitet werden. Hierfür wird die →B-Regel auf die Zeilen 1 und 4 angewandt und die hergeleitete Aussage B ist abhängig von den Zeilen 1 und 4. In Zeile 6 kann die Aussage C mit Hilfe der →B-Regel angewandt auf die Zeilen 2 und 5 hergeleitet werden. Damit kann man in Zeile 7 das ⅄ konstatieren, indem man die ¬B-Regel auf die Zeilen 3 und 6 anwendet. Das ⅄ ist von den Zeilen 1, 2, 3 und 4 abhängig. Diese Abhängigkeitsliste bestätigt die Überlegungen, die vor dem Beweis gemacht wurden. Dass das ⅄ von den Zeilen 1, 2, 3 und 4 abhängig ist, zeigt, dass die Prämissen zusammen mit den Annahmen ¬C und A zu einem Widerspruch führen. Von diesen Annahmen kann die erste mit Hilfe der ¬E-Regel angewandt auf die Zeile 4 gestrichen werden und in Zeile 8 die Formel ¬A hergeleitet werden. Damit kann die zweite Annahme in Zeile 9 gestrichen und die Konklusion hergeleitet werden, indem man die →E-Regel auf die Zeilen 3 und 8 anwendet.

II) A→B, C→D, A∨C ⊢ B∨D

1. A→B	P		(1)
2. C→D	P		(2)
3. A∨C	P		(3)
4. A	A		(4)
5. B	(→B)	1, 4	(1, 4)
6. B∨D	(∨E_1)	5	(1, 4)
7. C	A		(7)
8. D	(→B)	2, 7	(2, 7)
9. B∨D	(∨E_2)	8	(2, 7)
10. B∨D	(∨B)	3, 4, 6, 7, 9	(1, 2, 3, ~~4~~, ~~7~~)

Wenn man die Prämissen und die Konklusion betrachtet, kann man sich Folgendes für den Beweis überlegen:

Die Konklusion ist die Formel B∨D. Unter den Prämissen ist ebenfalls eine Disjunktion A∨C. Es muss dementsprechend eine ∨B-Regel Anwendung vorbereitet werden. Es wäre von Vorteil, wenn die neue Formel ℭ aus der Konklusion bestehen würde. Hierfür müsste gezeigt werden, dass sowohl aus der Formel A als auch aus der Formel C in Verbindung mit den Prämissen 2 und 3 die Konklusion abgeleitet werden kann. Dies wird durch die Ableitung gezeigt. In den ersten drei Zeilen werden die Prämissen abgetragen und mit einem P markiert. Die Prämissen sind von sich selbst abhängig. In Zeile 4 wird die Formel A angenommen, um die erste Nebenrechnung zu beginnen. In Zeile 5 leiten wir die Formel B her, indem wir die →B-Regel auf die Zeilen 1 und 4 anwenden. Die Zeile 5 ist abhängig von den Zeilen 1 und 4. Die erste Nebenrechnung ist in Zeile 6 durch die Herleitung der Formel $B\vee D$ beendet. Um diese Formel herzuleiten, wird die $\vee E_1$-Regel auf die Zeile 5 angewandt. Abhängig ist die Formel in Zeile 6 von den Zeilen 1 und 4. Die zweite Nebenrechnung wird in Zeile 7 durch die Annahme der Formel C begonnen und mit einem A markiert. Abhängig ist die Zeile 7 von sich selbst. In Zeile 8 kann die Formel D hergeleitet werden, indem die $\rightarrow$B-Regel auf die Zeilen 2 und 7 angewandt wird. Die Formel D in Zeile 8 ist auch von den Zeilen 2 und 7 abhängig. In Zeile 9 kann die Formel $B\vee D$ über die Anwendung der $\vee E_2$-Regel auf die Zeile 8 hergeleitet werden, die von den Zeilen 2 und 7 abhängig ist. Damit ist die zweite Nebenrechnung beendet. In Zeile 10 kann die Konklusion $B\vee D$ hergeleitet werden, indem die $\vee$B-Regel auf die Zeilen 3, 4, 6, 7 und 9 angewendet wird. Abhängig ist die Formel in Zeile 10 von den Zeilen 1, 2 und 3, da die Abhängigkeit von den Zeilen 4 und 7 gestrichen werden kann.

III) $(\neg A\vee B)\wedge(\neg B\vee A) \vdash \neg(A\wedge\neg B)\wedge\neg(B\wedge\neg A)$

1. $(\neg A\vee B)\wedge(\neg B\vee A)$	P		(1)
2. $A\wedge\neg B$	A		(2)
3. $B\wedge\neg A$	A		(3)
4. $\neg A\vee B$	$(\wedge B_1)$	1	(1)
5. $\neg A$	A		(5)
6. A	$(\wedge B_1)$	2	(2)
7. ⅄	$(\neg B)$	5, 6	(2, 5)
8. B	A		(8)
9. $\neg B$	$(\wedge B_2)$	2	(2)
10. ⅄	$(\neg B)$	8, 9	(2, 8)
11. ⅄	$(\vee B)$	4, 5, 7, 8, 10	(1, 2, ~~5~~, ~~8~~)
12. $\neg(A\wedge\neg B)$	$(\neg E)$	2, 11	(1, ~~2~~)
13. $\neg B\vee A$	$(\wedge B_2)$	1	(1)
14. $\neg B$	A		(14)
15. B	$(\wedge B_1)$	3	(3)
16. ⅄	$(\neg B)$	14, 15	(3, 14)
17. A	A		(17)
18. $\neg A$	$(\wedge B_2)$	3	(3)
19. ⅄	$(\neg B)$	17, 18	(3, 17)
20. ⅄	$(\vee B)$	13, 14, 16, 17, 19	(1, 3, ~~14~~, ~~17~~)
21. $\neg(B\wedge\neg A)$	$(\neg E)$	3, 20	(1, ~~3~~)
22. $\neg(A\wedge\neg B)\wedge\neg(B\wedge\neg A)$	$(\wedge E)$	12, 21	(1)

Lassen Sie uns nun das letzte Beispiel erläutern. Wenn Sie sich die Prämisse und die Konklusion anschauen, können Sie feststellen, dass es sich bei den beiden Konjunkten der Prämisse und den beiden Konjunkten der Konklusion um äquivalente Formeln handelt (Wenn Sie die Formeln modeltheoretisch interpretieren, können Sie feststellen, dass die Wahrheitswertverläufe äquivalent sind). Wenn Sie die Formeln ¬A∨B und ¬(A∧¬B) betrachten, fällt auf, dass die Formel ¬A∨B und die nicht negierte zweite Formel A∧¬B zu einem Widerspruch führen würde. Dies liegt daran, dass sowohl die Nebenrechnung, die mit der Annahme von ¬A beginnt, als auch die Nebenrechnung, die mit der Annahme von B beginnt, zu einem Widerspruch führt. Dieser Zusammenhang besteht auch bei dem zweiten Konjunkt der Prämisse ¬B∨A und der Konklusion ¬(B∧¬A). Dem Beweis liegt diese Idee zugrunde und es wird gezeigt, dass die Prämisse zusammen mit der Annahme der nicht negierten Konjunkten der Konklusion A∧¬B und B∧¬A zu einem Widerspruch führen, sodass die Formeln A∧¬B und B∧¬A über die ¬E-Regel negiert werden und die Annahmen gestrichen werden können.

Dementsprechend bestehen die ersten drei Zeilen in der Abtragung der Prämisse und dem Setzen der beiden Annahmen, die mit P bzw. A markiert werden und von sich selbst abhängig sind. In Zeile 4 wird über die Anwendung der $\wedge B_1$-Regel auf die Zeile 1 die Formel ¬A∨B hergeleitet, die von Zeile 1 abhängig ist. Mit dieser Formel kann die Herleitung des ersten ⅄ begonnen werden. Hierfür wird in Zeile 5 die Formel ¬A angenommen, um die erste Nebenrechnung zu beginnen. Diese Annahme ist von Zeile 5 abhängig. Unter Rückgriff auf die $\wedge B_1$-Regel, angewandt auf die Annahme in Zeile 2, kann die Formel A hergeleitet werden, die dementsprechend auch von Zeile 2 abhängig ist. Damit kann in Zeile 7 die Formel ⅄ unter Bezug auf die ¬B-Regel, die auf die Zeilen 5 und 6 angewandt wird, hergeleitet werden. Die Formel ⅄ ist von den Zeilen 5 und 6 abhängig und bildet – dies ist in manchen Beweisen der Fall – die neue Formel ℭ. In den Zeilen 8 bis 10 geht man mit dem zweiten Disjunktgard B auf analoge Weise vor und leitet ein ⅄ her, das von den Zeilen 2 und 8 abhängig ist. Damit kann man in Zeile 11 zur Formel ⅄ übergehen, indem die ∨B-Regel auf die Zeilen 4, 5, 7, 8 und 10 angewandt wird. Diese ist nur von den Zeilen 1 und 2 abhängig, da die Abhängigkeit von den Zeilen 5 und 8 gestrichen werden kann. Mit diesem ⅄ kann in Zeile 12 das erste Konjunkt der Konklusion hergeleitet werden, indem die ¬E-Regel auf die Zeilen 2 und 11 angewandt wird und die Formel ¬(A∧¬B) hergeleitet wird, die nur von der Zeile 1 abhängig ist, da die Abhängigkeit von Zeile 2 gestrichen werden kann. Die Zeilen 13 bis 21 verlaufen nun in Bezug auf die anderen Formeln analog, sodass diese nicht einzeln besprochen werden sollen. In Zeile 22 wird die Konklusion mit Hilfe der ∧E-Regel angewandt auf die Zeilen 12 und 21 hergeleitet. Die Konklusion $\neg(A\wedge\neg B)\wedge\neg(B\wedge\neg A)$ ist nur von Zeile 1 abhängig, womit gezeigt ist, dass die Konklusion aus der Prämisse abgeleitet werden kann.

3.5 Heuristiken für aussagenlogische Beweise

Für Menschen, die nicht in formalen Verfahren geübt sind, gestaltet sich der Einstieg ins formale Beweisen oft sehr schwierig. Man ist von den Symbolen und Regeln erschlagen und weiß nicht so recht, wie die Beweise begonnen werden sollen. Es gibt aber Heuristiken, die genau hierbei helfen. Die Heuristiken helfen dabei, Strategien für Beweise zu finden. In den Erläuterungen zu den bisherigen Beweisen wurde an einigen Stellen bereits auf Heuristiken zurückgegriffen, um beispielsweise das Setzen einer Annahme zu erläutern. Bevor die heuristischen Regeln systematisch dargestellt werden, soll noch etwas zum Verständnis von heuristischen Regeln gesagt werden.

Das Wort „Heuristik" stammt vom altgriechischen Wort „εὑρίσκειν *(heurískein)*" ab und bedeutet „finden", „auffinden", „entdecken". Ihnen ist das Wort vermutlich im Zusammenhang mit der Anekdote von Archimedes bekannt. Man erzählt sich, dass er, nachdem er beim Baden das Prinzip der Wasserverdrängung von Körpern bemerkte, nackt aus dem Badehaus auf die Straße gelaufen sei und dabei „Heureka" gerufen haben soll. Dabei ist „Heureka" die Perfektform von „Heuriskein" und bedeutet „Ich habe es gefunden." Für unseren Zusammenhang bedeutet dies, dass die heuristischen Regeln Ihnen in diesem Sinne dabei helfen sollen, eine Beweisstrategie zu finden. Dabei stellen diese Regeln zwar eine Hilfestellung dar, aber sie führen zum einen nicht immer zum Erfolg und zum anderen ist die Abfolge in der Anwendung der Regeln nicht festgelegt. Dies unterscheidet heuristische Regeln von algorithmischen Regeln. Diese Regeln führen in endlich vielen Schritten zum Erfolg, wobei die Reihenfolge der Ausführung der einzelnen Schritte festgelegt ist.

Im Folgenden sollen die heuristischen Regeln systematisch vorgestellt werden. Heuristiken teilen sich in Heuristiken für logische Partikel in den Prämissen und Heuristiken für logische Partikel in der Konklusion. Um die Regeln zu formulieren, konzentriert man sich auf die Einführungs- und Beseitigungsregeln der logischen Partikel und überlegt, wie man diese für die Herleitung der Konklusion verwenden kann. Beginnen wir mit den Heuristiken für die logischen Partikel in den Prämissen.

3.5.1 Heuristiken für aussagenlogische Partikel in den Prämissen

3.5.1.1 Negation in der Prämisse

Negierte Formel als Prämisse

Ist der Hauptpartikel einer Prämisse ein Negator ($\neg\mathfrak{A}$), wird die Prämisse gebraucht, um einen Widerspruch zu dieser Prämisse herzuleiten. Hierfür muss versucht werden, die Position ($\mathfrak{A}$) herzuleiten.

Gehen wir zur Verdeutlichung ein paar Beispiele durch.

$\neg\mathfrak{A} \vdash \mathfrak{K}$[76]

Wenn die Prämisse folgende Form $\neg$A hat, würde die erste Zeile des Beweises, wie folgt aussehen:

1. $\neg$A	P	(1)

In diesem Fall hilft einem die Heuristik nicht direkt, eine weitere Annahme zu setzen. Man kann sich aber klarmachen, dass versucht werden sollte, ein A herzuleiten, um einen Widerspruch zu erzeugen.

Gleiches gilt für folgende Ableitung:

$\neg(A \land B) \vdash \mathfrak{K}$

1. $\neg(A \land B)$	P	(1)

76 Gesprochen: Aus einer negierten beliebig komplexen Formel $\mathfrak{A}$ folgt eine beliebig komplexe Formel $\mathfrak{K}$.

In diesem Fall sollte man versuchen, A∧B herzuleiten. Was bedeutet, dass A und B hergeleitet werden müssen.

An dieser Stelle möchte ich schon mal betonten, dass die einzelnen Heuristiken nicht so hilfreich wirken. Dies scheint aber nur so, da die Heuristiken einzeln betrachtet werden. Der Nutzen der Heuristiken ergibt sich erst, wenn man alle zur Verfügung hat und versucht, möglichst viele miteinander zu kombinieren.

3.5.1.2 Konjunktion in der Prämisse

Konjunktor in einer Prämisse

Ist der Hauptpartikel einer Prämisse ein Konjunktor ($\mathfrak{A}\wedge\mathfrak{B}$), dann wird die Prämisse durch Anwendung einer der beiden Konjunktionsbeseitigungsregeln nutzbar gemacht.

A∧B ⊢ $\mathfrak{K}$			
1. A∧B	P		(1)
2. A	($\wedge B_1$)	1	(1)
3. B	($\wedge B_2$)	1	(1)

Betrachten wir nun eine Variante, bei der zwei Heuristiken kombiniert werden. Da die Frakturbuchstaben für beliebig komplexe Formeln stehen, könnte ein Konjunkt eine Negation sein. In diesem Fall könnte man die Heuristik für eine negierte Prämisse darauf anwenden.

A∧¬B ⊢ $\mathfrak{K}$			
1. A∧¬B	P		(1)
2. A	($\wedge B_1$)	1	(1)
3. ¬B	($\wedge B_2$)	1	(1)

In diesem Fall wüsste man, dass man die Position zu ¬B (also B) herzuleiten hat.

3.5.1.3 Disjunktion als Prämisse

Disjunktor in einer Prämisse

Ist der Hauptpartikel einer Prämisse ein Disjunktor ($\mathfrak{A} \vee \mathfrak{B}$), wird die Prämisse durch Anwendung der Disjunktionsbeseitigungsregeln nutzbar gemacht. Um die Anwendung dieser Regel vorzubereiten, müssen zunächst die korrespondierenden Annahmen gesetzt werden.

$A \vee B \vdash \mathfrak{K}$		
1. $A \vee B$	P	(1)
2. A	A	(1)
3. B	A	(1)

Um zu entscheiden, welche Formel in beiden Nebenrechnungen hergeleitet werden soll, ist es erforderlich, die weiteren Prämissen (sofern vorhanden) und die Konklusion zu betrachten. Es empfiehlt sich, damit man die Nebenrechnungen nicht konfundiert, zunächst die eine korrespondierende Annahme zu setzen und die neue Formel $\mathfrak{C}$ herzuleiten und dann die andere korrespondierende Annahme.

3.5.1.4 Subjunktion als Prämisse

Subjunktor in einer Prämisse

Ist der Hauptpartikel einer Prämisse ein Subjunktor ($\mathfrak{A} \rightarrow \mathfrak{B}$), wird die Prämisse nutzbar gemacht, indem man die Anwendung der Subjunktionsbeseitigungsregel vorbereitet. Um die Anwendung dieser Regel vorzubereiten, muss man sich überlegen, wie man das Antecedens ($\mathfrak{A}$) bereitstellen kann. Ein pauschaler Ratschlag kann an dieser Stelle nicht gegeben werden. In Kombination mit anderen Prämissen und der Konklusion kann es manchmal sinnvoll sein, das Antecedens ($\mathfrak{A}$) anzunehmen.

$A \rightarrow B, \neg B \vdash \mathfrak{K}$		
1. $A \rightarrow B$	P	(1)
2. $\neg B$	P	(2)
3. A	A	(3)

Bei den Überlegungen, wie das Antecedens bereitgestellt werden kann, sind besonders die kombinierten Anwendungen der Heuristiken interessant. An dieser Stelle sollen zwei Varianten aufgezeigt werden.

$\neg A \rightarrow B \vdash \mathfrak{K}$

1. $\neg A \rightarrow B$	P	(1)
2. A	A	(2)

An dieser Stelle greifen wir auf die Heuristik der Negation in der Konklusion vor. Nach der Heuristik einer Subjunktion als Prämisse muss das Antecedens hergeleitet werden. Es muss also $\neg A$ hergeleitet werden. Man kann also so tun, als ob $\neg A$ die Konklusion ist. Die Heuristik der Negation in der Konklusion besagt nun, dass die Position (in diesem Fall A) angenommen wird und versucht wird, einen Widerspruch herzuleiten, um die Annahme (A) mit Hilfe der $\neg$E-Regel zu beseitigen.

$(A \rightarrow C) \rightarrow B \vdash \mathfrak{K}$

1. $(A \rightarrow \neg C) \rightarrow B$	P	(1)
2. A	A	(2)
3. C	A	(3)

An dieser Stelle greifen wir auf die Heuristik der Subjunktion in der Konklusion vor. Nach der Heuristik einer Subjunktion als Prämisse muss das Antecedens hergeleitet werden. Es muss also $A \rightarrow C$ hergeleitet werden. Man kann so tun, als ob $A \rightarrow C$ die Konklusion ist. Die Heuristik der Subjunktion in der Konklusion besagt nun, dass man das Antecedens annimmt (in diesem Fall A) und versucht, das Sukcedens herzuleiten. An dieser Stelle können wir also auch so tun, als ob das Sukcedens $\neg C$ eine Konklusion ist und ebenso aufgrund der Heuristik der Negation in der Konklusion C annehmen.

3.5.1.5 Bisubjunktion als Prämisse

Bisubjunktor in einer Prämisse

Die Bisubjunktion $(\mathfrak{A}\leftrightarrow\mathfrak{B})$ ist mit einer Konjunktion von zwei Subjunktionen äquivalent $((\mathfrak{A}\rightarrow\mathfrak{B})\wedge(\mathfrak{B}\rightarrow\mathfrak{A}))$. Dementsprechend kann man bei einer Bisubjunktion als einer Prämisse auf die Heuristik zur Subjunktion als Prämisse zurückgreifen.

3.5.2 Heuristiken für aussagenlogische Partikel in der Konklusion

3.5.2.1 Negation als Konklusion

Negator in der Konklusion

Ist der Hauptpartikel der Konklusion ein Negator $(\neg\mathfrak{A})$, wird die Konklusion über die Anwendung der $\neg$E-Regel hergeleitet. Um diese Regel anwenden zu können, muss zunächst die Position angenommen und ein Widerspruch hergeleitet werden. Für den Beweis bedeutet dies, dass die Position als Annahme den Prämissen (sofern vorhanden) hinzugefügt werden kann. Diese Annahme muss zu einem Widerspruch geführt werden, um die $\neg$E-Regel auf diese Annahme anwenden zu können.

$\mathfrak{P} \vdash \neg A$

1. $\mathfrak{P}$	P	(1)
2. A	A	(2)

In diesem Fall kommt man durch die Anwendung der Heuristik zu einer zusätzlichen Annahme, mit deren Hilfe in Kombination mit weiteren Prämissen oder Annahmen der Beweis begonnen werden kann.

Auch bei dieser Heuristik kann es vorkommen, dass man diese mit einer anderen kombinieren kann. Betrachten wir hierzu folgendes Beispiel:

$\mathfrak{P} \vdash \neg(\neg A \rightarrow B)$

1. $\mathfrak{P}$	P	(1)
2. $\neg A \rightarrow B$	A	(2)
3. A	A	(3)

Zunächst kann mit Hilfe der Heuristik der Negation in der Konklusion die Position (¬A→B) als Annahme der Prämisse hinzugefügt werden. Wenn Sie diese Annahme betrachten, dann handelt es sich um eine Subjunktion, die als eine Prämisse betrachtet werden kann, sodass man die Heuristik für die Subjunktion in den Prämissen verwenden kann. Diese besagt, dass man das Antecedens bereitstellen muss. Bei dem Antecedens handelt es sich um eine Negation, die hergeleitet werden muss, sodass man so tun kann, als ob das Antecedens die Konklusion ist. Bei dem Antecedens handelt es sich um eine negierte Aussagenvariable, sodass man A als weitere Annahme setzen kann.

3.5.2.2 Konjunktion als Konklusion

Konjunktor in der Konklusion

Ist die Hauptpartikel der Konklusion ein Konjunktor (𝔄∧𝔅), wird die Konklusion über die Anwendung der ∧E-Regeln hergeleitet. Hierfür müssen sowohl (𝔄) als auch (𝔅) hergeleitet werden.

𝔓 ⊢ A∧B		
1. 𝔓	P	(1)
2.		

Wie Sie sehen, bringt dieser Hinweis noch nicht wirklich viel! Aber es wurde schon angedeutet, dass die Heuristiken auch kombiniert werden können. So verhält es sich bei folgendem Beispiel:

𝔓 ⊢ ¬A∧¬B		
1. 𝔓	P	(1)
2. A	A	(2)
3. B	A	(3)

In diesem Fall ist die Konklusion eine Konjunktion von zwei negierten Aussagen. Um die ∧E-Regel anwenden zu können, müssen die negierten Aussagen hergeleitet werden. Dementsprechend kann man so tun, als ob zwei Negationen (als Konklusionen) bewiesen werden müssen und so die Heuristik für die Negation in der Konklusion angewandt werden.

3.5.2.3 Disjunktion als Konklusion

Disjunktor in der Konklusion

Ist die Hauptpartikel der Konklusion ein Disjunktor ($\mathfrak{A} \vee \mathfrak{B}$), wird die Konklusion über die Anwendung der $\vee$E-Regeln hergeleitet. Um diese Regel anwenden zu können, muss ein Disjunktionsglied ($\mathfrak{A}$ oder $\mathfrak{B}$) bereitgestellt werden.

$\mathfrak{P} \vdash A \vee B$		
1. $\mathfrak{P}$	P	(1)
2.		

Auch dieser Hinweis bringt in manchen Fällen nicht wirklich viel. Aber wie bei der Konjunktion in der Konklusion ist diese Regel in Verbindung mit anderen Heuristiken sehr hilfreich.

$\mathfrak{P} \vdash \neg A \vee B$		
1. $\mathfrak{P}$	P	(1)
2. A	A	(2)

In diesem Fall ist ein Disjunktionsglied eine Negation, sodass man die Position als Annahme zu den Prämissen (wenn vorhanden) hinzufügt.

Bei einer Disjunktion in der Konklusion ist es in manchen Fällen (und auch nicht nur bei der Disjunktion) erforderlich, einen indirekten Beweis zu führen. An dem Beweis des Satzes vom ausgeschlossenen Dritten kann man zeigen, wie die Heuristiken helfen, Beweisstrategien zu entwickeln.

$\vdash \neg A \vee A$		
1. $\neg(\neg A \vee A)$	A	(1)
2. A	A	(2)

Die erste Annahme ist die Annahme für den indirekten Beweis. Bei dieser Annahme handelt es sich um eine Negation, bei der man so tun kann, als ob es eine Prämisse ist. Dementsprechend besteht die nächste Aufgabe in dem Beweis darin, die Position herzuleiten, um einen Widerspruch zu erzeugen. Hierfür muss eine Disjunktion hergeleitet werden. Da ein Disjunktionsglied eine Negation ist, kann als zweite Annahme A gesetzt werden.

3.5.2.4 Subjunktion als Konklusion

Subjunktor in der Konklusion

Ist die Hauptpartikel der Konklusion ein Subjunktor ($\mathfrak{A}\rightarrow\mathfrak{B}$), wird die Konklusion über die Anwendung der →E-Regeln hergeleitet. Um diese Regel anwenden zu können, muss das Antecedens ($\mathfrak{A}$) angenommen und das Sukcedens hergeleitet werden. Dementsprechend kann den Prämissen (wenn vorhanden) das Antecedens als Annahme hinzugefügt werden. Folgendes Beispiel veranschaulicht diesen Fall:

$\mathfrak{P} \vdash A\rightarrow B$

1. $\mathfrak{P}$	P	(1)
2. A	A	(2)

Auch diese Heuristik kann mit anderen kombiniert werden. Betrachten wir hierzu ein weiteres Beispiel:

$\mathfrak{P} \vdash A\rightarrow\neg B$

1. $\mathfrak{P}$	P	(1)
2. A	A	(2)
3. B	A	(3)

In diesem Beispiel ist das Antecedens wieder A, aber das Sukcedens ist ¬B. Da das Sukcedens hergeleitet werden muss, kann man so tun, als ob das Sukcedens die Konklusion ist. Dementsprechend ist die Heuristik für die Negation in der Konklusion einschlägig und man kann die Position (B) als Annahme hinzufügen.

3.5.2.5 Bisubjunktion als Konklusion

Bisubjunktor in der Konklusion

Auch beim Bisubjunktor als Hauptpartikel in der Konklusion ist die gezeigte Äquivalenz einer Bisubjunktion ($\mathfrak{A}\leftrightarrow\mathfrak{B}$) mit einer Konjunktion von zwei Subjunktionen ($(\mathfrak{A}\rightarrow\mathfrak{B})\wedge(\mathfrak{B}\rightarrow\mathfrak{A})$) einschlägig. Dementsprechend kann auf die Heuristik zur Subjunktion in der Konklusion zurückgegriffen werden.

3.6 Aufgaben zum aussagenlogischen Kalkül des natürlichen Schließens

1. Beweisen Sie:
   - 1.1 $A\wedge B \vdash B\wedge A$
   - 1.2 $B\wedge A \vdash A\wedge B$
   - 1.3 $(A\wedge B)\wedge C \vdash A\wedge(B\wedge C)$
   - 1.4 $A\wedge(B\wedge C) \vdash (A\wedge B)\wedge C$
   - 1.5 $(A\vee B)\vee C \vdash A\vee(B\vee C)$
   - 1.6 $A\vee(B\vee C) \vdash (A\vee B)\vee C$
   - 1.7 $A\wedge(B\vee C) \vdash (A\wedge B)\vee(A\wedge C)$
   - 1.8 $(A\wedge B)\vee(A\wedge C) \vdash A\wedge(B\vee C)$
   - 1.9 $A\vee(B\wedge C) \vdash (A\vee B)\wedge(A\vee C)$
   - 1.10 $(A\vee B)\wedge(A\vee C) \vdash A\vee(B\wedge C)$
   - 1.11 $\neg(A\wedge B) \vdash \neg A\vee\neg B$
   - 1.12 $\neg A\vee\neg B \vdash \neg(A\wedge B)$
   - 1.13 $\neg(A\vee B) \vdash \neg A\wedge\neg B$
   - 1.14 $\neg A\wedge\neg B \vdash \neg(A\vee B)$
   - 1.15 $\vdash A\rightarrow(B\rightarrow A)$
   - 1.16 $\vdash B\rightarrow(A\rightarrow A)$
   - 1.17 $\vdash A\rightarrow(B\rightarrow A\wedge B)$
   - 1.18 $\vdash A\rightarrow((A\rightarrow B)\rightarrow B)$
   - 1.19 $\vdash A\wedge\neg A\rightarrow B$
   - 1.20 $\neg A \vdash A\rightarrow B$
   - 1.21 $A\rightarrow B, B\rightarrow C \vdash A\rightarrow C$
   - 1.22 $A\rightarrow B, A\rightarrow C \vdash A\rightarrow B\wedge C$
   - 1.23 $A\wedge B, C\rightarrow\neg B, C\vee D \vdash E\rightarrow D$
   - 1.24 $A\rightarrow B, C\rightarrow D, \neg B\vee\neg D \vdash \neg A\vee\neg C$
   - 1.25 $\vdash ((A\rightarrow B)\rightarrow A)\rightarrow A$

4. Prädikatenlogik erster Stufe

4.1 Grenzen der Aussagenlogik

Um die Grenzen der Aussagenlogik zu verdeutlichen, kommen wir nochmals auf den kategorischen Syllogismus zurück. Wenn der in dieser Einführung dargestellte Teilbereich der Syllogistik auch sehr eingeschränkt ist, so erlaubt er doch die Thematisierung von bestimmten Schlüssen, die mit den Mitteln der Aussagenlogik nicht thematisiert werden können.

Der Schluss (Aus: MaP und SaM folgt: SaP) könnte in der Aussagenlogik nicht als gültig ausgewiesen werden. Formalisiert man diesen Schluss mit den Mitteln der Aussagenlogik, erhält man folgende Belegung für die Aussagenvariablen: A: Alle M sind P, B: Alle S sind M und C: Alle S sind P. Der Schluss hätte in der Aussagenlogik folgende Gestalt: A, B ⊢ C und könnte damit nicht als gültig ausgewiesen werden. Es lässt sich kein Beweis im Kalkül führen, da keine Junktoren vorkommen. Zudem erweist sich der Schluss auch semantisch als ungültig. Die Interpretation des Schlusses hat folgende Gestalt:

A,	B	⊨	C
w	**w**		w
f	w		w
w	f		w
f	f		w
w	**w**		f
f	w		f
w	f		f
f	f		f

In der fünften Interpretation sind zwar alle Prämissen wahr, die Konklusion aber falsch, somit ist der Schluss semantisch ungültig.

Bei dieser Formalisierung wurden keine Fehler gemacht und es scheint sogar so, dass die einzelnen Aussagen (A, B und C) überhaupt nichts miteinander zu tun hätten. Dies ist nicht verwunderlich, da die Aussagenlogik von der logischen Binnenstruktur der Aussagen absieht und nur die Aussagenverknüpfung thematisiert. So gesehen kann es auch nicht anders sein, dass Schlüsse, die auf die logische Binnenstruktur Bezug nehmen, nicht abgebildet werden können.

In Bezug auf die Syllogistik wurde bereits festgehalten, dass sie extrem eingeschränkt ist. Es wäre dementsprechend gut, wenn es eine Logik gebe, die wie die Syllogistik die logische Binnenstruktur von Aussagen erfassen kann, dabei aber nicht so eingeschränkt ist. Diese liegt in Form der Prädikatenlogik erster Stufe vor und in diese wird im folgenden Kapitel eingeführt werden.

4.2 Die Unterscheidung von Prädikatoren und Nominatoren in der Prädikatenlogik erster Stufe

Für die weitere Analyse können zum einen (1) die Partikel der Syllogistik (a, e, i und o) als Orientierung dienen. Zum anderen (2) kann der syllogistische Aussagesatz als Ansatzpunkt dienen. Es soll mit dem zweiten Punkt begonnen werden.

Betrachten wir hierzu folgendes Beispiel:

Alle Menschen sind sterblich.
Sokrates ist ein Mensch.
____
Sokrates ist sterblich.

Im Kapitel zur Syllogistik wurde in Bezug auf den zweiten Punkt festgehalten, dass der syllogistische Aussagesatz ein Verhältnis von zwei Begriffen zum Ausdruck bringt. Für diese Prädikate konnten Platzhalter gewählt werden. Dies ist etwas, dass auch weiterhin darstellbar sein sollte. Während der Auseinandersetzung mit dem syllogistischen Aussagesatz ist deutlich geworden, dass bei Aristoteles sowohl eine syntaktische Bestimmung des Prädikats bzw. des Begriffs als auch eine semantische vorliegen. Die syntaktisch unterschiedenen Subjekt- und Prädikatbegriffe sind in semantischer Hinsicht Prädikate. Es wird dementsprechend zu entscheiden sein, ob dies in der Prädikatenlogik erster Stufe auch noch so sein wird. An dieser Stelle kann aber schon mal festgehalten werden, dass für die Thematisierung der logischen Binnenstruktur von Aussagen in jedem Fall ein semantisches Verständnis von Prädikaten benötigt wird.

Das eben Gesagte trifft auf die Struktur der ersten Prämisse des obigen Arguments zu. Die zweite Prämisse (Sokrates ist ein Mensch) passt gerade nicht zu der Bestimmung des syllogistischen Aussagesatzes. Denn der Ausdruck „Sokrates“ ist kein Prädikat. Der Ausdruck „Sokrates“ ist ein Eigenname. Obgleich der obige Schluss gültig ist, kann dies nicht mit den hier dargestellten Mitteln der Syllogistik gezeigt werden. Umgangssprachlich gesagt wird in dem Schluss zum Ausdruck gebracht, dass alle Gegenstände, die unter das Prädikat „Mensch“ fallen auch unter das Prädikat „sterblich“ fallen. Der mit dem Eigennamen „Sokrates“ bezeichnete Gegenstand fällt nun unter das Prädikat „Mensch“ also fällt er auch unter das Prädikat „sterblich“. An diesem einfachen Beispiel zeigt sich die Beschränktheit der Syllogistik. Die Beschränktheit der Semantik zeigt sich in der Fokussierung auf Prädikate. Auch in der Syntax konnten die Begriffe an Subjekts- und Prädikatsstelle auftreten. Die erste Prämisse könnte man zur wohlgeformten (aber falschen) Aussage „Alles Sterbliche ist menschlich.“ umformen. Man kann aber nicht korrekterweise formulieren „Alle Menschen sind Sokrates.“ Nur Prädikate können an der Prädikatstelle auftreten, Eigennamen aber nicht.

‚Sokrates‘ ist kein Prädikat

Man muss neben Prädikaten auch noch andere sprachliche Ausdrücke thematisieren können und die Prädikatenlogik erster Stufe muss neben Prädikaten noch andere Ausdrücke beinhalten.[77]

4.3 Semantik der Prädikatenlogik erster Stufe

Am Ende des Kapitels 4.2 haben wir einige Anforderungen an die Ausdrucksstärke der Prädikatenlogik erster Stufe angeführt. An einem Beispiel wurde deutlich, dass zwischen Prädikaten und Eigennamen unterschieden werden muss. Zu den Prädikaten sagt man innerhalb der Logik und Sprachphilosophie auch „Prädikatoren“. Eigennamen fallen unter die Nominatoren, von denen es noch andere gibt.

77 Gottlob Frege: Über den Zweck der Begriffsschrift. In: Ignacio Angelelli (Hg.): Begriffsschrift und andere Aufsätze. Hildesheim u.s.: Olms, 6. Nachdruck der zweiten Auflage, 2007, S. 97–106.

4.3.1 Zu den Prädikatoren

Semantik von Prädikatoren

Mit dem Ausdruck „sterblich“ bezeichnet man ein einstelliges Prädikat. Damit man eine vollständige Aussage erhält, muss das Prädikat um einen weiteren Ausdruck ergänzt werden (Menschen sind sterblich. oder: Sokrates ist sterblich.). Das Prädikat „sterblich“ kann man halbformal auch so ausdrücken: „ ... ist sterblich“. Man spricht bei Prädikaten auch von ungesättigten Ausdrücken, da diese durch einen weiteren Ausdruck gesättigt werden müssen, um eine vollständige Aussage zu bilden.[78] Die Pünktchen drücken aus, wie viele Ausdrücke erforderlich sind, um eine vollständige Aussage zu bilden (oder auch die Aussageform zu erfüllen). Je nachdem, wie viele Ergänzungen erforderlich sind, spricht man von der Stelligkeit der Prädikatoren. „ ... ist sterblich“ ist dementsprechend ein einstelliges Prädikat. „ ... ist verheiratet mit ...“ wäre ein zweistelliges Prädikat. Bei mehrstelligen Prädikatoren spricht man auch von Relatoren. Manchmal ist bei der Formalisierung Vorsicht geboten. Manchmal liest oder hört man Sätze wie „Deutsche Atomkraftwerke sind sicher.“ Hierbei scheint „ ... ist sicher“ ein einstelliges Prädikat zu sein. Denkt man etwas weiter darüber nach, kommt man darauf, dass „ ... ist sicher“ eigentlich ein dreistelliger Relator ist: „ ... ist sicherer als ... im Hinblick auf ...“, d.h. dass dieser Relator komparativ gebraucht wird. Die Aussage müsste dementsprechend in folgende Aussage umgeformt werden: „Deutsche Atomkraftwerke mit zwei Kühlkreisen sind sicherer als Atomkraftwerke mit einem Kühlkreis.“[79] In Bezug auf die Prädikatoren kann festgehalten werden, dass Prädikatoren n-stellig sind und ihnen gemeinsam ist, dass sie Gegenständen zu- oder abgesprochen werden können.[80]

---

78 Gottlob Frege: Funktion und Begriff. In: Mark Textor (Hg.): Funktion, Begriff, Bedeutung. Göttingen: Vandenhoek und Ruprecht, 2002, S.2–23.

79 An diesem Beispiel sieht man, dass die Beschäftigung mit Logik auch dabei hilft, die Aussagen (seien es die eigenen oder von einem anderen) präzisier zu formulieren.

80 Gottlob Frege: Funktion und Begriff. In: Mark Textor (Hg.): Funktion, Begriff, Bedeutung. Göttingen: Vandenhoek und Ruprecht, 2002, S.2–23.

4.3.2 Zu den Nominatoren

Semantik von Nominatoren

Allen Nominatoren ist gemein, dass man sich mit ihnen auf Gegenstände beziehen kann. Neben den Eigennamen haben wir in den Vorbemerkungen bereits die Indikatoren (indexikalischen Ausdrücke) kennengelernt, bei denen man immer nur kontextsensitiv den Gegenstand bestimmen kann, auf den man referiert. Man kann sich auch mit Kennzeichnungen auf Gegenstände beziehen. „Der Lehrer Platons“ bezieht sich wie der Eigenname „Sokrates“ auf die Person Sokrates.

Nicht referierende Nominatoren

Innerhalb der Modelltheorie, dies haben wir bereits bei der Aussagenlogik gesehen, soll die Wahrheit von komplexen Aussagen aus den Wahrheitswerten der Elementaraussagen eindeutig bestimmt werden können. Hier ist es erforderlich, dass die einzelnen Aussagen überhaupt einen Wahrheitswert haben. Die Modelltheorie fordert dementsprechend, dass die Ausdrücke referieren, da ansonsten nicht über den Wahrheitswert einer Aussage entschieden werden kann. Hier entsteht nun das Problem, wie man mit Ausdrücken umgeht, die nicht referieren. Dieses Problem besteht bei erfundenen Eigennamen: „Takamanaka ist ein weiser Mann.“, aber auch bei Aussagen, in denen Kennzeichnungen verwendet werden: „Der Lehrer von Takamanaka ist männlich.“

Kennzeichnungen

Für Frege sind Aussagen, die nicht referierende Kennzeichnungen enthalten, weder wahr noch falsch, da nicht über deren Wahrheitswert entschieden werden kann. Dabei hat Frege Kennzeichnungen als Eigennamen verstanden. Russel geht anders mit Kennzeichnungen um, für ihn sind Kennzeichnungen in der Art des obigen Beispiels falsch. Dies liegt an einer anderen Analyse von kennzeichnenden Ausdrücken. Dieser Analyse liegt die Einsicht zugrunde, dass man mit Kennzeichnungen[81] zwar wie mit Eigennamen auf einen einzelnen Gegenstand Bezug nehmen kann, dass dies aber nicht die Hauptfunktion ist. Die obige Kennzeichnung beinhaltet nach Russel drei Bedingungen:

1. Es gibt mindestens einen Lehrer von Takamanaka.
2. Es gibt höchstens einen Lehrer von Takamanaka.
3. Alles, was der Lehrer von Takamanaka ist, ist männlich.

81 Genauer: Es geht an dieser Stelle um bestimmte Kennzeichnungen. Kennzeichnungen können auch unbestimmt sein, sodass diese nicht nur auf einen Gegenstand Bezug nehmen. Vgl. Bertrand Russel: On Denoting. In: Mind. 56 H 14, Oxford: Oxford, 1905, S.479–493.

Dies führt dazu, dass die Aussage: „Der Lehrer von Takamanaka ist männlich." falsch ist, da es niemanden gibt, der der Lehrer von Takamanaka ist. Damit verlassen wir aber das spannende Feld der Kennzeichnungen.[82] Im Folgenden legen wir uns darauf fest, dass wir nur Eigennamen als Nominatoren verwenden werden.

4.4 Elementaraussagen und die Syntax der Prädikatenlogik erster Stufe

Prädikatenlogische Elementaraussage

Im Kapitel 3.1 zur Aussagenlogik wurde eine Elementaraussage als eine Aussage bestimmt, die keine logischen Partikel enthält. Durch die obigen Unterscheidungen haben die Elementaraussagen eine andere Struktur. Eine Elementaraussage in der Prädikatenlogik erster Stufe besteht aus Prädikatoren und Nominatoren (bei uns ausschließlich Eigennamen), wie beispielsweise „Sokrates ist sterblich", „Karla ist mit Peter verheiratet." oder „Fritz ist Raucher."

Logisches Subjekt und Prädikat

Im Folgenden legen wir uns darauf fest, dass wir (und damit sprechen wir über die Syntax der Prädikatenlogik erster Stufe) Prädikatoren in Großbuchstaben und Eigennamen in Kleinbuchstaben schreiben wollen. Als über den syllogistischen Aussagesatz gesprochen wurde, haben wir zwischen dem Subjekt- und dem Prädikatbegriff unterschieden. Je nachdem an welcher Stelle ein Begriff in einem syllogistischen Aussagesatz vorkommt, ist der Begriff das eine oder das andere. In der Prädikatenlogik erster Stufe wird nicht zwischen Subjekt- und Prädikatbegriff unterschieden, sondern zwischen logischem Subjekt und Prädikat. Aber in der Prädikatenlogik erster Stufe kann an der Stelle des logischen Prädikats nur ein Prädikator stehen. An der Stelle des logischen Subjektes kann nur ein Nominator stehen. Zur Veranschaulichung werden die folgenden Aussagen formalisiert:

Sokrates ist sterblich.

82 Sie sollten sich aber mit Kennzeichnungstheorien beschäftigen. Beispielsweise verwendet Edmund Gettier in seinem Aufsatz: Is Justified true Belief Knowledge? Kennzeichnungen um Beispiele zu konstruieren, die anscheinend die klassische Wissensanalyse in Zweifel ziehen. Hierbei kann man sich die Frage stellen, ob es zulässig ist, auf eine Kennzeichnung zu schließen oder ob hierbei nicht die Einzigkeitsbedingung verletzt wird.

Kann formalisiert werden mit der Belegung für S: ... ist sterblich. und für s: Sokrates, sodass sich folgende Formalisierung ergibt: Ss.
Die Aussage:

> Karla ist mit Peter verheiratet.

Kann formalisiert werden mit der Belegung für V: ... ist verheiratet mit .... und für k: Karla und für p: Peter, sodass sich folgende Formalisierung ergibt: Vkp.
Die Aussage:

> Fritz ist Raucher.

Kann formalisiert werden mit der Belegung für R: ... ist Raucher und für f: Fritz, sodass sich folgende Formalisierung ergibt: Rf

Gebrauch der Junktoren

Des Weiteren bleiben alle Aussagenverknüpfungen ($\wedge$, $\vee$, $\neg$, $\rightarrow$, $\leftrightarrow$) der Aussagenlogik samt deren Regeln im Kalkül des natürlichen Schließens erhalten. Diese wurden im letzten Kapitel als Aussagenverknüpfungen eingeführt. Mit der gerade eingeführten Unterscheidung zwischen Prädikatoren und Nominatoren wird die Struktur einer Elementaraussage zwar komplexer, aber sie kann mit den Junktoren und anderen Aussagen verbunden werden. Betrachten wir hierzu folgendes Beispiel:

> Wenn Sokrates ein Gott ist, dann ist er nicht sterblich.
> Sokrates ist sterblich.
> ___
> Sokrates ist kein Gott.

Für die Formalisierung des Schlusses wird folgende Belegung für die Prädikatoren und Eigennamen gewählt: G: ... ist ein Gott, S: ... ist sterblich und s: Sokrates. Damit lässt sich der Schluss wie folgt formalisieren:

$Gs \rightarrow \neg Ss, Ss \vdash \neg Gs$

Dieser Schluss lässt sich allein unter Verwendung der aussagenlogischen Regeln des Kalküls des natürlichen Schließens als gültig ausweisen. Auch wenn die Struktur der einzelnen Aussagen im Vergleich zur aussagenlogischen Darstellung komplexer ist, handelt es sich doch um die bereits als gültig ausgewiesene Schlussfigur des Modus Tollens. Dies wird deutlich, wenn man den prädikatenlogischen Beweis neben den aussagenlogischen stellt:

1. $Gs \rightarrow \neg Ss$	P		(1)	1. $A \rightarrow \neg B$	P		(1)
2. Ss	P		(2)	2. A	P		(2)
3. Gs	A		(3)	3. B	A		(3)
4. $\neg Ss$	($\rightarrow$B)	1, 3	(1, 3)	4. $\neg B$	($\rightarrow$B)	1, 3	(1, 3)
5. $\curlywedge$	($\neg$B)	2, 4	(1, 2, 3)	5. $\curlywedge$	($\neg$B)	2, 4	(1, 2, 3)
6. $\neg Gs$	($\neg$E)	3, 5	(1, 2, ~~3~~)	6. $\neg B$	($\neg$E)	3, 5	(1, 2, ~~3~~)

Alle und Einige in der Prädikatenlogik

Damit wäre man nun zwar in der Lage, die Struktur von Aussagen differenzierter, auszudrücken, aber man wäre immer noch nicht in der Lage, die logischen Partikel der Syllogistik auszudrücken und somit hätte man die Aussagenlogik nicht wirklich verlassen. Kommen wir deshalb nochmals auf den obigen Schluss zurück und schauen, wie die Ausdrücke „alle“ (und „einige“) in der Prädikatenlogik erster Stufe gebraucht werden könnten.

Alle Menschen sind sterblich.
Sokrates ist ein Mensch.
Sokrates ist sterblich.

Mit den bisher etablierten Mitteln könnten die folgenden Bestandteile des Argumentes mit der Belegung M: ... ist ein Mensch, S: ... ist sterblich und s: Sokrates, wie folgt formalisiert werden:

M ... a S ...
Ms
Ss

Es bereitet also nur die erste Prämisse Schwierigkeiten. In der ersten Prämisse sind nur Prädikate enthalten (M und S). Es ist aber nicht deutlich, welche Nominatoren auftreten (dies soll durch die drei Punkte angedeutet werden). Ebenso ist auch nicht klar, wie die logische Partikel a aus der Syllogistik in der Prädikatenlogik erster Stufe übertragen werden kann. Beginnen wir mit den Nominatoren:

Individuenkonstanten und -variablen

Die erste Prämisse soll zum Ausdruck bringen, dass alle Gegenstände, die unter den einen Begriff fallen, auch unter den anderen Begriff fallen. Es geht mithin nicht darum, auf einzelne Gegenstände Bezug zu nehmen. Bisher wurden Kleinbuchstaben eingeführt, mit denen man auf konkrete Gegenstände Bezug nehmen kann. Im obigen Beispiel wurde der Eigenname „Sokrates“, mit dem man sich auf die Person Sokrates bezieht, mit dem Kleinbuchstaben s formalisiert. Diese werden auch als Individuenkonstanten bezeichnet. An der Stelle des logischen Subjekts können bis jetzt nur Individuenkonstanten verwendet werden. Wenn dies so bleibt, kann keine Allaussage gebildet werden, da auf diese Weise kein Platzhalter für alle möglichen Gegenstände ausgedrückt werden kann. Die Prädikate kämen immer nur der jeweiligen Person zu. In Bezug auf die Syntax der Prädikatenlogik erster Stufe muss entsprechend zwischen Individuenkonstanten und -variablen unterschieden werden. Individuenvariablen sind Platzhalter für Ausdrücke, die sich auf Gegenstände beziehen können. An dieser Stelle wollen wir uns darauf festlegen, dass man für Individuenkonstanten Kleinbuchstaben vom Anfang des Alphabets (a, b, c) verwendet und für Individuenvariablen Kleinbuchstaben vom Ende des Alphabets (x, y, z). Vor dem Hintergrund dieser Festlegung könnte die erste Prämisse nun weiter, wie folgt, formalisiert werden:

Mx a Sx

Der Allquantor

Damit sind wir aber noch nicht am Ende der Formalisierung. Umgangssprachlich soll durch die erste Prämisse Folgendes ausgedrückt werden: Was auch immer unter das Prädikat M fällt, fällt auch unter das Prädikat S. Innerhalb der Logik sollen die logischen Partikel durch eigene Zeichen ausgedrückt werden. Dementsprechend wird die logische Partikel a aus der Syllogistik und das „Was auch immer" der umgangssprachlichen Formulierung durch ein eigenes Zeichen ausgedrückt werden müssen. Die logische Partikel a aus der Syllogistik soll zum Ausdruck bringen, dass *alle* Gegenstände, die unter das Prädikat M fallen, auch unter das Prädikat S fallen. Folgendes Zeichen ⋀ soll verwendet werden, um auszudrücken, dass eine Formel für alle Gegenstände gelten soll. Bei diesem Zeichen handelt es sich um den Allquantor. Damit könnte der obige Schluss nun weiter formalisiert werden:

$\bigwedge x\ Mx \dots Sx$

Umgangssprachlich könnte diese vorläufige Formel ausgedrückt werden: Für alle Gegenstände ist es so (oder gilt), dass diese Gegenstände unter das Prädikat M fallen und (hier fällt auf, dass eine nähere Bestimmung des Verhältnisses der beiden Aussagen noch aussteht) in irgendeiner Art und Weise diese Gegenstände auch unter das Prädikat S fallen. Der Allquantor (und auch der Existenzquantor) beziehen sich auf Individuenvariablen.[83]

Reformulierung von SaP

Es muss also noch die Beziehung zwischen den Aussagen bestimmt werden, um die Formalisierung zu vervollständigen. Zu diesem Zweck betrachten wir nochmals die umgangssprachliche Formulierung: „Was auch immer unter das Prädikat M fällt, fällt auch unter das Prädikat S." Durch diese Formulierung wird zum Ausdruck gebracht, dass für alle Gegenstände gelten soll, dass, wenn ein Gegenstand unter das Prädikat M fällt, dann fällt der Gegenstand auch unter das Prädikat S. Es handelt sich also um eine Subjunktion. Damit könnte der obige Schluss nun weiter, wie folgt, formalisiert werden:

83 In der Prädikatenlogik zweiter Stufe kann auch über Prädikate quantifiziert werden.

$\bigwedge x\ (Mx \rightarrow Sx)$[84]

Gebundene und freie Variablen

Bevor wir zu den Kalkülregeln des Allquantor kommen, soll noch auf den Unterschied zwischen gebundenen und freien Variablen eingegangen werden. Die in der obigen Formel auftretende Individuenvariable ist eine gebundene Variable. Eine Variable ist genau dann gebunden, wenn sie einem Quantor zugeordnet ist. Die Formel heißt dann auch „geschlossen". Wenn die Variable nicht durch einen Quantor gebunden ist, dann ist sie frei. Die Formel heißt dann „offen". Diese werden in diesem Kalkül ausgeschlossen. Individuenvariablen dürfen nur gebunden verwendet werden. In diesem Zusammenhang sind die Klammern wichtig. Bei dieser Formel:

$\bigwedge x\ Mx \rightarrow Sx$

bezieht sich der Allquantor nur auf das Antecedens. Dementsprechend handelt es sich bei dem ersten Vorkommnis von x um eine gebundene Individuenvariabel und beim zweiten Vorkommnis von x um eine freie Individuenvariabel.

Der Allquantor als Großkonjunktor

Wie können wir den Allquantor als eine logische Partikel verstehen? Im Kapitel 3.1 zur Aussagenlogik wurden die Junktoren als diejenigen Partikel bestimmt, über deren Wahr- bzw. Falschheit man allein aufgrund der Wahr- bzw. Falschheit von Teilaussagen entscheiden kann. Frege bestimmt Prädikate als Funktionen, die Gegenständen Wahrheitswerte zuordnen.[85] Kann man nun eine Allaussage so verstehen, dass diese genau dann wahr ist, wenn alle Aussagen des gesamten Wertverlaufs des Prädikats durch Konjunktionen verbunden sind? Betrachten wir hierzu ein Beispiel:

Alle Präsidenten der Vereinigten Staaten von Amerika sind männlich.

84 Gesprochen: Für alle x gilt, dass wenn sie unter M fallen, dann fallen sie auch unter S.

85 Siehe: Gottlob Frege: Funktion und Begriff. In: Mark Textor (Hg.): Funktion, Begriff, Bedeutung. Göttingen: Vandenhoek und Ruprecht, 2002, S.2–23.

$\bigwedge x(Px \rightarrow Mx)$
P: ... ist Präsident der Vereinigten Staaten von Amerika.
M: ... ist männlich.

Nun kann man alle bisherigen Präsidenten der Vereinigten Staaten von Amerika aufzählen und feststellen, dass sie männlich sind. Für die Darstellung verwenden wir die zur Subjunktion äquivalente Formel (¬(Pw[86]∧¬Mw)). Die obige allquantifizierte Formel kann nun wie folgt dargestellt werden:

(¬(Pw∧¬Mw))∧(¬(Pa[87]∧¬Ma))∧ ... (¬(Pt[88]∧¬Mt))
∧(¬(Pb[89]∧¬Mb))

Wenn diese Konjunktion wahr ist, dann ist die allquantifizierte Formel auch wahr. Der Allquantor wird aufgrund dieses Zusammenhangs auch „Großkonjunktor" genannt. Allgemein könnte man formulieren:

$\bigwedge x \mathfrak{A}x \leftrightarrow \mathfrak{A}n_1 \wedge \mathfrak{A}n_2 \wedge \ldots \mathfrak{A}n_n$

An dem verwendeten Beispiel wird aber deutlich, dass dieses Verständnis bei wirklichen Allaussagen, wie beispielsweise Naturgesetze, zu Problemen führt. Denn wie sollen endlose Wahrheitstafeln geführt werden? Dies deutet daraufhin, dass die Quantoren nicht auf die Junktoren zurückgeführt werden können.[90]

86 w steht für den Eigennamen George Washington.
87 a steht für den Eigennamen John Adams.
88 t steht für den Eigennamen Donald Trump.
89 b steht für den Eigennamen Joe Biden.
90 Es wird an dieser Stelle auf die Erweiterung der Interpretationsfunktion für den All- und Existenzquantor verzichtet. Bei diesem muss sichergestellt sein, dass jedem Nominator ein Referent zugewiesen wird, damit entschieden werden kann, ob die Prädikatoren für die entsprechenden Nominatoren den Wert w oder f zugeordnet wird. Hierüber kann den Elementarsätzen der Wert w oder

4.5 Die Einführungs- und Beseitigungsregel für den Allquantor

Einführungsregel des Allquantors

Kommen wir damit zur der Einführungs- und Beseitigungsregel des Allquantor im Kalkül des natürlichen Schließens. Wir beginnen mit der schwierigeren Regel: der ⋀E-Regel. Die Schwierigkeit besteht darin, sich zu verdeutlichen, was diese Regel besagen soll.

$(\bigwedge E)\ \mathfrak{A}c_{L} \Rightarrow \bigwedge \mathfrak{x}\mathfrak{A}_{L} \quad | \quad \mathbb{F}c\mathfrak{x}\mathfrak{A}$

In Worten besagt diese Übergangserlaubnis Folgendes: Es ist erlaubt, von einer beliebig komplexen Aussage, in der eine Individuenkonstante (die auch an mehreren Stellen vorkommen kann) vorkommt, zu einer allquantifizierten Formel überzugehen, in der die Individuenkonstante durch eine Individuenvariable ersetzt wird, wenn die Individuenkonstante frei für die Variable ist. Dass die Individuenkonstante frei für die Variable ist, bedeutet, dass die (beliebig komplexe) Aussage nicht nur für diese bestimmte Individuenkonstante wahr ist, sondern für beliebige Individuenkonstanten (was nichts anderes besagt, als dass diese Aussage für alle gilt).

Beispiel

Für welche Aussagen gelten diese Bestimmungen? Innerhalb der klassischen Logik kann die Allquantoreinführung auf logische Gesetze angewandt werden. Bei diesen Aussagen hängt die (logische) Wahrheit nur von der Bedeutung der logischen Partikel ab. Dementsprechend gilt diese Aussage für alle Individuenkonstanten, da die Individuenkonstanten für die Beurteilung der Wahrheit der Aussage irrelevant sind. Machen wir uns dies an einem Beispiel deutlich: Versuchen wir die prädikatenlogische Formulierung des Satzes vom ausgeschlossenen Widerspruch ($\bigwedge x\ \neg(Ax \wedge \neg Ax)$) zu beweisen.

f zugeordnet werden. Darüber lassen sich dann die Wahrheitswerte der komplexen Aussagen bestimmen und auch der von all- oder existenzquantifizierten Aussagen. Letztere sind wahr, wenn alle oder mindestens ein Nominator die entsprechende Aussageform erfüllt.

$\vdash \bigwedge x\, \neg(Ax \wedge \neg Ax)$			
1. $Aa \wedge \neg Aa$	A		(1)
2. Aa	($\wedge B_1$)	1	(1)
3. $\neg Aa$	($\wedge B_2$)	1	(1)
4. ⅄	($\neg B$)	2, 3	(1)
5. $\neg(Aa \wedge \neg Aa)$	($\neg E$)	1, 4	(~~1~~)
6. $\bigwedge x\, \neg(Ax \wedge \neg Ax)$	($\bigwedge E$)	5	( )

Zur Erläuterung des Beweises lässt sich Folgendes sagen: Die Hauptpartikel der Konklusion ist zwar der Allquantor und dementsprechend wird der letzte Schritt des Beweises die Anwendung der $\bigwedge$E-Regel sein, aber zuvor muss eine negierte Aussage hergeleitet werden. Die Heuristik für eine negierte Konklusion besagt nun, dass man die Position annimmt und versucht, einen Widerspruch herzuleiten. Diese Annahme wurde in Zeile 1 gesetzt. Wenn man die Annahme betrachtet, sieht man, dass es sich um eine Konjunktion handelt. Zwischen den Teilaussagen der Konjunktion besteht ein Widerspruch (Aa und $\neg$Aa). Dieser Widerspruch muss entwickelt werden. Dies geschieht über die Anwendung der $\wedge B_1$-Regel und $\wedge B_2$-Regel in den Zeilen 2 und 3. In Zeile 4 kann der Widerspruch konstatiert werden, indem auf die Zeile 2 und 3 die $\neg$B-Regel angewandt wird. Die Annahme in Zeile 1 ist also widersprüchlich, sodass sie mit Hilfe der $\neg$E-Regel beseitigt und die Annahme negiert wird. Damit ist die Abhängigkeitsliste in Zeile 5 leer. Die Wahrheit der Aussage hängt also nicht von der Wahl der Individuenkonstante (a) in Zeile 1 ab, sondern nur von der Bedeutung der logischen Partikel $\neg$ und $\wedge$. Dementsprechend ist der Übergang zur allquantifizierten Formel in Zeile 6 erlaubt, da die Aussage für alle Individuenkonstanten gültig ist (somit ist die Individuenkonstante a frei für die Individuenvariable x).

Wenn Sie sich fragen, ob die Allquantoreinführung zulässig ist, überprüfen Sie, ob in der Abhängigkeitsliste der Zeile, auf die Sie die $\bigwedge$E-Regel anwenden wollen, eine Zeile notiert ist, in der die entsprechende Individuenkonstante vorkommt. Wenn dies der Fall ist, ist die Anwendung der $\bigwedge$E-Regel nicht zulässig, da die Wahl der Individuenkonstante dann nicht beliebig war.

Weiteres Beispiel

Neben diesen Fällen ist es auch gestattet, die $\bigwedge$E-Regel anzuwenden, wenn unter den Prämissen bereits eine allquantifizierte Formel vorhanden ist. Denken Sie an folgenden Schluss:

Alle Käfer sind Insekten
<u>Alle Insekten haben ein Exoskelett</u>
Alle Käfer haben ein Exoskelett.

Mit der folgenden Belegung (K: ... ist ein Käfer, I: ... ist ein Insekt und E: ... hat ein Exoskelett) ergibt sich folgende Formalisierung:

$\bigwedge x\ (Kx \rightarrow Ix), \bigwedge x\ (Ix \rightarrow Ex) \vdash \bigwedge x\ (Kx \rightarrow Ex)$.

Zeile	Regel	Zeilen	Abhängigkeit
1. $\bigwedge x\ (Kx \rightarrow Ix)$	P		(1)
2. $\bigwedge x\ (Ix \rightarrow Ex)$	P		(2)
3. Ka	A		(3)
4. $Ka \rightarrow Ia$	($\bigwedge$B)	1	(1)
5. Ia	($\rightarrow$B)	3, 4	(1, 3)
6. $Ia \rightarrow Ea$	($\bigwedge$B)	2	(2)
7. Ea	($\rightarrow$B)	5, 6	(1, 2, 3)
8. $Ka \rightarrow Ea$	($\rightarrow$E)	3, 7	(1, 2, ~~3~~)
9. $\bigwedge x\ (Kx \rightarrow Ex)$	($\bigwedge$E)	8	(1, 2)

Zur Erläuterung des Beweises: Aus zwei allquantifzierten Subjunktionen als Prämissen soll eine allquantifizierte Subjunktion als Konklusion hergeleitet werden. Die Konklusion ist eine allquantifizierte Subjunktion. Vor der Anwendung der $\bigwedge$E-Regel muss dementsprechend eine Subjunktion hergeleitet werden. Die Prämissen in den Zeilen 1 und 2 können durch die Annahme des Antecedens der Subjunktion der Konklusion in Zeile 3 ergänzt werden. Wenn man den Schluss betrachtet, dann fällt auf, dass es sich um die prädikatenlogische Formulierung des hypothetischen Syllogismus handelt, der aus der Aussagenlogik bekannt ist. Die Allquantifizierung der Subjunktionen macht den Beweis zwar etwas länger, da der Allquantor zwei Mal beseitigt werden muss, um an die jeweiligen Subjunktionen zu gelangen, aber nicht komplizierter (Dies geschieht in den Zeilen 4 bis 7). In Zeile 7 liegt das Sukcedens vor, das benötigt wird, um die Subjunktion der Konklusion herzuleiten. Dies geschieht in Zeile 8. Die Anwendung der $\rightarrow$E-Regel in Zeile 8 erlaubt es auch, die Abhängigkeit von der Annahme in Zeile 3 aus der Abhängigkeitsliste zu streichen. Es ist nun erlaubt, die $\bigwedge$E-Regel anzuwenden, da in der Abhängigkeitsliste von Zeile 8 nur auf Zeilen verwiesen wird, in denen die Individuenkonstante a nicht vorkommt (in den Zeilen 1 und 2 stehen selbst allquantifizierte Formeln). Die Wahl der Individuenkonstante a war dementsprechend beliebig.

Bei dem gewählten Beispiel handelt es sich um die Übertragung eines semantischen Schlusses in einen logischen Schluss. Um über die Wahrheit der Prämissen entscheiden zu können, muss man folglich nur auf die Bedeutungsregeln der in den Aussagen enthaltenen Ausdrücke (Käfer, Insekt und Exoskelett) verweisen. Wir hatten in den Vorbemerkungen festgehalten, dass es nicht um die tatsächliche Wahr- bzw. Falschheit der Aussagen geht. Dementsprechend wird die Logik nicht dabei helfen, wie bedeutende allquantifizierte Aussagen (wie beispielsweise Naturgesetze) gerechtfertigt werden können. Dies ist eine Aufgabe der Erkenntnis- bzw. der Wissenschaftstheorie und der einzelnen Wissenschaften. In der hier dargestellten Logik ist es aber möglich, zu schauen, welche Formeln folgen, wenn man bestimmte allquantifizierte Aussagen voraussetzt.

Beseitigungsregel des Allquantors

Vor diesem Hintergrund ist die Regel zur Allquantorbeseitigung sehr einfach zu verstehen. Wenn eine (beliebig komplexe) Aussageform für alle Individuen gilt, dann gilt sie auch für ein konkretes. Die Übergangserlaubnis lässt sich dementsprechend, wie folgt formulieren:

$$(\bigwedge B)\ \bigwedge \mathfrak{x}\mathfrak{A}_{L} \Rightarrow \mathfrak{A}\mathfrak{x}/t_{L}$$

In Worten ausgedrückt besagt diese Regel, dass es erlaubt ist, von einer allquantifizierten Formel zu einer konkreten Formel überzugehen und die Individuenvariabel durch eine Individuenkonstante (in der dargestellten Regel durch einen Term) zu ersetzen.

Beispiel

Zur Veranschaulichung betrachten wir wieder das Beispiel, mit dem der Einstieg in die Prädikatenlogik begonnen wurde. Aus den Prämissen „Alle Menschen sind sterblich." und „Sokrates ist ein Mensch." sollte folgen, dass auch Sokrates sterblich ist. Dies wurde wie folgt formalisiert: $\bigwedge x\ (Mx \rightarrow Sx),\ Ms \vdash Ss$. Mit den bereitgestellten Mitteln können wir nun zeigen, dass dieser Schluss gültig ist.

$\bigwedge x (Mx \rightarrow Sx), Ms \vdash Ss$

1. $\bigwedge x (Mx \rightarrow Sx)$	P		(1)
2. Ms	P		(2)
3. $Ms \rightarrow Ss$	($\bigwedge$B)	1	(1)
4. Ss	($\rightarrow$B)	2, 3	(1, 2)

Erläutern wir diesen Beweis wieder kurz: Aus einer allquantifizierten Subjunktion und einer Elementaraussage soll eine Elementaraussage gefolgert werden. Dabei ist die zweite Prämisse eine Spezifikation des Antecedens der ersten Prämisse und das Sukcedens die Konklusion. Dementsprechend trägt man in den Zeilen 1 und 2 die Prämissen ab und spezifiziert die allquantifizierte Subjunktion mit Hilfe der $\bigwedge$B-Regel auf die Individuenkonstante s. Danach muss man nur noch die $\rightarrow$B-Regel auf die Zeilen 2 und 3 anwenden und hat die Konklusion hergeleitet.

4.6 Die Einführungs- und Beseitigungsregel des Existenzquantors

Probleme der Existenz

Bevor die Regel zur Existenzquantoreinführung besprochen wird, sollen die Missverständnisse thematisiert werden, die rund um das Thema der Existenz bestehen. Innerhalb der Philosophiegeschichte sind am augenfälligsten die gescheiterten ontologischen Gottesbeweise. Diesen liegt insgesamt die Ausfassung zu Grunde, dass „Sein" bzw. „Existenz" als ein Prädikat wie beispielsweise „Sportler" gebraucht werden kann. In diesem Kapitel haben wir bis jetzt so getan, als ob die Existenz als Quantor gebraucht werden muss und damit nicht wie ein Prädikat. Diese Voraussetzung soll nun begründet werden. Hierzu unterscheiden wir zunächst drei gebrauchsweisen von „Sein".

Identitätsaussage

„Sein" kann im Sinne einer Identitätsaussage gebraucht werden:

Der Morgenstern ist der Abendstern.[91]

91 Vgl. Gottlob Frege: Über Sinn und Bedeutung. In: Günther Patzig (Hg.): *Funktion, Begriff, Bedeutung. Fünf logische Studien.* Göttingen: Vandenhoeck und Ruprecht, 2008, S. 38–63.

Diese Gebrauchsweise soll hier nur angeschnitten werden, da im Kapitel 5 die Prädikatenlogik erster Stufe um die Identität erweitert wird.

Des Weiteren kann „Sein“ verwendet werden, um einen Aussagesatz zu bilden:

> Peter ist ein Sportler.

Kopula

In dieser Aussage wird „ist“ kopulativ gebraucht und hat damit keine eigenständige Bedeutung. Erst in Verbindung mit dem Prädikatsnomen „Sportler“ wird dem Gegenstand Peter auf den man sich mit dem Eigennamen „Peter“ bezieht, eine Eigenschaft (nämlich ein Sportler zu sein) zugesprochen. In dieser Gebrauchsweise wird Sein nicht als Prädikat verwendet.

Sein als Quantor

Bevor wir zur dritten Verwendungsweise übergehen, stellen wir zunächst die Frage, ob „Sein“ als ein Prädikat verwendet werden kann. Ist es eine wohlgeformte Aussage, zu sagen, dass Peter ist? Hier entsteht zunächst die Frage, was mit diesem Prädikat ausgedrückt werden soll. Welche Eigenschaft wird Peter mit „ist“ zugesprochen bzw. unter welchen Begriff fällt Peter damit? Man könnte im ersten Moment versucht sein, zu sagen, dass „ist“ eine Abkürzung für „lebendig sein“ bzw. bei der Negation eine Abkürzung für „tot sein“ („Er ist nicht mehr.“) darstellt. Dieser erste Impuls hätte damit die Frage auf die bereits besprochene kopulative Verwendung von „Sein“ zurückgeführt. Um diese soll es aber nicht gehen. Als nächstes könnte man versucht sein zu sagen, dass „ist“ bedeutet, dass ein Gegenstand real bzw. wirklich ist und nicht bloß fiktiv sei. Aber auch in diesem Fall würde diese Verwendungsweise auf die kopulative Verwendung von „Sein“ zurückgeführt werden. Diese beiden Fälle mögen exemplarisch für die Unmöglichkeit stehen, „Sein“ als ein Prädikat zu verwenden.[92] Im Sinne dieser Unmöglichkeit schreibt Kant in der *Kritik der reinen Vernunft* bei seiner Widerlegung des ontologischen Gottesbeweises:

---

92 Anders: Joachim Bromand: Kant und Frege über Existenz. In: Dersl. und Guido Kreis: Gottesbeweise. Von Anselm bis Gödel. Frankfurt a. M.: Suhrkamp, 5. Aufl. 2016, S.200–208.

> Wenn ich also ein Ding, durch welche und wie viel Prädikate ich will, (selbst in der durchgängigen Bestimmung) denke, so kommt dadurch, daß ich noch hinzusetze, dieses Ding ist, nicht das mindeste zu dem Dinge hinzu. Denn sonst würde nicht eben dasselbe, sondern mehr existieren, als ich im Begriffe gedacht hatte, und ich könnte nicht sagen, daß gerade der Gegenstand meines Begriffs existiere.[93]

Reformuliert besagt dieses Zitat, dass mit Prädikaten Gegenständen Eigenschaften zugesprochen werden. Nach Kant „ist" ist nun kein solches Prädikat, weil damit einem Gegenstand keine weitere Eigenschaft zugesprochen wird. Die Aussage „Peter ist und Peter ist Raucher." ist rechtbesehen eine sinnlose Aussage. Die Aussage „Peter ist Raucher." kann zwar wahr oder falsch sein, aber die Aussage „Peter ist." ist sinnlos, da man mit „ist" Peter keine Eigenschaft zuschreibt. Dementsprechend kann man für die Konjunktion überhaupt keinen Wahrheitswert berechnen. Kant spricht in noch nicht sprachkritisch gewendeter Formulierung folgenden Fall an: Es wird ein Prädikat beispielsweise „ ... ist ein Mann" definiert als ein männlicher und erwachsener Mensch, dann können Gegenstände, auf die man sich unter anderem mit einem Eigennamen beziehen kann, als Mann bezeichnet werden, wenn der Gegenstand die Eigenschaften „männlich", „erwachsen" und „Mensch" hat. Wenn man nun formulieren würde „Männer sind." oder besser formuliert: „Es gibt Männer.", dann soll nicht gesagt werden, dass Gegenständen neben den Eigenschaften „männlich", „erwachsen" und „Mensch" noch die Eigenschaft des „Seins" oder der „Existenz" zukommt. Es soll durch die Formulierung „Es gibt Männer" zum Ausdruck gebracht werden, dass es Gegenstände gibt, die die Eigenschaften „männlich", „erwachsen" und „Mensch" haben. Bei dem Prädikat „viereckiger Kreis" gibt es nun keine Gegenstände, die unter diesen Begriff fallen können und diese können auch nicht erzeugt werden, indem man sagt, dass „Viereckige Kreise sind bzw. existieren." In dem letzten Satz des Zitates nimmt Kant Bezug auf die erläuterte Verwendungsweise von Sein bzw. Existenz, die sich von der Verwendung als Identität und Kopula unterscheidet. Diese Verwendung ist die des Existenzquantors. Diese besagt, dass ein entsprechender Begriff nicht leer ist bzw. es einen Gegenstand gibt, der unter einen Begriff fällt. Frege wird später die Unterscheidung zwischen Begrif-

93 Immanuel Kant: Kritik der reinen Vernunft. Hamburg: Meiner, 1998, S.674.

fen erster Stufe und Begriffen zweiter Stufe einführen. Begriffe erster Stufe können nur auf Gegenstände angewandt werden und Begriffe zweiter Stufe nur auf Begriffe erster Stufe.[94] „Sein" im Sinne des Existenzquantors ist ein Begriff zweiter Stufe, der besagt, dass ein Begriff erster Stufe nicht leer ist.

Der Existenzquantor als Großdisjunktor

Oben wurde gezeigt, wie der Allquantor als eine logische Partikel verstanden werden kann. Dies soll auch für den Existenzquantor geschehen. Dieser kann als Großdisjunktor verstanden werden. Eine Existenzquantifizierte Formel ist genau dann wahr, wenn es mindestens einen Gegenstand gibt, der die entsprechende Aussageform erfüllt. Man macht sich also die Wahrheitstafel des Disjunktors zunutze, die wahr ist, sobald ein Teildisjunkgard wahr ist. Formal kann dies wie folgt notiert werden:

$$\bigvee x \mathfrak{A}x \leftrightarrow \mathfrak{A}n_1 \vee \mathfrak{A}n_2 \vee \ldots \mathfrak{A}n_n$$

Einführungsregel des Existenzquantors

Die ⋁E-Regel ist vor dem gerade angesprochenen Hintergrund trivial. Wenn man weiß, dass ein Gegenstand eine Aussageform erfüllt, dann erlaubt diese Regel zu einer Aussage derart überzugehen, dass gesagt wird, dass es mindestens einen Gegenstand gibt, der diese Aussageform erfüllt. Man kann von „Peter ist Raucher." zu „Es gibt einen Gegenstand, der Raucher ist." übergehen. (Formal: „Rp" wird zu „⋁xRx".) Auf der Metaebene können wir für beliebig komplexe Formeln folgende Regel aufstellen:

94 Das bemerkenswerte an Kants Kritik an den ontologischen Gottesbeweisen ist Folgendes: Kant stand nur die Syllogistik zur Verfügung. Wie im zweiten Kapitel dieser Einführung dargelegt, wurden in der Syllogistik zwar Begriffe behandelt, aber keine solchen, mit denen man Eigenschaften eine Eigenschaft zuschreiben konnte. Beispielsweise kann die Aussage Grün ist eine Farbe nicht adäquat mit den Mitteln der Syllogistik formalisiert werden. Bei dem Prädikat Grün spricht man auch von einem Prädikat erster Stufe und bei Farbe von einem Prädikat zweiter Stufe. Kants Erläuterungen machen deutlich, dass „ist" kein Prädikat erster Stufe ist. Die moderne Formulierung und auch die systematische Ausarbeitung dieses Umstandes findet man aber erst bei Frege. Beispielsweise im Aufsatz *Funktion und Begriff.* Vgl. Gottlob Frege: Funktion und Begriff. In: Günther Patzig (Hg.): *Funktion, Begriff, Bedeutung. Fünf logische Studien.* Göttingen: Vandenhoeck und Ruprecht, 2008, S. 1–23.

$(\bigvee E)\ \mathfrak{A}\mathfrak{x}/t_L \Rightarrow \bigvee\mathfrak{x}\,\mathfrak{A}_L$[95]

Eine Voraussetzung für den modelltheoretischen Zugang zur Prädikatenlogik erster Stufe ist, dass sichergestellt ist, dass die Nominatoren auf einen Gegenstand referieren. Weiter oben wurde auf Frege verwiesen, der eine Kennzeichnung, die diese Bedingung nicht erfüllt, als weder wahr noch falsch bezeichnete. Dementsprechend ist, wenn man eine Aussage der Form „Peter ist Raucher und ein Mann." als wahr voraussetzt, sichergestellt, dass der Nominator auf einen Gegenstand referiert. Somit muss auch die Aussage „Es gibt einen Gegenstand, der ein Raucher und ein Mann ist." wahr sein.

Beseitigungsregel des Existenzquantors

Will man den Existenzquantor beseitigen, weiß man, dass es mindestens einen Gegenstand gibt, der eine entsprechende Aussageform ($\mathfrak{A}$) erfüllt. Man weiß aber nicht, welcher Gegenstand bzw. welche Gegenstände dies sind (Man kennt die Eigennamen nicht!). Die Regel für die Beseitigung für den Existenzquantor gestaltet sich dementsprechend umfangreicher. Aus dem Wissen um die Wahrheit einer existenzquantifizierten Formel kann nicht auf einen bestimmten Nominator geschlossen werden, der die entsprechende Aussageform erfüllt. ($\bigvee xRx \nvdash Re$) Man weiß schließlich nur, dass es mindestens einen Gegenstand gibt, der die entsprechende Aussageform erfüllt. Ähnlich verhält es sich in der Aussagenlogik mit der Disjunktionsbeseitigungsregel. Die Disjunktion konnte nur beseitigt werden, wenn man vorher gezeigt hat, dass aus beiden Disjunktionsgliedern dieselbe neue Formel folgt. Hinter dieser Regel steht, wie bereits erläutert, folgende Überlegung: Wenn die Formel $\mathfrak{A} \vee \mathfrak{B}$ wahr ist, weiß man nicht, ob $\mathfrak{A}$ oder $\mathfrak{B}$ wahr ist oder beide Teilaussagen. Wenn unter der Annahme von ausschließlich $\mathfrak{A}$ oder ausschließlich $\mathfrak{B}$ dieselbe Formel folgt, dann folgt diese neue Formel schon aus der Disjunktion. Bei der Existenzquantorbeseitigung verhält es sich ähnlich. Wenn man unter der Annahme, dass man einen entsprechenden Gegenstand kennt, zeigen kann, dass eine andere

95 Gesprochen: Es ist erlaubt, von einer beliebig komplexen Formel in der eine Individuenkonstante (auch an mehreren Stellen) vorkommt, zu einer existenzquantifizierten Formel überzugehen, indem ein Existenzquantor vor die Formel geschrieben wird und die entsprechenden Konstanten durch gebundene Variablen ersetzt werden.

Formel folgt, dann folgt diese Formel schon aus der Existenzaussage. Entsprechend kann die Existenzaussage zu der neuen Formel umgeformt werden. Die Übergangserlaubnis lässt sich metasprachlich auf folgende Weise formulieren:

$$(\bigvee B)\ \bigvee\mathfrak{x}\,\mathfrak{A}_{L}, [\mathfrak{A}\mathfrak{x}/\mathfrak{c}^{*}_{i}] \ldots \mathfrak{C}_{L'} \Rightarrow \mathfrak{C}_{LL'/i}$$

Es ist zu beachten, dass $\mathfrak{c}^*$ neu ist, d.h. als Individuenkonstante in keiner Formel vorkommt. Darüber hinaus, darf $\mathfrak{c}^*$ weder in der zu beseitigenden existenzquantifizierenden Formel ($\bigvee\mathfrak{x}\mathfrak{A}$) noch in der hergeleiteten neuen Formel ($\mathfrak{C}$) enthalten sein. Die hergeleitete neue Formel ($\mathfrak{C}$) darf auch nur von Formeln abhängig sein, in denen $\mathfrak{c}^*$ nicht vorkommt ($[\mathfrak{A}\mathfrak{x}/\mathfrak{c}^*]$ ist hiervon ausgenommen).[96]

Beispiel

Betrachten wir hierzu ein Beispiel:

$\bigwedge x \neg Ax \vdash \neg \bigvee x Ax$[97]

1. $\bigwedge x \neg Ax$	P		(1)
2. $\bigvee x Ax$	A		(2)
3. Ac^*	A		(3)
4. $\neg Ac^*$	($\bigwedge$B)	1	(1)
5. $\curlywedge$	($\neg$B)	3, 4	(1, 3)
6. $\curlywedge$	($\bigvee$B)	2, 3, 5	(1, 2, ~~3~~)
7. $\neg \bigvee x Ax$	($\neg$E)	2, 6	(1, ~~2~~)

Bei diesem Beweis sieht man, dass die Heuristiken, die aus der Aussagenlogik bekannt sind, auch in der Prädikatenlogik angewandt werden können. Es soll eine negierte existenzquantifizier-

96 Gesprochen: Es ist erlaubt, wenn eine Beliebig komplexe existenzquantifizierte Formel vorliegt, und ausgehend von der korrespondierenden Annahme, in der als anonyme Individuenkonstante $\mathfrak{c}^*$ verwendet wurde, gezeigt wurde, dass eine neue Formel abgeleitet werden kann, in der $\mathfrak{c}^*$ nicht mehr vorkommt und die neue Formel außer von der korrespondierenden Annahme von keiner Zeile abhängt, in der $\mathfrak{c}^*$ vorkommt, dann darf man zu der neuen Formel übergehen.

97 Gesprochen: Für alle Gegenstände x gilt, dass A nicht auf sie zutrifft, folgt, dass es nicht so ist, dass es mindestens einen Gegenstand gibt, auf den A zutrifft.

te Formel hergeleitet werden. Ohne Umschweife kann also die Position als Annahme zu den Prämissen hinzugefügt werden (Zeile 2). Betrachtet man die Prämisse in Zeile 1 und die Annahme in Zeile 2, dann sieht man bereits einen Widerspruch zwischen den beiden Zeilen. Dieser muss jetzt noch entwickelt werden. Da in Zeile 2 eine existenzquantifizierte Formel vorkommt, muss die Anwendung der Existenzbeseitigungsregel vorbereitet werden, indem eine korrespondierende Annahme gesetzt wird. In der ⋁B-Regel haben wir die existenzquantifizierte Formel ($\bigvee\mathfrak{x}\ \mathfrak{A}$) (Zeile 2) und die Annahme ($[\mathfrak{A}\mathfrak{x}/\mathfrak{c}^*]$) (Zeile 3). Es muss nun noch die neue Formel $\mathfrak{C}$ hergeleitet werden, um die Regel anwenden zu können. An dieser Stelle muss man darauf achten, dass man die korrespondierende Annahme vor der Beseitigung des Allquantors (Zeile 4) setzt, da die Individuenkonstante immer neu sein muss. Wenn man darauf geachtet hat, kann man den Widerspruch in Zeile 5 konstatieren. Dieses Falsum kann als neue Formel $\mathfrak{C}$ betrachtet werden (in dieser taucht $\mathfrak{c}^*$ nicht mehr auf). Damit kann auch die ⋁B-Regel angewandt werden, da alle drei Bedingung in den Zeilen 2, 3 und 5 vorliegen. Dies geschieht in Zeile 6 und die Abhängigkeit von der korrespondierenden Annahme (Zeile 3) kann aus der Abhängigkeitsliste gestrichen werden. Die Konklusion kann in Zeile 7 hergeleitet werden, da die Annahme der Position in Verbindung mit der Prämisse zu einem Widerspruch geführt hat; diese Annahme muss entsprechend beseitigt werden.

Weiteres Beispiel

Betrachten wir noch ein weiteres Beispiel:

⋁xAx, ⋀x(Ax→Bx) ⊢ ⋁x(Ax∧Bx)[98]

1. ⋁xAx	P		(1)
2. ⋀x(Ax→Bx)	P		(2)
3. Ac*	A		(3)
4. Ac*→Bc*	(⋀B)	2	(2)
5. Bc*	(→B)	3, 4	(2, 3)
6. Ac*∧Bc*	(∧E)	3, 5	(2, 3)
7. ⋁x(Ax∧Bx)	(⋁E)	6	(2, 3)
8. ⋁x(Ax∧Bx)	(⋁B)	1, 3, 7	(1, 2, ~~3~~)

98 Gesprochen: Aus: „Es gibt mindestens einen Gegenstand, auf den A zukommt“ und „Für alle Gegenstände x gilt, dass wenn A auf diese Gegenstände zutrifft, dann trifft auch B auf diese Gegenstände zu“ folgt, dass es mindestens einen Gegenstand gibt, auf den A und B zutrifft.

Erläutern wir den Beweis wieder. Es soll eine existenzquantifizierte Konjunktion hergeleitet werden. Mit Hilfe der Heuristiken kann man in Bezug auf die Konklusion sagen, dass vor der Anwendung der $\bigvee$E-Regel die $\wedge$E-Regel angewandt werden muss. Die Konklusion soll aus zwei Prämissen hergeleitet werden; die eine ist eine existenzquantifizierte Formel, die andere eine allquantifizierte Subjunktion. Beim Beweis achten wir wieder darauf, dass die korrespondiere Annahme zur Vorbereitung der Anwendung der $\bigvee$B-Regel vor der Anwendung der $\bigwedge$B-Regel gesetzt wird. Dementsprechend wird die korrespondierende Annahme in Zeile 3 gesetzt und die $\bigwedge$B-Regel in Zeile 4 entwickelt. Ein Konjunktionsglied der Konklusion ist das Sukcedens der Subjunktion. Dieses wird über die $\rightarrow$B-Regel bereitgestellt (Diese Regel kann angewandt werden, da das Antecedens durch die korrespondierende Annahme vorliegt). Damit kann in Zeile 6 die $\wedge$E-Regel und in Zeile 7 die $\bigvee$E-Regel angewandt werden. Damit sind die Bedingungen für die Anwendung der Existenzquantor $\bigvee$B-Regel gegeben. In Zeile 1 liegt die existenzquantifizierte Formel ($\bigvee \mathfrak{x}\mathfrak{A}$) vor und in Zeile 3 die Annahme ($[\mathfrak{A}\mathfrak{x}/\mathfrak{c}^*]$). Die neue Formel $\mathfrak{C}$ befindet sich in Zeile 7. In Zeile 8 wird die $\bigvee$B-Regel angewandt und die Abhängigkeit von der korrespondierenden Annahme (Zeile 3) kann gestrichen werden.

4.6.1 Zusammenfassung der Einführungs- und Beseitigungsregeln und weitere Beispiele

Mit den Einführungs- und Beseitigungsregeln für den All- und Existenzquantor wurden alle Mittel der Prädikatenlogik erster Stufe bereitgestellt. Diese stellen wir wieder zusammen. Der Kalkül des natürlichen Schließens für die Prädikatenlogik erster Stufe heißt PL.

PL

($\bigwedge$E) $\mathfrak{A}\mathfrak{c}_{L} \Rightarrow \bigwedge \mathfrak{x}\mathfrak{A}_{L}$ | $\mathbb{F}\mathfrak{c}\mathfrak{x}\mathfrak{A}$

($\bigwedge$B) $\bigwedge \mathfrak{x}\mathfrak{A}_{L} \Rightarrow \mathfrak{A}\mathfrak{x}/t_{L}$

($\bigvee$E) $\mathfrak{A}\mathfrak{x}/t_{L} \Rightarrow \bigvee \mathfrak{x}\,\mathfrak{A}_{L}$

($\bigvee$B) $\bigvee \mathfrak{x}\,\mathfrak{A}_{L}, [\mathfrak{A}\mathfrak{x}/\mathfrak{c}^*_{i}] \ldots \mathfrak{C}_{L'} \Rightarrow \mathfrak{C}_{LL'/i}$

Es ist zu beachten, dass $\mathfrak{c}^*$ neu ist, d.h. als Individuenkonstante in keiner Formel vorkommt. Darüber hinaus, darf $\mathfrak{c}^*$ weder in der zu beseitigenden existenzquantifizierten Formel ($\bigvee \mathfrak{x}\mathfrak{A}$) noch in der hergeleiteten neuen Formel ($\mathfrak{C}$) enthalten sein. Die hergeleitete neue Formel ($\mathfrak{C}$) darf auch nur von Formeln abhängig sein, in denen $\mathfrak{c}^*$ nicht vorkommt ($[\mathfrak{A}\mathfrak{x}/\mathfrak{c}^*]$ ist hiervon ausgenommen).

Formalisierung von Fresion

Zum Abschluss sollen noch ein paar Formalisierungsaufgaben besprochen werden. Bei der Hinführung zur Prädikatenlogik erster Stufe wurde ein Beispiel gewählt, bei dem die erste Prämisse ein allgemein bejahender syllogistischer Aussagesatz war. Die Mittel der Prädikatenlogik reichen nun nicht nur aus, um die allgemein bejahende Partikel a auszudrücken, sondern auch die übrigen drei e, i und o. Dies wird mit dem nächsten Beispiel deutlich:

Keine unbelebten Gegenstände sind Personen.
Einige Personen sind Menschen.
Einige Menschen sind nicht unbelebte Gegenstände.

Diesem Beispiel liegt die Struktur des Syllogismus Fresion aus der vierten Figur zugrunde. Bei der Darstellung dieser Struktur mit den Mitteln der Prädikatenlogik erster Stufe lässt sich das erste Prädikat der „unbelebten Gegenstände“ auf zwei Weisen darstellen. Man könnte das verneinende „un-“ in die Belegung der Prädikatenkonstante G hineinnehmen. Das „un-“ könnte aber auch über den Negator ausgedrückt werden und die Prädikatenkonstante G mit „belebter Gegenstand“ beleget werden. Diese Variante soll verfolgt werden, wir formalisieren das erste Prädikat mit: $\neg$G. Das zweite Prädikat „Person“ wird mit der Prädikatenkonstante P formalisiert. Die logische Partikel e soll ausdrücken, dass wenn ein Gegenstand nicht unter das Prädikat „belebter Gegenstand“ fällt, dann fällt er auch nicht unter das Prädikat „Person“. In der Prädikatenlogik lässt sich dies so ausdrücken:

$\bigwedge x(\neg Gx \rightarrow \neg Px)$[99] [100]

Für die Formalisierung der zweiten Prämisse muss der Existenzquantor verwendet werden. Denn die zweite Prämisse besagt,

99 Die Standarddarstellung der logischen Partikel e der Syllogistik lautet wie folgt: $\bigwedge x(Gx \rightarrow \neg Px)$.

100 Gesprochen: Für alle Gegenstände gilt, dass, wenn sie nicht unter den Begriff G fallen, dann fallen sie auch nicht unter den Begriff P.

dass es mindestens einen Gegenstand gibt, auf den das Prädikat „Person“ und das Prädikat „Mensch“ zutrifft. Die Prädikatenkonstante M wird mit dem Prädikat „Mensch“ belegt. Demnach lässt sich die zweite Prämisse in der Prädikatenlogik so ausdrücken:

$$\bigvee x(Px \land Mx)$$ [101]

Bleibt noch die Formalisierung der Konklusion. Diese sollte nach der Formalisierung der zweiten Prämisse nicht weiter schwerfallen. Der einzige Unterschied besteht darin, dass über einige Gegenstände gesagt wird, dass das Prädikat „Mensch“ auf diese Gegenstände zutrifft und das Prädikat „unbelebter Gegenstand“ nicht auf diesen zutrifft. In der Prädikatenlogik lässt sich die Konklusion so ausdrücken:

$$\bigvee x(Mx \land \neg\neg Gx)$$ [102]

Damit kann der Schluss auf die folgende Weise dargestellt und bewiesen werden.

$\bigwedge x(\neg Gx \rightarrow \neg Px), \bigvee x(Px \land Mx) \vdash \bigvee x(Mx \land \neg\neg Gx)$

1. $\bigwedge x(\neg Gx \rightarrow \neg Px)$	P		(1)
2. $\bigvee x(Px \land Mx)$	P		(2)
3. $Pc^* \land Mc^*$	A		(3)
4. $\neg Gc^*$	A		(4)
5. Pc^*	($\land B_1$)	3	(3)
6. $\neg Gc^* \rightarrow \neg Pc^*$	($\bigwedge B$)	1	(1)
7. $\neg Pc^*$	($\rightarrow B$)	4, 6	(1, 4)
8. $\curlywedge$	($\neg B$)	5, 7	(1, 3, 4)
9. $\neg\neg Gc^*$	($\neg E$)	4, 8	(1, 3, ~~4~~)

101 Gesprochen: Für mindestens einen Gegenstand gilt, dass der Begriff P und der Begriff M auf ihn zutrifft.

102 Gesprochen: Für mindestens einen Gegenstand gilt, dass der Begriff M auf ihn zutrifft und der Begriff $\neg G$ nicht.

10. Mc*	($\wedge B_2$)	3	(3)
11. Mc*∧¬¬Gc*	(∧E)	9, 10	(1, 3)
12. ⋁x(Mx∧¬¬Gx)	(⋁E)	11	(1, 3)
13. ⋁x(Mx∧¬¬Gx)	(⋁B)	2, 3, 12	(1, 2, ~~3~~)

Führen wir uns den Beweis nochmals vor Augen. Die ersten beiden Prämissen in den Zeilen 1 und 2 enthalten mit ¬Px und Px einen Widerspruch. Dieser Widerspruch führt in Verbindung mit der Subjunktion in Prämisse 1 dazu, dass man über den bereits bekannten Modus Tollens die Negation des Antecedens ¬¬Gx herleiten kann und damit das zweite Konjunktionsglied der Konklusion erhält. Bei dem Beweis muss zunächst der Widerspruch hergeleitet werden. Bei dieser Herleitung ist die Einschränkung der ⋁B-Regel zu beachten. Um die Anwendung dieser Regel vorzubereiten, muss eine korrespondierende Annahme zu der existenzquantifizierten Formel in Zeile 2 gesetzt werden. Bei dieser Annahme muss darauf geachtet werden, dass die gewählte Individuenkonstante neu ist (im Beweis noch nicht vorgekommen ist) und mit einem * versehen werden. Bei diesem Beweis führt dieses Erfordernis dazu, dass in Zeile 3 die korrespondierende Annahme Pc*∧Mc* gesetzt wird und erst in Zeile 6 die ⋀B-Regel auf Zeile 1 angewandt wird, um die Formel ¬Gc*→¬Pc* herzuleiten. Wären die Schritte in umgekehrter Reihenfolge vollzogen worden, hätte eine andere Individuenkonstante gewählt werden müssen. Die Annahme des Antecedens der allquantifizierten Subjunktion ist heuristisch legitimiert, da diese Annahme in der existenzquantifizierten Konjunktion negiert ¬¬Gx vorliegt, sodass man die Position ¬Gx annimmt und versucht, einen Widerspruch herzuleiten. Dieser Widerspruch besteht zwischen Pc* und ¬Pc*. In Zeile 5 kann über die $\wedge B_1$-Regel angewandt auf Zeile 3 Pc* hergeleitet werden. ¬Pc* kann in Zeile 7 über die Anwendung der →B-Regel auf die Zeilen 4 und 6 hergeleitet werden. In Zeile 8 kann der Widerspruch ⅄ über die Anwendung der ¬B-Regel angewandt auf die Zeilen 5 und 7 hergeleitet werden. Mit diesem ⅄ kann in Zeile 9 die Annahme ¬Gc* aus Zeile 4 mit der ¬E-Regel negiert werden. Mit Hilfe der $\wedge B_2$-Regel kann in Zeile 10 das zweite Konjunkt der Konklusion Mc* hergeleitet werden. Über die Anwendung der ∧E-Regel in Zeile 11 angewandt auf die Zeilen 9 und 10 kann die Formel Mc*∧¬¬Gc* und in Zeile 12 die ⋁E-Regel angewandt werden, um eine Formel herzuleiten, die der Konklusion entspricht. Die Formel ⋁x(Mx∧¬¬Gx) ist zwar von

Prämisse 1 abhängig, aber nicht von Prämisse 2, dafür aber von der korrespondierenden Annahme in Zeile 3. Damit ist der Beweis noch nicht beendet. Die korrespondierende Annahme in Zeile 3 wurde gesetzt, um die Anwendung der ⋁B-Regel vorzubereiten. Die Bedingungen für die Anwendung liegen nun vor; ausgehend von der korrespondierenden Annahme wurde eine neue Formel $\mathfrak{C}$ hergeleitet, in der die Individuenkonstante c* nicht mehr vorkommt. In Zeile 13 kann die Konklusion mit Hilfe der ⋁B-Regel hergeleitet werden.

Formalisierung eines Kantschen Arguments

Das zweite Beispiel entstammt der *Grundlegung zur Metaphysik der Sitten* von Immanuel Kant. An einer Stelle wird ein Argument formuliert, in dem begründet werden soll, dass die Glückseligkeit nicht der eigentliche Zweck der menschlichen Existenz ist.[103] Bei der Formulierung wird hypothetisch angenommen, dass die Natur zweckmäßig derart eingerichtet ist, dass in jedem Lebewesen die geeignetsten Mittel zur Erreichung des jeweiligen Zweckes vorhanden sind. Das Argument wurde für unsere Belange geringfügig angepasst. Folgendes Argument wird formuliert:

Wenn die Glückseligkeit der Naturzweck eines Lebewesens wäre, dann würde es nicht über Vernunft und einen Willen verfügen.
Alle Menschen sind Lebewesen.
Einige Menschen verfügen über Vernunft und einen Willen.
___
Für einige Menschen ist der Naturzweck nicht die Glückseligkeit.

Dem ersten Anschein nach scheint diesem Argument ein gültiger Schluss zugrunde zu liegen. Eine solche Intuition bzgl. der Gültigkeit oder Ungültigkeit von Schlüssen sollten Sie sich versuchen anzueignen. Dabei ist aber stets wichtig zu beachten, dass im Zweifelsfall ein bloßer Verweis auf die eigene Intuition (wie geschult sie auch sein mag) nicht ausreicht, um andere zu überzeugen. In solchen Fällen kann allein ein Beweis Aufschluss über die Gültigkeit eines Schlusses liefern.

Damit ein solcher Beweis geführt werden kann, muss das Argument zunächst formalisiert werden. Beginnen wir dementsprechend mit der ersten Prämisse.

103 Immanuel Kant: Grundlegung zur Metaphysik der Sitten. Hamburg: Meiner, 1999, S.13.

In der ersten Prämisse werden zwei Aussagen in der Art und Weise miteinander verknüpft, dass, wenn die eine Aussage der Fall ist, dann ist auch die andere Aussage der Fall. Damit kann festgehalten werden, dass der Subjunktor bei der Formalisierung gebraucht werden muss. Wenn man nun das Antecedens der ersten Prämisse betrachtet „Wenn die Glückseligkeit der Naturzweck eines Lebewesens wäre", dann enthält dieser zwei Prädikate. Zum einen das Prädikat „Für ... ist die Glückseligkeit der Naturzweck", zum anderen „... ist ein Lebewesen". Das erste Prädikat soll mit G formalisiert werden und das zweite Prädikat mit L. Ferner soll durch die erste Prämisse ausgedrückt werden, dass, wann immer diese beiden Prädikate auf ein Individuum zutreffen, trifft auch das Sukcedens zu. Dementsprechend wird ein Allquantor für die Formalisierung nebst den Individuenvariablen benötigt. Als letzten Punkt in Bezug auf das Antecedens muss noch festgehalten werden, dass noch der Konjunktur gebraucht wird, da ausgesagt werden soll, dass beide Eigenschaften, die durch die Prädikate ausgesagt werden sollen, vorliegen müssen.

Beim Sukcedens „dann würde es nicht über Vernunft und einen Willen verfügen." soll ausgesagt werden, dass die Eigenschaften der Vernunft und des Willens nicht auf diejenigen Individuen zutreffen, auf die die Prädikate des Antecedens zutreffen. Mit V soll das Prädikat „... hat Vernunft" und mit W soll das Prädikat „... hat einen Willen" formalisiert werden. Bezüglich dieser beiden Prädikate soll gesagt werden, dass beide Prädikate nicht vorliegen. Damit würde sich folgende Formalisierung der ersten Prämisse ergeben:

$\bigwedge x(Gx \land Lx \rightarrow \neg(Vx \land Wx))$[104]

Die Formalisierung der zweiten Prämisse sollte keine größeren Schwierigkeiten bereiten, da Aussagen dieser Art bereits im Kapitel zur Syllogistik behandelt wurden. Die zweite Prämisse besagt, dass für alle Gegenstände gilt, dass wenn das Prädikat... ist ein Mensch" auf diese Gegenstände zutrifft, dann trifft auch das Prädikat „... ist ein Lebewesen" auf diese Gegenstände zu. Dem-

104 Gesprochen: Für alle x gilt, dass wenn die Prädikate G und L auf x zutreffen, dann ist es nicht so, dass die Prädikate V und W auf x zutreffen.

entsprechend kann die zweite Prämisse, wenn man mit M das Prädikat „... ist ein Mensch“ und mit L das Prädikat „... ist ein Lebewesen“ formalisiert, wie folgt formalisiert werden:

$\bigwedge x(Mx \rightarrow Lx)$[105]

Bei der Formalisierung der dritten und letzten Prämisse „Einige Menschen verfügen über Vernunft und einen Willen.“ wird mit der Identifizierung der Prädikate begonnen. In der Prämisse treten drei Prädikate auf: Mensch, Vernunft und Wille. Da alle Prädikate bereits formalisiert wurden, wird M für „... ist ein Mensch“, V für „... hat Vernunft“ und W für „... hat einen Willen“ verwendet, um die jeweiligen Prädikate zu formalisieren. Da alle Prädikate vorliegen müssen, wird der Konjunktor verwendet, um die Aussagen zu verbinden. Ferner wird nicht über ein konkretes Individuum gesprochen, sondern gesagt, dass es Individuen gibt, die unter die jeweiligen Begriffe fallen. Dies kann mit dem Existenzquantor formalisiert werden. Damit kann die Prämisse wie folgt formalisiert werden:

$\bigvee x(Mx \wedge (Vx \wedge Wx))$[106]

Die Formalisierung der Konklusion „Für einige Menschen ist der Naturzweck nicht die Glückseligkeit.“ Dürfte an dieser Stelle keine Probleme mehr bereiten. Die Konklusion besagt, dass das Prädikat „Mensch“ auf ein Individuum zutrifft und das Prädikat „Für ... ist der Naturzweck die Glückseligkeit“ nicht auf dieses Individuum zutrifft. Benötigt wird für die Formalisierung neben den Prädikatkonstanten M und G noch der Konjunktor und der Negator. Ferner wird auch an dieser Stelle nicht über ein konkre-

105 Gesprochen: Für alle x gilt, dass wenn das Prädikat M auf x zutrifft, dann trifft auch das Prädikat L auf x zu.

106 Gesprochen: Für einige x gilt, dass M x zukommt, und V und W x zukommt. Die Klammerung könnte auch anders ausfallen aufgrund der Assoziativität des Konjunktors.

tes Individuum gesprochen, sondern nur gesagt, dass es mindestens eines gibt, sodass der Existenzquantor benötigt wird. Die Konklusion kann dementsprechend, wie folgt formalisiert werden:

$\bigvee x(Mx \land \neg Gx)$[107]

Nach diesen Erläuterungen zur Formalisierung der Prämissen und der Konklusion wird der Schluss formal dargestellt und anschließend bewiesen, dass es sich hierbei um einen gültigen Schluss handelt.

$\bigwedge x(Gx \land Lx \rightarrow \neg(Vx \land Wx)), \bigwedge x(Mx \rightarrow Lx), \bigvee x(Mx \land (Vx \land Wx)) \vdash \bigvee x(Mx \land \neg Gx)$

1. $\bigwedge x(Gx \land Lx \rightarrow \neg(Vx \land Wx))$	P		(1)
2. $\bigwedge x(Mx \rightarrow Lx)$	P		(2)
3. $\bigvee x(Mx \land (Vx \land Wx))$	P		(3)
4. $Mc^* \land (Vc^* \land Wc^*)$	A		(4)
5. Mc^*	$(\land B_1)$	4	(4)
6. $Mc^* \rightarrow Lc^*$	$(\bigwedge B)$	2	(2)
7. Lc^*	$(\rightarrow B)$	5, 6	(2, 4)
8. Gc^*	A		(8)
9. $Gc^* \land Lc^*$	$(\land E)$	7, 8	(2, 4, 8)
10. $Gc^* \land Lc^* \rightarrow \neg(Vc^* \land Wc^*)$	$(\bigwedge B)$	1	(1)
11. $\neg(Vc^* \land Wc^*)$	$(\rightarrow B)$	9, 10	(1, 2, 4, 8)
12. $Vc^* \land Wc^*$	$(\land B_2)$	4	(4)
13. ⅄	$(\neg B)$	11, 12	(1, 2, 4, 8)
14. $\neg Gc^*$	$(\neg E)$	8, 13	(1, 2, 4, ~~8~~)
15. $Mc^* \land \neg Gc^*$	$(\land E)$	5, 14	(1, 2, 4)
16. $\bigvee x(Mx \land \neg Gx)$	$(\bigvee E)$	15	(1, 2, 4)
17. $\bigvee x(Mx \land \neg Gx)$	$(\bigvee B)$	3, 4, 16	(1, 2, 3, ~~4~~)

107 Gesprochen: Für einige x gilt, dass M auf x zutrifft und G nicht auf x zutrifft.

Der Beweis soll wieder kurz erläutert werden. In den ersten drei Zeilen des Beweises werden die Prämissen abgetragen. Dabei handelt es sich bei den Prämissen in den Zeilen 1 und 2 um allquantifizierte Formeln, während die Prämisse in Zeile 3 existenzquantifiziert ist. Die existenzquantifizierte Formel kann über die Anwendung der ⋁B-Regel nutzbar gemacht werden. Um die ⋁B-Regel anwenden zu können, muss zunächst eine korrespondierende Annahme gesetzt werden. Dies geschieht in Zeile 4. In den Zeilen 5 bis 14 wird ein Modus Tollens durchgeführt, der Ihnen aus der Aussagenlogik bereits bekannt ist. Die Besonderheit liegt hierbei darin, dass ein Teil der korrespondierenden Annahme Vc*∧Wc* mit dem Sukcedens der ersten Prämisse im Widerspruch steht. Ein Teil des Antecedens der ersten Prämisse lässt sich aus der zweiten Prämisse und einem Teil der korrespondierenden Annahme Mc* gewinnen. Den anderen Teil Gc* nimmt man an, um diese Annahme nach weiteren Ableitungsschritten zu negieren. Auf diese Weise gewinnt man in Zeile 15 unter Anwendung der ∧E-Regel die Konjunktion der Konklusion Mc*∧¬Gc*. Bei den letzten Ableitungsschritten in den Zeilen 16 und 17 ist die Reihenfolge wichtig. Denn die ⋁B-Regel darf nur angewandt werden, wenn in der entsprechenden Zeile das c* nicht mehr vorkommt. Dies wäre in Zeile 15 nicht der Fall. Dementsprechend wird in Zeile 16 zunächst auf Zeile 15 die ⋁E-Regel angewandt. In der Formel in Zeile 16 kommt nun das c* nicht mehr vor und dementsprechend kann die ⋁B-Regel auf die Zeilen 3 (die existenzquantifizierte Formel, die beseitigt werden soll), 4 (die korrespondierende Annahme) und 16 (die neue Formel $\mathfrak{C}$ in der c* nicht mehr vorkommt) angewandt werden und die Abhängigkeit von Zeile 4 gestrichen werden.

Mit den Einführungs- und Beseitigungsregeln für den All- und den Existenzquantor sind die formalen Mittel der Prädikatenlogik erster Stufe bereitgestellt und können von Ihnen für die Evaluierung von natürlich-sprachlichen Argumenten genutzt werden. Hierbei müssen Sie sich zum einen in der Fertigkeit des Formalisierens üben. An den letzten beiden Beispielen wurde exemplarisch vorgeführt, wie man dabei vorgehen kann. Diese Fertigkeit ist von entscheidender Bedeutung für die Anwendung der bereitgestellten logischen Mittel, da diese schlicht nicht angewandt werden können, wenn man nicht in der Lage ist, Argumente zu formalisieren.

Zum anderen müssen Sie sich in der Fertigkeit des Beweisens üben. Denn nur so sind Sie in der Lage nachzuweisen, dass einem Argument ein logisch gültiger Schluss zugrunde liegt. Hier werden

Sie anfangs die sehr frustrierende Erfahrung machen, dass Sie die Beweise nicht hinkriegen und manchmal auch daran zweifeln, dass sich überhaupt ein Beweis führen lässt. Hier müssen Sie durch. Ich möchte aber an dieser Stelle darauf hinweisen, dass das Verfahren der semantischen Bäume in dieser Einführung nicht dargestellt wurde. Mit diesem Verfahren können Sie entscheiden, ob bei einem Schluss überhaupt ein Beweis geführt werden kann oder nicht. Ich kann Ihnen nur empfehlen, für die spätere Nutzung der logischen Mittel sich dieses Verfahren anzueignen (Sie finden entsprechende Literaturhinweise im Anhang). Um Ihnen die Beweise zu erleichtern, gibt es auch für die Prädikatenlogik erster Stufe Heuristiken, die im nächsten Kapitel thematisiert werden.

4.7 Heuristiken für die Prädikatenlogik erster Stufe

Auch für die Prädikatenlogik erster Stufe lassen sich Heuristiken formulieren. Wie auch bei den Heuristiken für die Aussagenlogik, sollen diese Regeln die Entwicklung von Beweisstrategien erleichtern und werden nach dem Vorkommen von all- und existenzquantifizierten Formeln in den Prämissen und der Konklusion unterschieden. Hierbei sind beim Vorkommen der Quantoren in der Konklusion die Einführungs- und für die Prämissen die Beseitigungsregeln einschlägig.

4.7.1 Heuristiken für die Konklusion

4.7.1.1 Allquantifizierte Formel als Konklusion

Ist die Konklusion eine allquantifizierte Formel, muss die Anwendung der $\bigwedge$E-Regel vorbereitet werden. Die Anwendung dieser Regel erfordert, dass die Abhängigkeitsliste von der Formel, auf welche die $\bigwedge$E-Regel angewandt werden soll, nicht auf Zeilen verweist, in der die Individuenkonstante oder -konstanten, die durch eine Individuenvariabel bzw. -variabeln ersetzt werden soll, verweist. Es kommt also im Wesentlichen darauf an, dass man sich überlegt, wie in Verbindung mit etwaigen Prämissen ebendies ausgeschlossen werden kann. Hierfür muss man sich ansehen, welche Formel allquantifiziert wird. Ferner können die entsprechenden Heuristiken, die Ihnen aus dem aussagenlogischen Kapitel bekannt sind, benutzt werden.

Allquantor in der Konklusion

Betrachten wir hierzu wieder einige Beispiele. Beim folgenden Beispiel ist die Konklusion eine allquantifizierte Aussage (⋀Ax):

𝔓 ⊢ ⋀xAx		
1. 𝔓	P	(1)
2.		

Bei einer solchen Konklusion ist es nun nicht möglich, auf die Idee für weitere Annahmen über die Anwendung von weiteren Heuristiken zu kommen, da die allquantifizierte Formel keine weiteren logischen Partikel enthält. In einem solchen Fall kommt es auf die logische Form der weiteren Prämisse beziehungsweise Prämissen an. Das Vorgehen hierbei werden wir im Abschnitt zu den Heuristiken zu allquantifizierten Formeln in den Prämissen besprechen und auch auf dieses Beispiel zurückkommen.

Betrachten wir noch weitere Beispiele, in denen es sich um komplexe allquantifizierte Formeln handelt:

𝔓 ⊢ ⋀x(Ax→Bx)		
1. 𝔓	P	(1)
2. Aa	A	(2)

Bei dieser Konklusion handelt es sich um eine allquantifizierte Subjunktion. Es könnte nun noch die Annahme des Antecedens der Subjunktion gesetzt werden. Diese Annahme und damit auch die Abhängigkeit von einer Zeile, in der eine Individuenkonstante vorkommt, wird bei der Anwendung der →E-Regel wieder beseitigt werden, sodass die ⋀E-Regel angewandt werden kann. Bei der Herleitung des Sukcedens muss darauf geachtet werden, dass es von keiner Zeile abhängt, in der die entsprechende Individuenkonstante vorkommt. Dementsprechend wäre es ein Fehler, wenn das Sukcedens einfach angenommen wird (Ausnahme ist die Selbstimplikation Aa→Aa).

Ähnliches gilt für eine allquantifizierte Negation wie im folgenden Beispiel:

$\mathfrak{P} \vdash \bigwedge x(\neg Ax)$		
1. $\mathfrak{P}$	P	(1)
2. Aa	A	(2)

Man kann dementsprechend die Position annehmen und versuchen, einen Widerspruch herzuleiten. Unter Rückgriff auf die ¬E-Regel kann die Annahme aus Zeile 2 gestrichen werden und die – falls nicht noch weitere Zeilen mit der Individuenkonstante a vorkommen – ⋀E-Regel angewandt werden. Hierbei (und auch für das vorige Beispiel) kann es auch bei noch komplexeren Formeln der Fall sein, dass noch weitere Heuristiken einschlägig sind.

4.7.1.2 Existenzquantifizierte Formel als Konklusion

Existenzquantor in der Konklusion

Ist die Konklusion eine existenzquantifizierte Formel, muss die Anwendung der ⋁E-Regel vorbereitet werden. Da man die ⋁E-Regel immer auch auf Annahmen anwenden kann, muss man bei einer existenzquantifizierten Formel als Konklusion darauf achten, dass die Zeile, auf welche die ⋁E-Regel angewandt wird, nur noch von den Prämissen abhängig ist.

$\mathfrak{P} \vdash \bigvee xAx$		
1. $\mathfrak{P}$	P	(1)
2.		

Der Beweis ist nicht gelungen, wenn man in der zweiten Zeile die Aussage Ab annimmt und in der dritten Zeile die ⋁E-Regel anwendet. Wie es im Folgenden geschieht:

$\mathfrak{P} \vdash \bigvee xAx$			
1. $\mathfrak{P}$	P		(1)
2. Ab	A		(2)
3. ⋁xAx	(⋁E)	2	(2)

Die Konklusion wäre zwar der Form nach hergeleitet, aber diese wäre noch von der Annahme abhängig und die Prämisse wäre für diese Formel irrelevant, da sie in der Abhängigkeitsliste nicht vertreten ist. Es kommt dementsprechend auf eine geschickte Nutzung der Prämissen in Verbindung mit der logischen Form der Konklusion an. Wenn die Konklusion eine komplexere existenzquantifizierte Formel ist, dann ergibt sich evtl. noch eine weitere Anwendung von weiteren Heuristiken. Wenn eine existenzquantifizierte Formel als Konklusion nach mehrmaligen Versuchen nicht hergeleitet werden kann, sollte es mit einem indirekten Beweis (analog zu dem Hinweis bei disjunktiven Konklusionen) probiert werden.

4.7.2 Heuristiken für die Prämissen

Treten all- und existenzquantifizierte Formeln unter den Prämissen auf, sind die entsprechenden Beseitigungsregeln für die Quantoren einschlägig. Hierbei ist eine allquantifizierte Formel als Prämisse in der Verwendung sehr einfach. Wenn eine Formel für alle Individuen gilt, dann auch für jedes einzelne Individuum. Man kann dementsprechend einfach die ⋀B-Regel anwenden. Hierbei sollte darauf geachtet werden, dass man geeignete Individuenkonstanten als Substitution wählt.

4.7.2.1 Allquantifizierte Formel als Prämisse

Allquantor in einer Prämisse

Für die oben angesprochenen Fälle einer allquantifizierten Konklusion ergeben sich weitere Möglichkeiten, weitere Heuristiken anzuwenden. Erweitern wir das obigen Beispiel um eine Prämisse:

$\bigwedge x(Ax \wedge Bx) \vdash \bigwedge x Ax$

1. $\bigwedge x(Ax \wedge Bx)$	P	(1)

Bei diesem Beispiel ist die Prämisse eine allquantifizierte Konjunktion und dementsprechend muss die Anwendung der ∧B-Regel vorbereitet werden, indem zunächst die ⋀B-Regel angewandt wird. Dabei ist die Wahl der Individuenkonstante gleichgültig, da die komplexe Aussage sowieso für alle Individuen gilt, sodass auch die abschließende Anwendung der ⋀E-Regel kein Problem darstellt.

Beim folgenden Beispiel handelt es sich bei der Prämisse um eine allquantifizierte Subjunktion. Um diese nutzbar machen zu können, muss das Antecedens der Subjunktion bereitgestellt werden. Da es sich bei diesem um eine Negation handelt, kann die Heuristik für eine Negation in der Konklusion angewandt werden, die besagt, dass man die Position annimmt und versucht, einen Widerspruch herzuleiten.

⋀x(¬Ax→Bx) ⊢ ⋀xBx

1. ⋀x(¬Ax→Bx)	P	(1)
2. Ac	A	(2)

4.7.2.2 Existenzquantifizierte Formel als Prämisse

Existenzquantor in einer Prämisse

Die Heuristik für eine existenzquantifizierte Formel als Prämisse besagt, dass die Anwendung der ⋁B-Regel vorbereitet werden soll. Hierbei ist insbesondere darauf zu achten, dass man beim Setzen der korrespondierenden Annahme die neue Individuenkonstante c mit einem * markiert (man weiß ja nur, dass es mindestens ein Individuum geben muss, aber nicht, welchen Namen dieses Individuum hat). Ferner darf die neue Formel ℭ die Individuenkonstante c* nicht mehr enthalten. Dies ist bei einer quantifizierten Formel der Fall, aber auch bei einem ⅄.

⋁x(¬Bx) ⊢ 𝔎

1. ⋁x(¬Bx)	P	(1)
2. ¬Bc*	A	(2)

Bei diesem Beispiel ist auch noch möglich, auf die korrespondierende Annahme die Heuristik einer negierten Aussage in den Prämissen anzuwenden.

4.8 Aufgaben zur Prädikatenlogik erster Stufe

1. Im letzten Kapitel wurde ein Argument von Immanuel Kant rekonstruiert, mit dem gezeigt werden sollte, dass die Glückseligkeit nicht der Naturzweck eines mit Vernunft und Willen begabten Lebewesens sein könne. Wie bewerten Sie dieses Argument angesichts der Tatsache, dass sich der zugrundeliegende Schluss als gültig erwies? Gehen Sie in ihrer Antwort unter anderem auf die Definition eines guten Argumentes ein.

2. Bei der Rekonstruktion des Argumentes von Immanuel Kant wurde das Sukcedens der ersten Prämisse mit $\neg(Va \wedge Wa)$ formalisiert. Wieso wurde nicht die Formalisierung $\neg Va \wedge \neg Wa$ gewählt? Erläutern Sie die Unterschiede und gehen Sie dabei insbesondere auf den Wahrheitswertverlauf der beiden Formeln ein.

3. Welche Art von Prädikaten kann in der Prädikatenlogik erster Stufe behandelt und damit auch nur formalisiert werden?

4. Formalisierung von einzelnen Aussagen und ganzen Argumenten:[108]
   4.1 „Leistungssportler" ist ein Prädikat im Sinne der Logik.
   4.2 Max ist ein Leistungssportler.
   4.3 Alle Körper sind ausgedehnt.
   4.4 Greta und Karla sind Fechterinnen.
   4.5 Nur Fechterinnen sind im Fechtclub 1.
   4.6 Jedes Ereignis hat eine Ursache.
   4.7 Wenn Peter ein Mensch ist und alle Menschen Säugetiere sind, dann gibt mindestens ein Säugetier.
   4.8 Alle Fechter sind im Fechtclub 2.
   4.9 Eine Fechterin hat alle Fechterinnen besiegt, aber nicht alle Fechter.
   4.10 Wenn einige Leistungssportler Fechter sind und alle Fechter männlich oder weiblich sind, dann sind einige Leistungssportler männlich oder weiblich.
   4.11 Kann der letzte Satz auch als Schluss („Wenn einige Leistungssportler sind Fechter und alle Fechter männlich oder weiblich sind, dann sind einige Leistungs-

108 Bei den Aussagen sind auch solche, die mit der Prädikatenlogik erster Stufe nicht formalisiert werden können.

sportler männlich oder weiblich.“) dargestellt werden? Falls dies der Fall ist, beweisen Sie, dass es sich um einen gültigen Schluss handelt.

5. Beweisen Sie folgende Implikationen:
   6.1 $\bigwedge xAx \vdash \neg\bigvee x\neg Ax$
   6.2 $\neg\bigvee x\neg Ax \vdash \bigwedge xAx$
   6.3 $\bigwedge x\neg Ax \vdash \neg\bigvee xAx$
   6.4 $\neg\bigvee xAx \vdash \bigwedge x\neg Ax$
   6.5 $\bigvee xAx \vdash \neg\bigwedge x\neg Ax$
   6.6 $\neg\bigwedge x\neg Ax \vdash \bigvee xAx$
   6.7 $\bigvee x\neg Ax \vdash \neg\bigwedge xAx$
   6.8 $\neg\bigwedge xAx \vdash \bigvee x\neg Ax$
   6.9 $\bigwedge x(Ax\wedge Bx) \vdash \bigwedge xAx\wedge\bigwedge xBx$
   6.10 $\bigwedge xAx\wedge\bigwedge xBx \vdash \bigwedge x(Ax\wedge Bx)$
   6.11 $\bigvee x(Ax\vee Bx) \vdash \bigvee xAx\vee\bigvee xBx$
   6.12 $\bigvee xAx\vee\bigvee xBx \vdash \bigvee x(Ax\vee Bx)$
   6.13 $\bigwedge xAx\vee\bigwedge xBx \vdash \bigwedge x(Ax\vee Bx)$
   6.14 $\bigwedge x(Ax\vee Bx) \vdash \bigwedge xAx\vee\bigvee xBx$
   6.15 $\bigwedge x(Ax\rightarrow Bx) \vdash \bigwedge xAx\rightarrow\bigwedge xBx$
   6.16 $\bigwedge x(Ax\rightarrow Bx) \vdash \bigwedge xAx\rightarrow\bigvee xBx$
   6.17 $\bigwedge xAx\rightarrow\bigvee xBx \vdash \bigvee x(Ax\rightarrow Bx)$
   6.18 $A\rightarrow\bigwedge xCx \vdash \bigwedge x(A\rightarrow Cx)$
   6.19 $\neg\bigvee x(Ax\rightarrow Bx) \vdash \neg\bigvee x(\neg Ax\vee Bx)$
   6.20 $\bigwedge x(Ax\rightarrow\neg Bx) \vdash \neg\bigvee x(Ax\wedge Bx)$
   6.21 $\bigwedge x(Bx\rightarrow Ax), \bigvee x(Cx\wedge Bx) \vdash \bigvee x(Cx\wedge Ax)$
   6.22 $\bigwedge x\neg Bx, \bigwedge x(Cx\rightarrow Bx), \bigvee x(Cx\vee\neg Ax) \vdash \bigvee x\neg Ax$
   6.23 $\bigwedge x(Ax\vee Bx\rightarrow\neg Cx), \bigwedge x((Bx\rightarrow\neg Dx)\rightarrow Ax\wedge Cx) \vdash \bigwedge xDx$
   6.24 $\bigwedge x(Ax\vee Bx\rightarrow Cx), \bigvee x\neg Cx \vdash \bigvee x\neg Ax$
   6.25 $\bigvee x(\neg(\neg Ax\wedge Dx)\vee(Bx\rightarrow C)), \bigwedge x\neg Ax, \bigwedge xDx \vdash \bigvee x(\neg C\rightarrow\neg Bx)$

5. Identität

5.1 Eigenschaften der Identitätsrelation

In diesem Kapitel soll die Prädikatenlogik erster Stufe um die Einführungs- und Beseitigungsregeln der Identitätsrelation erweitert werden. Betrachten wir hierzu folgendes Argument:

Money Boy ist auch bekannt als YSL know Plug.
Sebastian Meisinger ist der bürgerliche Name von Money Boy.
Sebastian Meisinger ist wohnhaft in Wien.
―――――――――――――――――――――――――――――――
Also ist auch YSL know Plug wohnhaft in Wien.

Formalisierung mit den bisherigen Mitteln

Mittlerweile sind Sie im Erkennen von logischen Strukturen geschult und Sie beschleicht vermutlich das Gefühl, dass dem Argument ein gültiger Schluss zugrunde liegt. Denn offensichtlich bezieht man sich durch die unterschiedlichen Eigennamen auf denselben Gegenstand (die Person Sebastian Meisinger) und dementsprechend müssten (von ein paar Einschränkungen abgesehen) alle Aussagen, in denen ein Eigenname für die Person Sebastian Meisinger vorkommt, auch wahr bleiben, wenn einer der anderen Eigennamen für diese Person vorkommt. Dementsprechend müsste die Definition eines gültigen Schlusses auch hier erfüllt sein. Doch in der Logik reicht leider das Bauchgefühl nicht aus, um einen Schluss als gültig auszuweisen. Versuchen wir also die bisherigen Mittel so zu erweitern, dass man die Gültigkeit nachweisen kann. Wenn man sich das Beispiel anschaut, stellt man fest, dass die Mittel der Prädikatenlogik erster Stufe beinahe ausreichen, um dieses Beispiel zu formalisieren. Bei „Money Boy“, „Sebastian Meisinger", „YSL know Plug“ und auch „Wien“ handelt es sich um Eigennamen, mit denen man sich im Falle von „Wien“ auf die Stadt Wien bezieht und mit „Money Boy“, „YSL know Plug“ und „Sebastian Meisinger“ auf die Person Sebastian Meisinger. Bei der Formalisierung können dementsprechend vier Individuenkonstanten gewählt werden, die mit den entsprechenden Eigennamen belegt werden. Etwa: m für den Eigennamen „Money Boy“, l für den Eigennamen „YSL know Plug“, s für den Eigennamen „Sebastian Meisinger“ und w für den Eigennamen „Wien“.

Bei den Prädikatoren handelt es sich um Relationen. Die Formalisierung der Relation „... ist wohnhaft in ...“ ist mit den bisherigen Mitteln unproblematisch. Man wählt eine Relationskonstante und belegt diese mit der entsprechenden Relation. Beispielsweise den Großbuchstaben W. Damit könnte die Aussage: „Sebastian Meisinger ist wohnhaft in Wien.“ formalisiert werden mit: Wsw. Zu bemerken ist, dass es sich bei dieser Aussage um die Aussage handelt, in der die Eigennamen für die Person Sebastian Meisinger nur ausgetauscht werden sollen, um die Konklusion zu ergeben. Die Formalisierung der Konklusion (Wlw) unterscheidet sich nur in Bezug auf den verwendeten Eigennamen für die Person Sebastian Meisinger.

Bei den Relationen „... ist auch bekannt als ...“ und „... ist der bürgerliche Name von ...“ scheint man bei der Formalisierung im ersten Moment auch so vorgehen zu können. Wir wählen B für „... ist auch bekannt als ...“ und formalisieren den Satz „Money Boy ist auch bekannt als YSL know Plug.“ mit Bml. Mit H wollen wir „... ist der bürgerliche Name von ...“ belegen und formalisieren die Aussage „Money Boy heißt mit bürgerlichem Namen Sebastian Meisinger.“ mit Hsm. Es würde sich also folgende Formalisierung für das Argument ergeben:

Bml
Hsm
Wsw
Wlw

Anhand dieser Formalisierung des Arguments kann nicht gezeigt werden, dass dem Argument ein logisch gültiger Schluss zugrunde liegt. Vielmehr erscheint es so, dass die logischen Strukturen der jeweiligen Prämissen keine großen Übereinstimmungen besitzen. Angesichts der intuitiven Überzeugung von der Gültigkeit des Schlusses liegt es nahe, dass bei der Formalisierung etwas schiefgelaufen ist. Aber – so viel Selbstbewusstsein dürfen wir uns zum gegenwärtig Zeitpunkt schon zugestehen – mit den bisher bereitgestellten Mitteln kann das Argument nur auf die geschehene Art und Weise formalisiert werden. Es deutet also alles daraufhin, dass die bisherigen Mittel unzureichend sind, um den Schluss adäquat zu formalisieren. Versuchen wir dementsprechend die beiden ersten Prämissen einer näheren Betrachtung zu unterziehen.

Nähere Betrachtung der Relationen

Betrachten wir zunächst die Relation „... ist auch bekannt als ...“ etwas näher. Fragen wir zunächst danach, was der Sinn dieser Relation ist: Durch diese Relation soll ausgedrückt werden, dass man sich mit unterschiedlichen Eigennamen auf denselben Gegenstand bezieht. Durch die Aussage soll festgelegt werden, dass sich die Eigennamen „Money Boy“ und „YSL know Plug“ auf denselben Gegenstand (in diesem Fall auf die Person Sebastian Meisinger) beziehen. Anders ausgedrückt: Es wird ausgesagt, dass der Bezug der beiden Eigennamen identisch ist. Man könnte die Aussage dementsprechend umformulieren zu: „Money Boy ist identisch mit YSL know Plug“. Aus dem schulischen Mathematikunterricht ist Ihnen das Gleichheitszeichen = bekannt, mit dem die Identitätsrelation ausgedrückt wird. Die Aussage „Money Boy ist identisch mit YSL know Plug“ könnte also wie folgt formalisiert werden: =ml. Aus Gewohnheitsgründen wollen wir Identitätsaussagen, aber so schreiben: m=l. Dass gerade gesagte trifft auch auf die zweite Relation „Sebastian Meisinger ist der bürgerliche Name von Money Boy.“ zu. Denn auch hier besteht der Sinn der Relation darin, auszudrücken, dass der Gegenstand, der durch den Eigennamen „Sebastian Meisinger“ bezeichnet wird, auch durch den Eigennamen „Money Boy“ bezeichnet wird. Diese Aussage soll dementsprechend mit m=s formalisiert werden.

Identitätsrelation

Eigenschaften der Identitätsrelation

Dass für die Identitätsrelation ein eigenes Zeichen gebraucht wird, deutet schon daraufhin, dass es sich bei dieser um eine besondere Relation handelt. Denn wie die anderen logischen Partikel kann man die Identitätsrelation allein mit logischen Mitteln definieren. Diese Definition soll aber für den Moment zurückgestellt werden. Zuerst wollen wir die Eigenschaften der Identitätsrelation herausarbeiten.

1. Zunächst bezieht sich die Identitätsrelation nicht auf Gegenstände, sondern auf Eigennamen, mit denen man sich auf die jeweiligen Gegenstände bezieht. Zwei Gegenstände können nicht identisch miteinander sein.
2. Eine weitere Eigenschaft der Identitätsrelation ist, dass sich der Wahrheitswert von Aussagen nicht ändert, wenn man in diesen einen Eigennamen, der mit einem anderen identisch ist, austauscht.

Erläutern wir zunächst die zweite Eigenschaft. Der Wahrheitswert der Aussage: „Sebastian Meisinger ist wohnhaft in Wien.“ bestimmt sich darüber, ob es sich tatsächlich so verhält, dass der Gegenstand, auf den man sich mit dem Eigennamen „Sebastian

Meisinger" bezieht, zu dem Gegenstand, der durch den Eigennamen „Wien" bezeichnet wird, in der Relation oder Beziehung „... des wohnhaft seins in ..." steht. Wenn es sich so verhält, dann ändert sich der Wahrheitswert dieser Aussage nicht, wenn in der Aussage ein anderer Eigenname, der denselben Gegenstand bezeichnet, verwendet wird. Dies geschieht in der Aussage: „YSL know Plug ist wohnhaft in Wien." Wenn die Aussage: „Sebastian Meisinger ist wohnhaft in Wien." wahr ist, dann ist es auch die Aussage: „YSL know Plug ist wohnhaft in Wien.".

Leibniz'sche Ersetzungsprinzip

Dieser Umstand ist auch als das Leibniz'sche Ersetzungsprinzip bekannt. Formal lässt sich dies auch wie folgt ausdrücken:

$$\bigwedge x \bigwedge y\ (x=y \rightarrow (\mathfrak{A}x \rightarrow \mathfrak{A}y))$$ [109]

Angewandt auf das obige Argument wählen wir für die beliebig komplexe Aussage ($\mathfrak{A}$) die Relation „... ist wohnhaft in Wien" (W...w) und erhalten so:

$$\bigwedge x \bigwedge y\ (x=y \rightarrow (Wxw \rightarrow Wyw))$$ [110]

Nun könnte man unter zweimaliger Anwendung der ⋀B-Regel folgende Subjunktion herleiten:

$$s=l \rightarrow (Wsw \rightarrow Wlw)$$ [111]

109 Gesprochen: Für alle Gegenstände x und alle Gegenstände y gilt: Wenn x mit y identisch ist, dann ist es so, dass wenn eine beliebig komplexe Aussage, in der x vorkommt, gilt, diese beliebig komplexe Aussage auch für y gilt.

110 Gesprochen: Für alle Gegenstände x und alle Gegenstände y gilt: Wenn x mit y identisch ist, dann ist es so, dass wenn x wohnhaft in Wien ist, dann ist auch y wohnhaft in Wien.

111 Gesprochen: Wenn der Eigennamen Sebastian Meisinger identisch mit dem Eigennamen YSL know Plug ist, dann ist es so, dass, wenn Sebastian Meisinger wohnhaft in Wien ist, dann ist auch YSL know Plug wohnhaft in Wien.

Betrachten wir vor diesem Hintergrund erneut das obige Argument mit den bisherigen Formalisierungen und in Ergänzung mit dem Ersetzungsprinzip, dann ergibt sich folgende Schlussform:

Ergänzung des Beispiels

m=l
s=m
Wsw
<u>s=l→(Wsw→Wlw)</u>
Wlw

Damit könnten wir bereits den obigen Schluss beweisen, wenn noch gezeigt werden könnte, dass s=l gilt. Allein, wir haben noch nicht die Aussage, dass Sebastian Meisinger mit YSL know Plug identisch ist. Dies ist allerdings unproblematisch, denn unter einer beliebig komplexen Aussage (𝔄) können auch Identitätsaussagen verstanden werden. Da der Eigenname „Money Boy" identisch mit dem Eigennamen „YSL know Plug" (m=l) und der Eigenname „Sebastian Meisinger" identisch mit dem Eigennamen „Money Boy" ist (s=m), ist auch der Eigenname „Sebastian Meisinger" identisch mit dem Eigennamen „YSL know Plug" (s=l). Unter der beliebig komplexen Aussage (𝔄) soll ist identisch mit s (s= ...) verstanden werden. So ergibt sich folgender Schluss:

m=l, s=m, ⋀x⋀y (x=y→(s=x→s=y)) ⊢ s=l

1. m=l	P		(1)
2. s=m	P		(2)
3. ⋀x⋀y (x=y→(s=x→s=y))	P		(3)
4. ⋀y (m=y→(s=m→s=y))	(⋀B)	3	(3)
5. m=l→(s=m→s=l)	(⋀B)	4	(3)
6. s=m→s=l	(→B)	1, 5	(1, 3)
7. s=l	(→B)	2, 6	(1, 2, 3)

Den Beweis bezeichnen wir als Nebenrechnung 1 und beziehen uns auf diese mit (NR1). Damit können wir die Gültigkeit des obigen Schlusses nachweisen.

m=l, s=m, ⋀x⋀y (x=y→(s=x→s=y)), Wsw, s=l→(Wsw→Wlw) ⊢ Wlw

1. m=l	P		(1)
2. s=m	P		(2)
3. ⋀x⋀y (x=y→(s=x→s=y))	P		(3)
4. Wsw	P		(4)
5. s=l→(Wsw→Wlw)	P		(5)
6. s=l	(NR1)	1, 2, 3	(1, 2, 3)
7. Wsw→Wlw	(→B)	5, 6	(1, 2, 3, 5)
8. Wlw	(→B)	4, 7	(1, 2, 3, 4, 5)

Identitätsbeseitigungsregel

Es ist zwar gelungen, die Gültigkeit des Schlusses zu beweisen, aber besonders intuitiv hat sich das Vorgehen nicht gestaltet. Dies liegt daran, dass das Ersetzungsprinzip für diesen Beweis auf zwei Weisen spezifiziert wurde und als zusätzliche Prämisse aufgenommen wurde. Wenn Sie sich nochmals an die Definition der Logik aus den Vorbemerkungen erinnern, dann sollte die Gültigkeit eines Schlusses allein aufgrund der Bedeutung der logischen Partikel ausgewiesen werden. Innerhalb des natürlichen Schließens soll die Bedeutung der logischen Partikel über die Einführungs- und Beseitigungsregel angegeben werden. Diese Regeln sollen für die Identitätsrelation angegeben werden. Begonnen werden soll mit der Beseitigungsregel. Grundlage für die Beseitigungsregel ist das Ersetzungsprinzip.

$(=B_1)\ t=s_{L},\ \mathfrak{A}t/s_{L'} \Rightarrow \mathfrak{A}s_{LL'}$[112]

Um die Beweise an einigen Stellen zu vereinfachen, fügen wir noch eine zweite Identitätsbeseitigungsregel hinzu:

112 Gesprochen: Wenn zwei Terme t und s identisch sind und in einer beliebig komplexen Aussage 𝔄 der Term t vorkommt und durch den Term s ausgetauscht werden kann, dann ist es erlaubt, den Term t durch den Term s in der beliebig komplexen Aussage 𝔄 auszutauschen.

$(=B_2)\ t{=}s_L,\ \mathfrak{A}s/t_L \Rightarrow \mathfrak{A}t_{LL'}$[113]

Beispiel

Versuchen wir nun den obigen Schluss ausgehend von den drei Prämissen zu beweisen:

m=l, m=s, Wsw ⊢ Wlw

1. m=l	p		(1)
2. m=s	P		(2)
3. Wsw	P		(3)
4. s=l	$(=B_1)$	1, 2	(1, 2)
5. Wlw	$(=B_1)$	3, 4	(1, 2, 3)

Erläutern wir die Anwendung der =B-Regel. Zeile 2 liefert die Identitätsaussage: m=s. In Zeile 1 finden wir die beliebig komplexe Aussage ($\mathfrak{A}$), in der ein Eigenname der Identitätsaussage aus Zeile 2 (m) vorkommt. Um dies verständlicher zu machen, soll diese Aussage umschrieben werden. Dem durch den Eigennamen m bezeichneten Gegenstand kommt die Eigenschaft zu, auch durch den Eigennamen l bezeichnet zu werden (Dies ist nur eine umständliche Art zu sagen, dass m mit l identisch ist.). Diese Eigenschaft (... ist identisch mit l) kommt aufgrund der Identität von m und s auch s zu. Auf diese Art erhalten wir die Zeile 4. Zeile 4 liefert die Identitätsaussage: s=l. In Zeile 3 finden wir die beliebig komplexe Aussage ($\mathfrak{A}$), in der ein Eigenname der Identitätsaussage aus Zeile 4 (s) vorkommt. Diese Eigenschaft kommt aufgrund der Identität von s und l auch l zu. Auf diese Art erhalten wir die Zeile 5.

Substitution in Glaubenskontexten

Bei der Evaluierung von natürlich-sprachlichen Argumenten kann es in Bezug auf die =B-Regel, also der Substitution von identischen Eigennamen in Aussagen, zu Problemen kommen. Ein Beispiel wäre die Substitution in Glaubenskontexten. Um ein Beispiel zu bemühen: Sie wissen aufgrund der vorherigen Ausführungen, dass die Eigennamen „Sebastian Meisinger",

113 Gesprochen: Wenn zwei Terme t und s identisch sind und in einer beliebig komplexen Aussage $\mathfrak{A}$ der Term s vorkommt und durch den Term t ausgetauscht werden kann, dann ist es erlaubt, den Term s durch den Term t in der beliebig komplexen Aussage $\mathfrak{A}$ auszutauschen.

„Money Boy“ und „YSL know Plug“ identisch sind. Wenn wir nun einen Satz wie den Folgenden formulieren „Sven Ender glaubt, dass Monte Carlo ein Lied von Money Boy ist.“, wäre es zulässig den Ausdruck „Money Boy“ gegen „Sebastian Meisinger“ auszutauschen, da Sven Ender eben auch weiß, dass die Eigennamen denselben Gegenstand bezeichnen. Diese Voraussetzung ist aber nicht immer gegeben. Der Satz: „Sven Ender glaubt, dass Am I Confused ein Lied von Quasimoto ist.“ könnte nur in den Satz: „Sven Ender glaubt, dass Am I Confused ein Lied von Madlib ist.“ umgeformt werden, falls Sven Ender weiß, dass die Eigennamen „Quasimoto“ und „Madlib“ dieselbe Person bezeichnen. Die Probleme, die an dieser Stelle bei der Evaluierung von natürlich-sprachlichen Aussagen entstehen, werden bereits seit der Entstehung der modernen Sprachphilosophie besprochen. Bereits 1892 hat Gottlob Frege in *Über Sinn und Bedeutung* Probleme der Identitätsrelation und der Formalisierung von natürlich-sprachlichen Aussagen thematisiert. Die Formalisierung und die Anwendung der =B-Regel macht an dieser Stelle Schwierigkeiten, da es nicht um eine gewöhnliche Aussage geht, in der einem Gegenstand eine Eigenschaft zugesprochen wird oder eine Relation, in der zwei Gegenstände zueinanderstehen, ausgesagt wird, sondern ein Gegenstand in Beziehung (in diesem Fall des Glaubens) zu einer Aussage gesetzt wird. Aufgrund dieser Relation zwischen einem Gegenstand und einer Aussage muss bei der Substitution eines Ausdrucks durch einen anderen darauf geachtet werden, dass sich die Aussage nicht verändert.

Symmetrie der Identitätsrelation

Bevor wir auf die erste Eigenschaft – die Identitätsrelation besteht zwischen Eigennamen und nicht zwischen Gegenständen – der Identitätsrelation zu sprechen kommen, soll nochmals die Formalisierung von Identitätsaussagen thematisiert werden. Thematisiert wurde zunächst die erste Prämisse „Money Boy ist auch bekannt als YSL know Plug.“ An mehreren Gelegenheiten wurde schon auf die großen Unterschiede zwischen natürlichen und logisch eindeutigen Sprachen hingewiesen. Dieser Unterschied führt generell bei der Formalisierung von natürlichsprachlichen Argumenten zu Problemen und insbesondere auch bei der Formalisierung von Identitätsaussagen. Die erste Prämisse „Money Boy ist auch bekannt als YSL know Plug.“ wurde mit m=l formalisiert. Bei der Umstellung der Eigennamen l=m und anschließender Rückübersetzung in die natürliche Sprache ergibt sich eine sinnvolle Aussage: „YSL know Plug ist auch bekannt als Money Boy.“ Bei der Identitätsrelation handelt es sich um eine symmetrische Relation.

> Eine Relation R ist genau dann symmetrisch, wenn a in der Relation R zu b steht, dann steht auch b in der Relation R zu a.

Bei „... ist wohnhaft in ...“ handelt es sich um keine symmetrische Relation. „Wien ist wohnhaft in Sebastian Meisinger.“ ist eine unsinnige Aussage. Betrachten wir vor diesem Hintergrund die zweite Prämisse „Money Boy heißt mit bürgerlichem Namen Sebastian Meisinger.“ Diese wurde mit m=s formalisiert. Aber die natürlich-sprachliche Relation ist nicht symmetrisch. Dies sieht man daran, dass man bei der Aussage „Sebastian Meisinger heißt mit bürgerlichem Namen Money Boy.“ nachfragen würde, ob man sich nicht vertan habe. Dies liegt daran, dass die natürlichsprachliche Relation einen Künstlernamen mit einem bürgerlichen Namen verbindet. Dabei wird markiert, an welcher Relationsstelle ein Eigenname eingesetzt werden darf, der ein Künstlername ist, und an welcher Stelle ein Eigenname eingesetzt werden darf, der ein bürgerliche Name ist. Dies lässt sich bei der Formalisierung durch die Identitätsrelation in einem Kalkül nicht abbilden, da aufgrund der Eigenschaft der Symmetrie die Stellung der Eigennamen vertauscht werden kann. In einigen Fällen kann man sich durch eine geschickte Umformulierung behelfen, indem man sagt: „Sebastian Meisinger heißt mit Künstlernamen Money Boy.“. Aber sicherlich gibt es Fälle, in denen ein Bruch zwischen der idealen und der natürlichen Sprache bestehen bleibt.

Reflexivität der Identitätsrelation

Kommen wir zu einer weiteren Eigenschaft der Identitätsrelation. Die Identitätsrelation ist nicht nur symmetrisch, sondern auch reflexiv.

> Eine Relation R ist reflexiv genau dann, wenn a in der Relation R zu sich selbst steht.

Betrachten wir hierzu nochmals die erste Prämisse: „Money Boy ist auch bekannt als YSL know Plug.“ Auch diese Aussage wurde mit der Identitätsrelation formalisiert. Hier gibt es in Bezug auf die natürliche Sprache nicht dieselben Differenzen wie bei der zweiten Prämisse. Aber eine andere. Die erste Prämisse haben wir mit m=l formalisiert. Aufgrund der Symmetrie der Identitätsrelation ist es uns auch gestattet, l=m zu schreiben. Wenn man diese Aussagen als Prämissen verwendet, dann folgt Folgendes: m=m

m=l, l=m ⊢ m=m			
1. m=l	P		(1)
2. l=m	P		(2)
3. m=m	(=B_1)	1, 2	(1, 2)

Wenn man dies in die natürliche Sprache rückübersetzt, ergibt sich: „Money Boy ist auch als bekannt als Money Boy." Innerhalb der natürlichen Sprache ist es ungereimt, derartiges zu sagen. Dies liegt daran, dass die Identitätsrelation nicht in allen Eigenschaften mit der Relation „… ist auch bekannt als …" der natürlichen Sprache übereinstimmt. Es müssen zwar Eigennamen verwendet werden, die denselben Gegenstand bezeichnen, aber die Eigennamen dürfen nicht aus derselben Zeichenkombination bestehen. Denn „… ist auch bekannt als …" fordert, dass die Eigennamen nicht dieselben sind.

Identitätseinführungsregel

Wenn man sich nun den Satz (m=m) ansieht und die Frage stellt, unter welchen Bedingungen diese Aussage wahr ist, dann stellt man fest, dass Aussagen der Form m=m trivialerweise wahr sind. Bei der Identität handelt es sich um eine Relation und, da sich die Eigennamen an den Relatstellen trivialerweise auf denselben Gegenstand beziehen, ist diese Aussage immer wahr (wenn sie auch nicht gerade informativ ist.). Da diese Aussagen immer wahr sind, ist es auch unproblematisch, diese in einen Beweis einzuführen. Diesen Umstand können wir verwenden, um die =E-Regel zu formulieren:

(=E) ⟹ t=t ∅[114]

Die =E-Regel gestattet es, die Identität von einem Eigennamen einzuführen. Die Besonderheit dieser Regel besteht darin, dass

114 Gesprochen: Es ist immer erlaubt, eine Identitätsrelation mit zwei gleichen Eigennamen in einen Beweis einzuführen.

die Einführung der Identitätsrelation mit leerer Abhängigkeitsliste vollzogen werden kann. Dies sollte nach den Vorbemerkungen nicht verwundern, da in der Prädikatenlogik erster Stufe mit der Identitätserweiterung sichergestellt ist, dass sich jeder Eigenname auf einen Gegenstand bezieht und so die Aussage, dass ein Eigenname mit sich identisch ist, trivialerweise wahr ist. Betrachten wir hierzu ein Beispiel:

$\vdash \bigwedge x\ x=x$[115]

1. a=a	(=E)		( )
2. $\bigwedge$x x=x	($\bigwedge$E)	1	( )

Erläutern wir den Beweis wieder. In Zeile 1 kann man mit Hilfe der =E-Regel die Identitätsaussage a=a mit leerer Abhängigkeitsliste einführen. Da die Identitätsaussage a=a eine leere Abhängigkeitsliste hat, ist die Wahl der Individuenkonstante beliebig gewesen. Der Allquantor kann dementsprechend in Zeile 2 über die Anwendung der $\bigwedge$E-Regel eingeführt werden.

Die Transitivität der Identitätsrelation

Die Identitätsrelation hat noch eine weitere Eigenschaft. Sie ist auch transitiv.

Eine Relation R ist genau dann transitiv, wenn a in Relation R zu c steht und c in Relation R zu b steht, dann steht a in Relation R zu b.

Beispiel

Vergleicht man die Identitätsrelation mit der Relation „... ist wohnhaft in ...", kann Folgendes festgestellt werden: Während die Identitätsrelation transitiv ist, der Aussage: „Wenn Sebastian Meisinger identisch mit Money Boy ist und Money Boy identisch mit YSL know Plug ist, dann ist Sebastian Meisinger identisch mit YSL know Plug ein gültiger Schluss zugrunde liegt." Ist dies bei der Relation „... ist wohnhaft in ..." nicht der Fall: „Wenn Sebastian Meisinger wohnhaft in Wien ist und Sebastian Kurz wohnhaft in Wien ist, dann ist Sebastian Meisinger wohnhaft in Sebastian Kurz." Dies ist selbstverständlich unsinnig. Die Unsinnigkeit des

115 Gesprochen: Für alle Gegenstände x gilt, dass x identisch mit x ist

zweiten Beispiels beruht darauf, dass die verwendete Relation nicht transitiv ist. (Sie ist im Übrigen auch nicht reflexiv (Wien ist wohnhaft in Wien.) und auch nicht symmetrisch (Wien ist wohnhaft in Sebastian Meisinger.).) Formal lässt sich die Eigenschaft der Transitivität der Identitätsrelation wie folgt ausdrücken:

$\bigwedge x \bigwedge y \bigwedge z\ (x=z \wedge z=y \rightarrow x=y)$[116] Wir können diese Eigenschaft der Identitätsrelation beweisen:

$\vdash \bigwedge x \bigwedge y \bigwedge z\ (x=z \wedge z=y \rightarrow x=y)$

1. $a=b \wedge b=c$	A		(1)
2. $a=b$	$(\wedge B_1)$	1	(1)
3. $b=c$	$(\wedge B_2)$	1	(1)
4. $a=c$	$(=B_2)$	2, 3	(1)
5. $a=b \wedge b=c \rightarrow a=c$	$(\rightarrow E)$	1, 4	(1̶)
6. $\bigwedge z\ (a=z \wedge z=c \rightarrow a=c)$	$(\bigwedge E)$	5	( )
7. $\bigwedge y \bigwedge z\ (a=z \wedge z=y \rightarrow a=y)$	$(\bigwedge E)$	6	( )
8. $\bigwedge x \bigwedge y \bigwedge z\ (x=z \wedge z=y \rightarrow x=y)$	$(\bigwedge E)$	7	( )

Erläutern wir den Beweis wieder kurz. Bei der zu beweisenden Formel handelt es sich um eine allquantifizierte Subjunktion. Dementsprechend kann auch gestützt auf die Heuristik für die Subjunktion in der Konklusion das Antecedens als Annahme in Zeile 1 gesetzt werden. Die Formel in Zeile 1 ist von sich selbst abhängig. In den Zeilen 2 und 3 werden unter Anwendung der $\wedge$B-Regeln die beiden Konjunkte der Annahme hergeleitet. Unter Anwendung der $=B_2$-Regel kann das Sukcedens der herzuleitenden Subjunktion in Zeile 4 bereitgestellt werden, um in Zeile 5 die Subjunktion unter Anwendung der $\rightarrow$E-Regel herzuleiten. In den Zeilen 6, 7 und 8 wird jeweils die $\bigwedge$E-Regel angewandt, um den Beweis zu beenden.

In Bezug auf die Identitätsrelation können wir zusammenfassend Folgendes festhalten:

Die Identitätsrelation ist eine Relation, die zwischen Eigennamen besteht und besagt, dass sich die Eigennamen auf denselben Ge-

116 Für alle Gegenstände x, y, z gilt, dass wenn x identisch ist mit z und z identisch mit y ist, dann ist x identisch mit y.

genstand beziehen. Die Identitätsrelation ist reflexiv, symmetrisch und transitiv.

5.2 Zur Definition der Identitätsrelation

Kommen wir nochmals auf die Definition der Identitätsrelation zu sprechen. Die Identitätsrelation kann allein mit Mitteln der Logik definiert werden. Doch die Mittel der Prädikatenlogik erster Stufe reichen für diese Definition nicht aus. Aber bereits in der Prädikatenlogik zweiter Stufe, in der man neben dem Quantifizieren über Individuen auch über Prädikate quantifizieren kann, kann die Identitätsrelation definiert werden. An dieser Stelle sollen nur einige Beispiele zur Erläuterung dienen. Die Aussage „Money Boy ist Musiker." lässt sich wie folgt formalisieren: Mm mit den folgenden Belegungen: m: Money Boy und M: ... ist Musiker. Wenn es gestattet ist, über Prädikate zu quantifizieren, kann man aus der obigen Aussage folgern, dass es eine Eigenschaft gibt, die Money Boy zukommt. Formal lässt sich diese Aussage so darstellen:

$\bigvee P \; Pm$[117]

Leibniz' Gesetz der Identität

Der Definition der Identität liegt das sogenannte Leibnizsche Gesetz der Identität zugrunde. Dieses beinhaltet zwei Komponenten, die sich so formulieren lassen: Die Identität ununterscheidbarer Dinge und die Ununterscheidbarkeit identischer Dinge. Wir wollen uns im Folgenden den beiden Formulierungen des Leibnizschen Gesetzes widmen.

Identität ununterscheidbarer Dinge

Begonnen wird mit der Identität ununterscheidbarer Dinge. Dieses Prinzip besagt für Eigennamen, dass ein Eigenname a identisch mit einem Eigennamen b ist, wenn alle Prädikate, die auf den Gegenstand, der mit dem Eigennamen a bezeichnet wird, auch auf den Gegenstand zutreffen, der mit dem Eigennamen b bezeichnet wird. Formal lässt sich dies wie folgt ausdrücken:

117 Gesprochen: Es gibt eine Eigenschaft P, sodass diese Eigenschaft P dem durch m bezeichneten Gegenstand zukommt.

$$\bigwedge P\ (Pa \leftrightarrow Pb) \rightarrow a=b$$ [118]

An dieser Stelle muss man sich daran erinnern, dass nicht zwei verschiedene Gegenstände identisch sind, sondern nur ein Gegenstand, auf den man sich mit unterschiedlichen Namen bezieht, mit sich selbst. An dem Prinzip der Identität der ununterscheidbaren Dinge kann man sich dies auch sehr gut verdeutlichen.

Wählen wir zur Verdeutlichung einen unter Philosophen häufig bemühten Fall. Kant und Hegel tragen nicht dieselbe, aber die gleiche Rolex. Es sind nicht dieselben, da nicht alle Prädikate sowohl auf den einen Gegenstand als auch auf den anderen Gegenstand angewandt werden können. Die eine Uhr befindet sich beispielsweise an Kants Handgelenk, die andere an Hegels.

Ununterscheidbarkeit identischer Dinge

Wenn nicht alle Prädikate sowohl auf den durch den Eigennamen a bezeichneten Gegenstand als auch auf den mit dem Eigennamen b bezeichneten Gegenstand zutreffen, dann kann man nicht schließen, dass die durch die Eigennamen a und b bezeichneten Gegenstände identisch sind. Da es sich um ein hinreichendes Kriterium handelt, kann man nur von der Wahrheit des Antecedens auf die Wahrheit der Sukcedens schließen ($\neg A,\ A \rightarrow B \nvdash \neg B$). Wenn es sich bei dem Antecedens auch um ein notwendiges Kriterium der Identität handeln würde, könnte man auf die Nicht-Identität schließen. Die zweite Formulierung „Die Ununterscheidbarkeit identischer Dinge" beinhaltet nun genau dies! Formal lässt sich diese notwendige Bedingung wie folgt ausdrücken:

$$a=b \rightarrow \bigwedge P\ (Pa \leftrightarrow Pb)$$ [119]

118 Gesprochen: Wenn es sich so verhält, dass für alle Prädikate P gilt, dass diese Prädikate genau dann auf den mit dem Eigennamen a bezeichneten Gegenstand zukommen, wenn sie auf den mit dem Eigennamen b bezeichneten Gegenstand zukommen, dann bezeichnen die Eigennamen a und b denselben Gegenstand bzw. sind die Eigennamen a und b identisch.

119 Gesprochen: Wenn es sich so verhält, dass der Eigenname a identisch mit dem Eigennamen b ist, dann gilt für alle Prädikate P, dass sie genau dann auf den mit dem Eigennamen a bezeichneten Gegenstand zutreffen, wenn sie auch auf den mit dem Eigennamen b bezeichneten Gegenstand zutreffen.

Wenn durch die Eigennamen a und b derselbe Gegenstand bezeichnet wird, dann soll es so sein, dass es bei beliebigen Prädikaten so ist, dass Aussagen, in denen diese beliebigen Prädikate in Verbindung mit dem Eigennamen a gebildet werden, genau dann wahr sind, wenn diese Prädikate auch in Verbindung mit dem Eigennamen b gebildet werden. Dies ist für ideale Sprachen aufgrund der eindeutigen Referenz gegeben. Bei natürlichen Sprachen kommt es an dieser Stelle (die Beispiele wurden oben besprochen) zu Problemen.

Nach den Erläuterungen können wir die Definition wie folgt formulieren:

$a{=}b \overset{\text{def}}{=} \bigwedge P\ (Pa \leftrightarrow Pb)$[120, 121]

In anderen Worten: Wenn sichergestellt ist, dass alle Prädikate, die einem durch den Eigennamen a bezeichneten Gegenstand zugesprochen werden, auch einem durch den Eigennamen b bezeichneten Gegenstand zugesprochen werden, dann ist der Eigenname a identisch mit dem Eigennamen b.

5.3 Aufgaben zur Identität

1. Worauf bezieht sich die Identitätsrelation?

2. Bestimmen Sie bei den folgenden Relationen, ob sie reflexiv, symmetrisch oder transitiv sind.
   2.1 ... ist größer als ...
   2.2 ... ist schöner als ...
   2.3 ... ist verwandt mit ...
   2.4 ... ist der Vater von ...
   2.5 ... ist identisch mit ...

120 Zuletzt soll angemerkt werden, dass die Äquivalenz der beiden Formeln gezeigt werden müsste. Hierfür bräuchten wir aber eine Semantik und Syntax der Prädikatenlogik zweiter Stufe, die an dieser Stelle nicht vorgelegt werden kann. Des Weiteren gilt die Definition nicht nur für die Eigenname a und b, sondern für beliebige.

121 Gesprochen: Zwei Eigennamen bezeichnen denselben Gegenstand (sind identisch) genau dann, wenn für alle Prädikate P gilt, dass sie genau dann auf den durch den Eigennamen a bezeichneten Gegenstand zutreffen, wenn sie auch auf den durch den Eigennamen b bezeichneten Gegenstand zutreffen.

3. Beweisen Sie die folgenden Ableitungen:
   - 3.1 Bb, a=b, ⋀x(Bx→Cx) ⊢ Ca
   - 3.2 ¬Aa, a=b ⊢ ¬Ab
   - 3.3 ¬a=b, b=c ⊢ ¬a=c
   - 3.4 Aa∨Bc, a=b, ¬Ab ⊢ Bc
   - 3.5 c=a, b=c ⊢ Aa↔Bb
   - 3.6 Ba→Ca, ¬Cb, b=a ⊢ ¬Ba
   - 3.7 e=d, Ae ⊢ ⋁x(x=e∧Ax)
   - 3.8 ⊢ ⋀x⋀y(x=y→¬(Ax∧¬Ay))
   - 3.9 ⊢ ⋀x⋀y(¬(¬Ax∨Ay)→¬x=y)
   - 3.10 ⊢ ⋀x⋀y(y=x→x=y)

6. Ein Ausblick auf die Nicht-Klassische Logik

Bisher haben wir uns mit der Syllogistik und der klassischen Aussagen- und Prädikatenlogik erster Stufe mit Identitätserweiterung beschäftigt. Auf den letzten Seiten werden wir in einem kursorischen Überblick Erweiterungen der Mittelbestände der Klassische Logik thematisieren und Grenzen der Klassischen Logik aufzeigen.

Die Logik wurde als Hilfswissenschaft der Philosophie bestimmt. Innerhalb der Logik werden Mittel bereitgestellt, mit denen natürlich-sprachliche Argumente evaluiert werden können. Um den zugedachten Zweck in besonderem Umfang zu erfüllen, sind die logischen Mittelbestände über die einzelnen Kapitel hinweg stetig erweitert worden. Die Übergänge und Erweiterungen der logischen Mittel wurden stets motiviert durch die Erweiterungen der Anwendbarkeit in Bezug auf die Evaluation von natürlich-sprachlichen Argumenten. Nun erstreckt sich die kompetente Anwendung des logischen Mittelbestandes nicht nur auf das Beherrschen der formalen Verfahren und der Fähigkeit zur Formalisierung von natürlich-sprachlichen Argumenten, sondern auch auf die Kenntnis der Eigenheiten des eingesetzten Werkzeuges. Es ist schließlich erforderlich, einschätzen zu können, ob sonderbare Resultate auf einer fehlerhaften Formalisierung beruhen oder die eingesetzten Mittel für die Formalisierung der entsprechenden Fälle nicht zureichend sind oder, wenn beides ausgeschlossen ist, die logischen Mittel selbst verantwortlich für die Resultate sind.

Betrachten wir zunächst den Fall, bei dem die logischen Mittel unzureichend für die Formalisierung der jeweiligen Aussagen sind.[122] Dieses Vorgehen ermöglicht es uns auf weitere sinnvolle Ergänzungen der bisherigen Mittelbestände hinzuweisen. Es sei aber an dieser Stelle angemerkt, dass es sich hierbei um Hinweise handelt, die nicht in der Gründlichkeit der bisherigen Kapitel ausgeführt werden.

Innerhalb der Syllogistik und der Prädikatenlogik erster Stufe werden Begriffe thematisiert, die sich auf Gegenstände beziehen

122 Den Fall einer fehlerhaften Formalisierung, obwohl die logischen Mittel zureichend für die jeweiligen Fälle sind, lassen wir beiseite.

können. Bei der Behandlung des Existenzquantors konnten wir diese Redeweise noch weiter präziseren und festhalten, dass nur Begriffe erster Stufe thematisiert werden, die sich auf Gegenstände beziehen können. Dementsprechend sind Aussagen der Form „Alle Käfer sind Insekten." sowohl in der Syllogistik als auch in der Prädikatenlogik erster Stufe darstellbar. Wie sieht es nun aber mit Aussagen aus, in denen Begriffen erster Stufe ein Begriff zweiter Stufe zugesprochen wird?

Wie kann man mit den Mitteln der Syllogistik und der Prädikatenlogik erster Stufe mit Aussagen, wie „'Grün' ist eine Farbe." umgehen? Einem Prädikator „Grün" wird ein Prädikator „Farbe" zugesprochen. Mit den syntaktischen Festlegungen der Prädikatenlogik erster Stufe kann diese Aussage nicht formalisiert werden, da FG (F: ... ist eine Farbe und G: ... ist grün) nicht wohlgeformt ist. Auch die Formalisierung $\bigwedge x(Gx \rightarrow Fx)$ wäre nicht korrekt, da Gegenstände zwar grün sein können, aber eben keine Farbe. Auch eine Formalisierung, in der der Prädikator als Eigenname aufgefasst werden würde (Fg), hätte neben den sprachphilosophischen Problemen noch das Problem, dass der Eigenname „Grün" keinem Gegenstand zugesprochen werden könnte. Die Formalisierung: $gt\iota$[123] (Gesprochen: Dieser Tisch ist der Eigenname „grün") wäre sinnlos, da man mit Eigennamen keine Eigenschaften benennt. Zusammenfassend lässt sich sagen, dass diese Aussagen (Prädikaten wird ein Prädikat zugesprochen) in der Prädikatenlogik erster (und auch zweiter Stufe) nicht gescheit formalisiert werden können.

Höherstufige Logik

Dies, und das zeigt dieses Beispiel deutlich, liegt unter anderem an der syntaktischen Festlegung in Bezug auf die logischen Subjekte und Prädikate. An der logischen Subjektstelle können nur Eigennamen vorkommen, mit denen man sich auf Gegenstände bezieht, und an der Stelle des logischen Prädikats nur Begriffe erster Stufe. Diese Auffassung wird in der höherstufigen Logik mit Hilfe der Epsilon-Grammatik überwunden.[124] Dort werden nur noch Kleinbuchstaben verwendet, um auch Begriffe von beliebiger Stufe an die Stelle des logischen Subjekt setzen zu können. Die Aussage „Fritz ist Raucher." würde so formalisiert

---

123 Das altgriechische ι (Iota) übernimmt in dieser Formalisierung die Aufgabe des Demonstrativpronomens. In der altgriechischen Grammatik hat das an ein Wortangefügte Iota genau diese Funktion.

124 Die Verwendung des Altgriechischen ε geht auf Giuseppe Peano zurück. Vgl. Giuseppe Peano: Über mathematische Logik. In: Arbeiten zur Analysis und zur mathematischen Logik. Leipzig: BSB Teubner, 1990, S.10–26.

werden: $f\varepsilon r$ (Gesprochen: Fritz ist Raucher). Die Aussage „Grün ist eine Farbe." würde so formalisiert werden: $g\varepsilon f$ (Gesprochen: Grün ist eine Farbe). Damit man unterscheiden kann, ob es sich um einstellige oder zweistellige Prädikate bzw. Relation handelt, wird die Stelligkeit mit Hochzahlen markiert. Bei der Aussage „Fritz ist Raucher." wird einem Gegenstand mit dem man sich auf einen Eigennamen bezieht ein einstelliger Begriff zugesprochen. In der Formalisierung würde man also folgendes schreiben: $f^0\varepsilon r^1$. Bei der Aussage „Grün ist eine Farbe." wird einem einstelligen Begriff ein anderer einstelliger Begriff zugesprochen. In der Formalisierung würde man also folgendes schreiben: $g^1\varepsilon f^1$. Nun entsteht die Frage, ob die Markierung der Stelligkeit ausreicht, um den Fehler zu vermeiden, der bei der Formalisierung der Aussage: „Grün ist eine Farbe." mit den Mitteln der Prädikatenlogik erster Stufe entstanden ist. Die Antwort ist: Nein! Denn die Stelligkeit gibt ja nur an, um wie viele Ausdrücke das jeweilige Prädikat ergänzt werden muss. Die Aussage: „Fritz ist eine Farbe." würde man dementsprechend, wie folgt formalisieren: $f^0\varepsilon f^1$. Fehler dieser Art können erst durch die Markierung der Stufen bzw. Typen vermieden werden. Dies ist aber erst innerhalb der von Bertrand Russel entwickelten Typentheorie möglich. Russel entwickelte diese, um die nach ihm benannten Antinomie zu vermeiden. Er entwickelte sie, nachdem er in Freges *Grundgesetzen der Arithmetik* einen Widerspruch aus den Axiomen herleiten konnte. Möglich war die Herleitung des Widerspruchs aufgrund der zulässigen Bildung von selbstbezüglichen Aussagen. Die Aussage: „Grün ist grün." würde formalisiert werden mit: $g^1\varepsilon g^1$. Ist die Eigenschaft grün selbst grün? Russel bildete in diesem Zusammenhang eine mengentheoretische Aussage: Enthält die Menge aller Mengen, die sich nicht selbst enthalten, sich selbst? Wenn sie sich selbst enthält, dann darf sie sich eigentlich nicht selbst enthalten. Wenn sie sich nicht selbst enthält, dann müsste sie sich eigentlich selbst enthalten. Hierdurch lässt sich ein Widerspruch herleiten. Dies trivialisiert die Theorie, da, zumindest wenn das Ex-falso-quod-libet gilt, jede beliebige Aussage abgeleitet werden kann. Diesen Umstand stellen wir zunächst zurück, wir kommen aber später darauf zurück.

Hieran wird deutlich, worauf schon in den Vorbemerkungen verwiesen wurde. Die Logik ist ein Werkzeug zur Evaluation von natürlich-sprachlich Argumenten. Um diesen Zweck zu erreichen, ist es erforderlich, dass man sich mit den Eigenheiten des Werkzeuges vertraut macht, damit es sinnvoll in bestimmten

Bereichen eingesetzt werden kann. Manchmal ist es aber auch erforderlich, neue Werkzeuge zu entwickeln, damit andere Bereiche bearbeitet werden können.

Entwicklung der Nicht-Klassischen Logik

Bevor wir zu den Fehlern übergehen, die sich ergeben, obwohl die logischen Mittel korrekt angewendet wurden, soll zunächst etwas über die Entwicklung der Nicht-Klassischen Logik gesagt werden. Der Grund dieses Vorgehens besteht darin auf unterschiedliche Probleme einzugehen, die zu einer anderen Konzeption der jeweiligen Logik führen. Hier werden wir zunächst auf die mehrwertige Logik eingehen. Ferner können mit der intuitionistischen Logik und der minimal Logik Probleme von einzelnen Schlussregeln der Klassischen Logik thematisiert werden und die Probleme der jeweiligen Konzeption benannt werden. Aber kommen wir zunächst zur mehrwertigen Logik.

Mehrwertige Logiken

Im dritten Kapitel wurde gesagt, dass der Klassischen Logik das Zweiwertigkeitsprinzip und das Wahrheitsfunktionalitätsprinzip zugrunde liegt. Wenn man an dem Wahrheitsfunktionalitätsprinzip festhält, aber das Zweiwertigkeitsprinzip ablehnt, erhält man die sogenannte mehrwertige Logik, die, wie der Namen bereits vermuten lässt, mehr als zwei Wahrheitswerte zulässt. Die erste mehrwertige Logik wurde von Jan Łukasiewicz in O logice trojwartosciowej[125] (Zur dreiwertigen Logik) im Jahr 1920 entwickelt. Mit der Entwicklung wollte Łukasiewicz Probleme lösen, die mit dem Zweiwertigkeitsprinzip verbunden sind und bereits von Aristoteles benannt wurden. Wenn jede Aussage entweder wahr oder falsch ist, dann gilt dies auch für Aussagen, die zukünftige Sachverhalte betreffen. Aristoteles wählt als Beispiel die Seeschlacht von Megara. Ob die Schlacht von Megara gewonnen oder verloren wird, muss schon vor dem Ausgang der Schlacht feststehen, da jede Aussage entweder wahr oder falsch ist. Aus logischen Gründen wäre damit die Zukunft bereits determiniert. Um diese kontraintuitive Konsequenz zu vermeiden, führte Łukasiewicz für zukünftige Aussagen den Wahrheitswert unbestimmt ein. Hierdurch ergibt sich bei den Belegungen der Aussagenvariable A: w, u, f abgetragen in der ersten senkrechten Spalte und der Belegung der Aussagenvariable B: w, u, f abgetragen in der ersten horizontalen Zeile eine Wahrheitstafel für den Subjunktor wie in Abbildung 20 dargestellt.

125 Jan Łukasiewicz: O logice trojwartosciowej. In: *Ruch Filozoficny*, 5, 1920, S.170–171.

A→B	w	u	f
w	w	u	f
u	w	w	u
f	w	w	w

Abb. 20: Wahrheitstafel des Subjunktors

Wenn man die Wahrheitswertbelegung betrachtet, dann ändert sich zu der bereits bekannten Wahrheitstafel des Subjunktors nicht so viel. Die Subjunktion ist weiterhin falsch, wenn das Antecedens den Wert w und das Sukcedens den Wert f hat. Des Weiteren hat die Subjunktion den Wert u, wenn das Antecedens den Wert w oder u hat und das Sukcedens den Wert u oder f. Die Subjunktion erhält den Wert w, wenn das Antecedens den Wert f hat oder das Sukcedens den Wert w. Umstritten ist lediglich, ob die Subjunktion den Wert w erhält, wenn sowohl das Antecedens als auch das Sukcedens den Wert u haben. Mit der Wahrheitswertbelegung für die Subjunktion wollen wir aber die dreiwertige Logik verlassen und zur intuitionistischen Logik übergehen.

Intuitionistische Logik

In der Intuitionistischen Logik[126] wird nicht von Wahrheit, sondern von Beweisbarkeit bzw. Konstruierbarkeit von Aussagen gesprochen. Damit ändert sich die Geltung der logischen Gesetze. Für die Zwecke dieser Thematik ist die Ungültigkeit der doppelten Negationsbeseitigung von Interesse.[127] Damit fehlt die Möglichkeit, indirekte Beweise führen zu können, da bei diesen im letzten Schritt von der doppelt negierten Formel auf die Position geschlossen wird. Semantisch kann man sich dies so klarmachen: Wenn bewiesen werden kann, dass es nicht so ist, dass es nicht so ist, dass A der Fall ist, dann ist dies kein Beweis dafür, dass A der Fall ist. Für den Beweis des tertium non datur wurde

126 Der Intuitionismus wurde von Luitzen Egbertus Jan Brouwer als eine Position in der Mathematik entwickelt. Die Grundthese besteht darin, dass mathematische Sätze nicht unabhängig von ihrer Konstruierbarkeit wahr sind. Dementsprechend sind indirekte Beweise für mathematische Aussagen nicht zulässig, da die Konstruierbarkeit einer doppelt negierten mathematischen Aussage nicht äquivalent ist mit der Konstruierbarkeit der nicht negierten mathematischen Aussage.

127 Vgl. Arend Heyting: Die formalen Regeln der intuitionistischen Logik. In: Sitzungsberichte der Preußischen Akademie der Wissenschaften, phys.-math. Kl., 1930, S.42–56, S.57–71 und S.158–169.

aber auf die ¬¬-Regel zurückgegriffen, sodass der Beweis innerhalb der intuitionistischen Logik nicht zulässig ist.

Der Intuitionismus lehnt die uneingeschränkte Geltung des tertium non datur ab, da dieses nur indirekt bewiesen werden kann.

⊢ A∨¬A			
1. ¬(A∨¬A)	P		(1)
2. A	A		(2)
3. A∨¬A	(∨E$_1$)	1	(2)
4. ⅄	(¬B)	1, 3	(1, 2)
5. ¬¬(A∨¬A)	(¬E)	1, 4	(1, ~~2~~)
6. /			

Es lässt sich innerhalb der intuitionistischen Logik aber zeigen, dass wenn das tertium non datur gilt, dann gilt auch duplex negatio affirmat:

⊢ A∨¬A→(¬¬A→A)			
1. A∨¬A	A		(1)
2. ¬¬A	A		(2)
3. A	A		(3)
4. ¬A	A		(4)
5. ⅄	(¬B)	2, 4	(2, 4)
6. A	(⅄)	5	(2, 4)
7. A	(∨B)	1, 3, 4, 6	(1, 2, ~~3~~, ~~4~~)
8. ¬¬A→A	(→E)	2, 7	(1, ~~2~~)
9. A∨¬A→(¬¬A→A)	(→E)	1, 8	(~~1~~)

In Zeile 6 wurde im Beweis auf die ⅄-Regel zurückgegriffen. Dieses wird innerhalb der intuitionistischen Logik nicht in Zweifel gezogen. Innerhalb der intuitionistischen Logik wären dementsprechend folgende Formeln: ⊢A→(¬A→B) und A∨B, ¬A ⊢ B ein logisches Gesetz bzw. ein zulässiger Schluss. Auf diese Formeln kommen wir später zurück.

An dieser Stelle kommen wir auf die oben bereits angesprochene Russelsche Antinomie zurück. Dort sagten wir, dass durch die ⅄-Regel Theorien, die einen Widerspruch beinhalten, trivialisiert werden. Denn widersprüchliche Theorien implizieren –

nach der Klassischen Logik – jede beliebige Aussage. Aber die Zulässigkeit der ⅄-Regel scheint eher kontraintuitiv zu sein. Warum soll es zulässig sein, aus dem Vorliegen eines Widerspruchs auf jede beliebige Formel schließen zu dürfen?

Minimallogik

Die Minimallogik wurde von Ingebrigt Johansen als Kritik an der intuitionistischen Logik entwickelt. Er kritisiert an der intuitionistischen Logik die Geltung des Ex-falso-quod-libet. Dieses würde zu einer unzulässigen Erweiterung der Folgerungsbeziehung führen. Johansen nimmt im Folgenden Zitat Bezug auf zwei Axiome (B→(A→B)[128] und A→(¬A→B)[129]), die Arend Heyting in seiner Axiomatisierung der intuitionistischen Logik für zulässig hält, und bewertet letzteres:

„2.14 B→(A→B)
4.1 A→(¬A→B)

Der Sinn dieser Axiome ist natürlich nur, daß die Folgebeziehung im Kalkül eine etwas andere Bedeutung hat als im gewöhnlichen Sprachgebrauch. Man darf nämlich A→B in den folgenden drei Fällen schreiben:

1. Wenn B als logische Folge von A erkannt ist.
2. Wenn B als richtig erkannt ist.
3. Wenn A als falsch (absurd) erkannt ist.

Mit dem zweiten Fall kann man sich recht leicht versöhnen; der dritte Fall aber (der aus 4.1 folgt) bedeutet eine schwer übersehbare Erweiterung des Folgebegriffes.“[130]

Durch dieses Zitat wird deutlich, dass Johanson eine Form der Verdünnung (Eine wahre Aussage folgt aus einer beliebigen anderen Aussage (B→(A→B)) für zulässig hält. Besonders wichtig ist in diesem Zusammenhang darauf hinzuweisen, dass eine Sonderform dieses Prinzips ist, dass logisch wahre Aussagen von beliebigen Aussagen impliziert werden (¬(B∧¬B)→(A→¬(B∧¬B))).

Obgleich Johanson das Ex-falso-quod-libet ablehnt, sind aber schwächere Varianten des Ex-falso-quod-libet und des disjunktiven Syllogismus, innerhalb der Minimallogik ableitbar. In der

128 Eine wahre Aussage folgt aus einer beliebigen anderen Aussage.

129 Eine Form des Ex-falso-quod-libet.

130 Ingebrigt Johansen: Der Minimalkalkül, ein reduzierter intuitionistischer Formalismus. In: Compositio Mathematica, 4, 1937, S.119.

Minimallogik ist das Ex-falso-quod-libet-Negatum gültig. Hierzu betrachten wir den Beweis für eine Sonderform des disjunktiven Syllogismus, in den der Beweis für das Ex-falso-quod-libet-negatum integriert ist.[131]

$\neg A, A \vee \neg B \vdash \neg B$

1. ¬A	P		(1)
2. A∨¬B	P		(2)
3. A	A		(3)
4. ⅄	(¬B)	1, 3	(1, 3)
5. B	A		(5)
6. ¬B	(¬E)	4, 5	(1, 3, ~~5~~)
7. ¬B	A		(7)
8. ¬B	(∨B)	2, 3, 6, 7	(1, 2, ~~3~~, ~~7~~)

Mit diesem Beweis wird deutlich, dass wenn man das Ex-falso-quod-libet für eine unzulässige Schlussregel hält, auch die Minimallogik keine wirkliche Lösung ist, da zumindest schwächere Varianten abgeleitet werden können. Zudem – dies wurde durch das längere Zitat zu Beginn unserer Auseinandersetzung mit der Minimallogik deutlich – hält Johanson die Verdünnung $(B \rightarrow (A \rightarrow B))$ für zulässig.

Zur Überleitung gehen wir noch auf weitere problematische Schlüsse ein, die alle mit der Bedeutung des Subjunktors zusammenhängen. Die Ablehnung des Ex-falso-quod-libet vereint die parakonsistenten Logiken. Es gibt zwar mehrere, aber an dieser Stelle soll die Relevanzlogik betrachtet werden. In dieser soll neben dem Ex-falso-quod-libet auch die Verdünnung (je nach betrachtetem System) ausgeschlossen werden. Insbesondere geht es um folgende Prinzipien

$B \rightarrow (A \rightarrow B)$[132]

131 Dirk Hartmann: On Inferring. An Enquiry into Relevance and Validity. Paderborn: Mentis, 2003, S.70f. Auch der Beweis des Ex-falso-quod-libet-negatum ist von dort entnommen.

132 Wahre Aussagen, werden durch beliebige Aussagen impliziert.

$\neg(B\wedge\neg B)\rightarrow(A\rightarrow\neg(B\wedge\neg B))$[133]
$A\rightarrow(\neg A\rightarrow B)$[134]

Paradoxien der materialen Implikation

Die Prinzipien sind durch die Bedeutung des Subjunktors in der klassischen Logik gerechtfertigt und werden dementsprechend auch als Paradoxien der materialen Implikation bezeichnet. Warum sind diese ein Problem? An dieser Stelle kommen wir auf den Fehlertyp zurück, der entsteht, wenn die Formalisierung korrekt ist.

Das nächste Beispiel entspricht genau diesem Fehlertyp. Bei den einzelnen Fällen werden die logischen Mittelbestände korrekt angewandt, aber die Beschaffenheit der klassischen Logik führt zu philosophischen Scheinproblemen, die durch eine Modifikation der klassischen Logik vermieden werden können. Aber zunächst ein Beispiel:[135]

Wir betrachten die Paradoxie der nicht hinreichenden Bedingung. Versuchen wir die folgende Aussage zu formalisieren:

Es ist nicht so, dass der Geist unabhängig vom Körper existieren kann, eine hinreichende Bedingung für die Wahrheit des Materialismus ist.

Die Aussagenvariablen D und M können mit den Aussagen: „Der Geist kann unabhängig vom Körper“ und „Der Materialismus ist wahr belegt werden“.

D: Der Geist kann unabhängig vom Körper existieren.
M: Der Materialismus ist wahr.

133 Verum-ex-quod-libet

134 Ex-falso-quod-libet

135 Das Beispiel, die Formalisierung und der Beweis sind entnommen aus: Dirk Hartmann: On Inferring. An Enquiry into Relevance and Validity. Paderborn: Mentis, 2003, S.53ff. Dort finden sie noch weitere schlagende bzw. erschreckende Beispiele, die die Probleme der klassischen Logik sehr gut verdeutlichen.

Die komplexe Aussage kann dann wie folgt formalisiert werden:

$\neg(D \rightarrow M)$

Nun entsteht aber folgendes Problem: Aus dieser Formalisierung kann abgeleitet werden, dass der Dualismus[136] wahr und der Materialismus falsch ist ($D \wedge \neg M$).

$\neg(D \rightarrow M) \vdash D \wedge \neg M$

1. ¬(D→M)	P		(1)
2. ¬D	A		(2)
3. D	A		(3)
4. 人	(¬B)	2, 3	(2, 3)
5. M	(人)	4	(2, 3)
6. D→M	(→E)	3, 5	(2, ~~3~~)
7. 人	(¬B)	1, 6	(1, 2)
8. ¬¬D	(¬E)	2, 7	(1, ~~2~~)
9. D	(¬¬)	8	(1)
10. M	A		(10)
11. D→M	(→E)	3, 10	(~~2~~, 10)
12. 人	(¬B)	1, 11	(1, 10)
13. ¬M	(¬E)	10, 12	(1, ~~10~~)
14. D∧¬M	(∧E)	9, 13	(1)

Die Formalisierung ist korrekt durchgeführt worden. Auch der Beweis ist im Sinne der klassischen Logik korrekt. Im Beweis wird in Zeile 5 das Ex-falso-quod-libet und in Zeile 9 das Duplex negatio affirmat verwendet. Die Probleme dieser Regeln haben wir schon im Rahmen der intuitionistischen Logik und der Minimallogik thematisiert und gesehen, dass diese Ansätze die Fehler nicht vermeiden können bzw. sie in abgeschwächter Form wieder auftreten. Deshalb wenden wir uns als nächstes noch einem bestimmten Typ der parakonsistenten Logik zu, der sogenannten Relevanzlogik. Davor betrachten wir aber noch zwei

136 Geist und Körper sind unabhängige Substanzen.

andere Versuche die Paradoxien der materialen Implikation zu vermeiden.

Strikte Implikation

Einen ersten Versuch führte Clarence Irving Lewis durch. Er führte die strikte Implikation ein, um die Paradoxien der materialen Implikation zu vermeiden. Diese bestanden unter anderem in der Gültigkeit der oben abgebildeten Schlüsse. Um diese zu vermeiden sollte ein notwendiger Zusammenhang zwischen dem Antecedens und dem Sukcedens bestehen (also der Fall vermieden werden, dass eine Subjunktion wahr ist, allein weil das Sukcedens wahr ist). Dies ist nach Lewis genau dann der Fall, wenn es sich bei der Konjunktion von Aussage A und der negierten Aussage B um eine Kontradiktion handelt (Die Formel $A \land \neg B$ also in allen Interpretationen keine Modelle liefert). In diesem Fall ist die Aussage A und die negierte Aussage B nicht konsistent. In diesem Fall schreibt Lewis

$\neg\Diamond(A \land \neg B)$[137]

Wenn es nicht möglich ist, dass die Aussage A und die negierte Aussage B zugleich wahr sind (es sich um eine Kontradiktion handelt), dann ist die Negation der Konjunktion der Aussage A und der negierten Aussage B eine Tautologie. Wenn eine Kontradiktion nicht möglich ist, dann gilt dies auch für eine negierte Tautologie. Innerhalb der Aussagenlogik haben wir gesehen, dass die Formeln $A \rightarrow B$ und $\neg(A \land \neg B)$ äquivalent sind. Hierdurch ergibt sich die folgende Formel:

$\neg\Diamond\neg\neg(A \land \neg B)$[138]

Aufgrund der Äquivalenz der Formeln $A \rightarrow B$ und $\neg(A \land \neg B)$ kann diese Formel in die folgende Formel ungeformt werden:

137 Gesprochen: Es ist nicht möglich (unmöglich), dass A und nicht B der Fall ist

138 Gesprochen: Es ist nicht möglich (unmöglich), dass es nicht so ist, dass es nicht so ist, dass A und nicht B der Fall ist

$\neg\Diamond\neg(A \rightarrow B)$[139]

Dies kann nun mit der Definition der Notwendigkeit $\Box A \overset{def}{\equiv} \neg\Diamond\neg A$[140] wiederrum zu der folgenden Formel umgeformt werden:

$\Box(A \rightarrow B)$[141]

Hierüber kann dann die strikte Implikation definiert werden, als eine notwendig geltende Subjunktion:

$A \prec B \overset{def}{\equiv} \Box(A \rightarrow B)$[142, 143]

Auch wenn die strikte Implikation entwickelt wurde, um die Paradoxien der materialen Implikation zu vermeiden, gelingt dies nicht. Denn wenn das Sukcedens notwendig wahr ist, wird dieses auch durch jede beliebige Aussage impliziert.

$B \prec (A \rightarrow A)$[144]

Ist das Antecedens notwendig falsch, wird jede beliebige Aussage strikt impliziert:

139 Gesprochen: Es ist nicht möglich (unmöglich), dass es nicht so ist, dass wenn A der Fall ist, dann auch B der Fall ist

140 Vgl. hierzu Elke Brendel: Logik-Skript 2. Einführung in die Modallogik. Frankfurt a. M.: Vittorio Klostermann, 2021.

141 Gesprochen: Es ist notwendig, dass wenn A, dann B

142 Clarence Irving Lewis und Cooper Harold Lengford: Symbolic Logic. New York und London: The Century, 1932, S.165f.

143 Gesprochen: A impliziert strikt B genau dann, wenn es notwendig ist, dass, wenn A dann B.

144 Gesprochen: B impliziert strikt „Wenn A, dann A“

$\neg(A \lor \neg A) ⥽ B$[145, 146]

Diese Probleme werden von Lewis zugestanden, aber es gelingt ihm nicht überzeugend zu zeigen, dass dies unproblematisch für das System der strikten Implikation ist.[147]

Strenge Implikation

Ein weiterer Versuch mit den Paradoxien der Materialen Implikation umzugehen, ist die sogenannte strenge Implikation. Die strenge Implikation wurde von Wilhelm Ackermann im Aufsatz *Begründung einer strengen Implikation*[148] eingeführt. Auf diese soll an dieser Stelle aber nicht näher eingegangen werden, da sich auch mit der strengen Implikation ableiten lässt, dass aus einem Widerspruch beliebiges folgt. Dies liegt daran, dass zum einen die Abschwächung $A \rightarrow A \lor B$[149] (diese Regel entspricht den beiden $\lor$E-Regeln im aussagenlogischen Kalkül) zulässig ist. Zum anderen wird der disjunktive Syllogismus als Disjunktionsbeseitigungsregel verwendet. Da diese Regel nur als Theorem in unserem Kalkül gültig ist, führen wir kurzerhand diese Regel ein:

(DS) $\neg\mathfrak{A}_{L'}, \mathfrak{A} \lor \mathfrak{B}_{L'} \vdash \mathfrak{B}_{LL'}$[150]

Mit diesen Regeln lässt sich zeigen, dass aus einem Widerspruch eine beliebige Aussage folgt ($A \land \neg A \rightarrow B$). Der Beweis lässt sich wie folgt führen:

145 Clarence Irving Lewis und Cooper Harold Lengford: Symbolic Logic. New York und London: The Century, 1932, S.174f.

146 Es ist nicht so, dass A oder nicht A der Fall ist, impliziert strikt B

147 Clarence Irving Lewis und Cooper Harold Lengford: Symbolic Logic. New York und London: The Century, 1932, S.249f.

148 Wilhelm Ackermann: Begründung einer strengen Implikation. In: The Journal of Symbolic Logic, 21 H2, 1956, S.113–128.

149 Wilhelm Ackermann: Begründung einer strengen Implikation. In: The Journal of Symbolic Logic, 21 H2, 1956, S.119.

150 Wilhelm Ackermann: Begründung einer strengen Implikation. In: The Journal of Symbolic Logic, 21 H2, 1956, S.119. Hierbei handelt es sich um eine Umformulierung von Ackermanns Axiom.

$\vdash A\wedge\neg A\to B$			
1. $A\wedge\neg A$	A		(1)
2. A	$(\wedge B_1)$	1	(1)
3. $A\vee B$	$(\vee E_1)$	2	(1)
4. $\neg A$	$(\wedge B_2)$	1	(1)
5. B	(DS)	3, 4	(1)
6. $A\wedge\neg A\to B$	$(\to E)$	1, 5	(~~1~~)

In dem System von Ackermann erweist sich die globale Zulassung des disjunktiven Syllogismus und der Abschwächung als problematisch. Da mit diesen beiden Regeln auch Thesen bewiesen werden können, für die die Prämissen nicht relevant sind.

Relevanzlogik

Wir kommen damit zur Relevanzlogik einem Typ der parakonsistenten Logik. In der das Antecedens für das Sukcedens relevant sein soll. Insbesondere soll das Ex-falso-quod-libet $(A\to(\neg A\to B))$ und die Verdünnung $(A\to(B\to A))$ nicht mehr zulässig sein.

Hierbei gibt es verschiedene Ansätze, die versuchen darzulegen, nach welchen Regeln, das Antecedens für das Sukcedens relevant ist. Hierbei besteht Uneinigkeit darüber, was man unter einer relevanten Beziehung zwischen den Prämissen und der Konklusion zu verstehen hat. An dieser Stelle soll der gängige Modelltheoretische Ansatz vorgestellt werden.

Hierzu muss die Interpretationsfunktion, die sie aus dem Kapitel zur Aussagenlogik kennen, erweitert werden. Hierfür ist wichtig zu betonen, dass die Interpretationsfunktion erlaubt Formeln zu interpretieren und zu entscheiden, ob diese wahr oder falsch sind. In diesem Zusammenhang müssen wir nochmals auf die strikte Implikation von Lewis zurückkommen. Um die strikte Implikation zu bestimmen, entwickelte er die modallogischen Systeme S1 bis S5. Gegenwärtig spielen vor allen Dingen die Systeme S4 und S5 noch eine Rolle. Auch wenn diese Systeme die Auseinandersetzung mit der Modallogik befeuerten, dauerte es noch einige Zeit bis es gelang eine Semantik zu entwickelt, die es erlaubte modallogische Formeln zu interpretieren. In diesem Zusammenhang sind insbesondere die Arbeiten von Saul Aron Kripke zu nennen, in denen die mögliche Welten Semantik entwickelt wird.[151]

151 Saul Aron Kripke: Semantical Analysis of Modal Logic I. Normal Modal Propositional Calculi. In: Zeitschrift für mathematische Logik und Grundalgen der Mathematik, 9, 1963, S.67–96.

In der dort entwickelten Semantik werden modallogische Formeln über eine zweistellige Erreichbarkeitsrelation zwischen möglichen Welten interpretiert. Dabei muss man darauf hinweisen, dass ‚mögliche Welten' nicht in einem ontologischen Sinne zu verstehen sind, sondern als ein konsistentes Satzsystem über einen bestimmten Diskursbereich. Durch diesen Zugang kann eine Aussage A relativ zu $Welt_1$ den Wert w und relativ zu $Welt_2$ den Wert f erhalten. Nun können die Modaloperatoren (□[152] und ◇[153]) interpretiert werden als eine Aussage über die Satzsysteme, die von anderen Satzsystemen erreichbar sind. Eine Aussage A ist notwendig wahr, wenn sie in allen betrachteten Satzsystemen den Wert w erhält. Eine Aussage A ist möglicherweise wahr, wenn sie in einem der betrachteten Satzsysteme den Wert w erhält. Im Kapitel 5 haben wir Eigenschaften (Reflexivität, Symmetrie und Transitivität) kennengelernt, mit denen Relationen bestimmt werden können. Die unterschiedlichen modallogischen Systeme lassen sich über diese Eigenschaften unterscheiden. Bei dem stärksten modallogischen System S5 ist die Erreichbarkeitsrelation reflexiv, symmetrisch und transitiv.[154]

Vor dem Hintergrund dieser Vorbemerkungen kommen wir zur Relevanzlogik und der gegenwärtigen dominanten Semantik. Diese wurde von Richard Routley und Robert Kenneth Meyer entwickelt.[155] Die Idee der Relevanzlogik ist es, dass das Antecedens für das Sukcedens relevant sein soll. Insbesondere soll ausgeschlossen werden, dass Formeln wie $B \rightarrow A \vee \neg A$ oder $A \wedge \neg A \rightarrow B$ logisch wahr sind. Um dies zu erreichen, wird der technische Rahmen der möglichen Welten Semantik verwendet und erweitert. Dabei wird aber keine modallogische Grundlegung der Relevanzlogik angestrebt. Da es nicht um die Erreichbarkeit von Satzsystemen geht, sondern um Informationszustände. Die Erreichbarkeitsrelation wird zu einer dreistelligen Relation erwei-

---

Dersl.: Semantical Considerations on Modal Logic. In: Acta Philosophica Fennica, 16, 1963, S.83–94.

152 Gesprochen: Es ist notwendig, dass ...

153 Gesprochen: Es ist möglich, dass ...

154 An dieser Stelle sollen nur die grundsätzlichen Überlegungen dargelegt werden. Deswegen wird auch die technische Ausführung verzichtet und auch nicht auf die Interpretation von Individuen und Prädikaten eingegangen.

155 Richard Routley und Robert K Meyer: The Semantics of Entailment. In: Hugues Leblanc (Hrsg.): Truth, Syntax and Modality. Amsterdam: North-Holland Publishing Company, 1973, S.199–243.

tert.[156] Diese Erweiterung führt dazu, dass die Formel $B \rightarrow A \vee \neg A$ so interpretiert werden kann, dass die Subjunktion in $Welt_1$ den Wert f erhält, da das Antecedens in $Welt_2$ den Wert w und das Sukcedens in $Welt_3$ den Wert f hat. Dabei besteht zwischen den Welten $Welt_1$, $Welt_2$ und $Welt_3$ die Erreichbarkeitsrelation der Art, dass von $Welt_1$ sowohl $Welt_2$ als auch $Welt_3$ erreichbar sein soll. Durch diese Semantik werden die allgemeingültigen Formeln zu erfüllbaren. Auf dieser semantischen Grundlage können die Ableitungsregeln des relevanzlogischen Kalküls so gewählt werden, dass die bloß erfüllbaren Formeln nicht mehr abgeleitet werden können. Auf diese Weise ist es dann unzulässig beim Vorliegen eines Widerspruchs auf jede beliebige Formel zu schließen. An dieser Stelle begnügen wir uns aber mit der Darstellung der Grundgedanken der Relevanzlogik und einer bestimmten semantischen Interpretation.[157]

Es mag an dieser Stelle die Frage aufkommen: Warum wir uns mit der klassischen Logik beschäftigt haben, obwohl diese mit vielen Fehlern behaftet ist? Zunächst ist die klassische Logik eine abgeschlossene und leicht zugängliche Theorie des logischen Schließens. Damit eignet die klassische Logik (neben der Syllogistik) sehr gut für einen Einstieg. Des Weiteren ist es für die Beschäftigung mit der Nicht-Klassischen Logik erforderlich zumindest Grundkenntnisse in der klassischen Logik zu besitzen.

Das Letzte Kapitel sollte insbesondere zeigen, dass die erarbeitenden Mittel durchaus angewandt werden können, aber in bestimmten Fällen nicht Ausdrucksstark genug ist, um adäquat zu formalisieren. Die Ausführungen zu dieser Art der Fehler sollten sie als eine Anregung für ihre Weiterbeschäftigung verstehen.

Ferner sollte darauf aufmerksam gemacht werden, dass es bei der klassischen Logik auch wenn bei der Formalisierung keine Fehler begangen wurden, es dennoch zu merkwürdigen Konsequenzen kommen kann, die mit dem klassischen Verständnis des Subjunktors bzw. der Folgerung zusammenhängen.

---

156 Dirk Hartmann: On Inferring. An Enquiry into Relevance and Validity. Paderborn: Mentis, 2003, S.92.

157 Neben den technischen Ausführungen entsteht das Problem der philosophischen Interpretation dieser semantischen Theorie. Hierbei bestehen große Schwierigkeiten von denen sie sich bei der Lektüre der entsprechenden Schriften (die sie bei den Lektürehinweisen finden). Einen anderen Zugang zur Relevanzlogik finden sie ausführlich begründet und erläutert in *On Inferring* von Dirk Hartmann und in einer kürzeren Darstellung im §12 von Erkenntnistheorie von Dirk Hartmann.

Anhang

Regelblatt

AL

$(\wedge E)\ \mathfrak{A}_{L}, \mathfrak{B}_{L'} \Rightarrow \mathfrak{A}\wedge\mathfrak{B}_{LL'}$
$(\wedge B_1)\ \mathfrak{A}\wedge\mathfrak{B}_{L} \Rightarrow \mathfrak{A}_{L}$
$(\wedge B_2)\ \mathfrak{A}\wedge\mathfrak{B}_{L} \Rightarrow \mathfrak{B}_{L}$

$(\vee E_1)\ \mathfrak{A}_{L} \Rightarrow \mathfrak{A}\vee\mathfrak{B}_{L}$
$(\vee E_2)\ \mathfrak{A}_{L} \Rightarrow \mathfrak{B}\vee\mathfrak{A}_{L}$
$(\vee B)\ \mathfrak{A}\vee\mathfrak{B}_{L}, [\mathfrak{A}_i] \ldots \mathfrak{C}_{L'}, [\mathfrak{B}_j] \ldots \mathfrak{C}_{L''} \Rightarrow \mathfrak{C}_{LL'L''\backslash i,j} \mid i \notin LL'', j \notin LL'$

Die eckigen Klammern um Formeln weisen diese als Annahmen aus, die nach der Regelanwendung zu beseitigen sind. Die Punkte ... stehen für beliebig viele Ableitungsschritte die von [$\mathfrak{A}$] bzw. [$\mathfrak{B}$] zu $\mathfrak{C}$ geführt haben. Die Nebenrechnungen [$\mathfrak{A}$] ... $\mathfrak{C}$, [$\mathfrak{B}$] ... $\mathfrak{C}$ dürfen nicht konfundiert werden, d.h. in der Herleitung [$\mathfrak{A}$] ... $\mathfrak{C}$ darf die Zeile [$\mathfrak{B}$] nicht verwendet worden sein, welche in der Herleitung $\mathfrak{C}$ benutzt wird und vice versa. Außerdem darf auch die Hauptprämisse selbst nicht von [$\mathfrak{A}$] bzw. [$\mathfrak{B}$] abhängen.

$(\rightarrow E)\ [\mathfrak{A}_i] \ldots \mathfrak{B}_{L} \Rightarrow \mathfrak{A}\rightarrow\mathfrak{B}_{L\backslash i}$
$(\rightarrow B)\ \mathfrak{A}_{L}, \mathfrak{A}\rightarrow\mathfrak{B}_{L'} \Rightarrow \mathfrak{B}_{LL'}$

$(\leftrightarrow E)\ \mathfrak{A}\rightarrow\mathfrak{B}_{L}, \mathfrak{B}\rightarrow\mathfrak{A}_{L'} \Rightarrow \mathfrak{A}\leftrightarrow\mathfrak{B}_{LL'}$
$(\leftrightarrow B_1)\ \mathfrak{A}_{L}, \mathfrak{A}\leftrightarrow\mathfrak{B}_{L'} \Rightarrow \mathfrak{B}_{LL'}$
$(\leftrightarrow B_2)\ \mathfrak{B}_{L}, \mathfrak{A}\leftrightarrow\mathfrak{B}_{L'} \Rightarrow \mathfrak{A}_{LL'}$

$(\neg E)\ [\mathfrak{A}_i] \ldots ⅄_{L} \Rightarrow \neg\mathfrak{A}_{L\backslash i}$
$(\neg B)\ \neg\mathfrak{A}_{L}, \mathfrak{A}_{L'} \Rightarrow ⅄_{LL'}$

$(⅄)\ ⅄_{L} \Rightarrow \mathfrak{C}_{L}$
$(\neg\neg)\ \neg\neg\mathfrak{A}_{L} \Rightarrow \mathfrak{A}_{L}$

PL

$(\bigwedge E)\ \mathfrak{A}c_{L} \Rightarrow \bigwedge\mathfrak{x}\mathfrak{A}_{L} \quad \mid \quad \mathbb{F}c\mathfrak{x}\mathfrak{A}$
$(\bigwedge B)\ \bigwedge\mathfrak{x}\mathfrak{A}_{L} \Rightarrow \mathfrak{A}\mathfrak{x}/t_{L}$

$(\bigvee E)\ \mathfrak{A}\mathfrak{x}/t_{L} \Rightarrow \bigvee\mathfrak{x}\,\mathfrak{A}_{L}$
$(\bigvee B)\ \bigvee\mathfrak{x}\,\mathfrak{A}_{L}, [\mathfrak{A}\mathfrak{x}/c^*_i] \ldots \mathfrak{C}_{L'} \Rightarrow \mathfrak{C}_{LL'/i}$

Es ist zu beachten, dass $\mathfrak{c}^*$ neu ist, d.h. als Individuenkonstante in keiner Formel vorkommt. Darüber hinaus, darf $\mathfrak{c}^*$ weder in der zu beseitigenden existenzquantifizierenden Formel $(\bigvee\mathfrak{x}\mathfrak{A})$ noch in der hergeleiteten neuen Formel $(\mathfrak{C})$ enthalten sein. Die hergeleitete neue Formel $(\mathfrak{C})$ darf auch nur von Formeln abhängig sein, in denen $\mathfrak{c}^*$ nicht vorkommt ($[\mathfrak{A}\mathfrak{x}/\mathfrak{c}^*]$ ist hiervon ausgenommen).

PL=

(=E) $\Rightarrow$ t=t $\varnothing$

$(=B_1)$ $t{=}s_{L}$, $\mathfrak{A}t/s_{L'} \Rightarrow \mathfrak{A}s_{LL'}$

$(=B_2)$ $t{=}s_{L}$, $\mathfrak{A}s/t_{L'} \Rightarrow \mathfrak{A}t_{LL'}$

Andere Notationen

	DIN	Polnische Notation	Principia Mathematica	Hilbert/ Ackerman
Konjunktor	A∧B	Kab	a.b, ab	a&b
Disjunktor	A∨B	Aab	avb	avb, ab
Negator	¬A	Na	~a	ā
Subjunktor	A→B	Cab	a⊃b	a→b
Bisubjunktor	A↔B	Eab	a≡b	a~b
Existenz-quantor	⋁xAx/ ∃xAx		∃xAx	ExAx
Allquantor	⋀xAx/ ∀xAx		(x)Ax	(x)Ax

Literaturhinweise

Zur Syllogistik

Aristoteles: Lehre von Schluß oder Erste Analytik. Hamburg: Felix Meiner, 1975.

Petrus Hispanus: Logische Abhandlungen. München, 2006.

Łukasiewicz, Jan: Aristotle´s Syllogistic from the Standpoint of Modern Formal Logic. Oxford, ²1957.

Patzig, Günther: Die aristotelische Syllogistik. Logisch-philosophische Untersuchungen über das Buch A der ‚Ersten Analytiken'. Göttingen: Vandenhoek und Ruprecht, 3. veränderte Aufl. 1969.

Wolff, Michael: Abhandlung über die Prinzipien der Logik. Mit einer Rekonstruktion der Aristotelischen Syllogistik. Frankfurt a. M.: Vittorio Klostermann, 2. verb. und erweiterte Aufl. 2009.

Einführungen in die Aussagen- und Prädikatenlogik

Brendel, Elke: Logik-Skript 1. Wahrheit und logisches Schließen. Frankfurt a. M.: Vitorio Klostermann, 2. überarbeitete Auflage, 2020.

Büttemeyer, Wilhelm: Logik. Zur Einführung. Hamburg: Junius. 2014.

Frege, Gottlob: Begriffsschrift, eine der arithmetischen nachgebildete Formelsprache des reinen Denkens. Berlin und Heidelberg: Springer, 2018.

Hoyningen-Huene, Paul: Formale Logik. Eine philosophische Einführung. Reclam: Stuttgart, 1998.

Schurz, Gerhard: Logik. Grund- und Aufbaukurs zur Aussagen- und Prädikatenlogik. Berlin und Boston: De Gruyter, 2. korrigierte und erweiterte Aufl. 2020.

Suppes, Patrick: Introduction to Logic. New York: Dover, ³2011.

van Riel, Raphael und Vosgerau, Gottfried: Aussagen- und Prädikatenlogik. Eine Einführung. Stuttgart: J. B. Metzler, 2018.

Nicht-Klassische Logik

Anderson, Alan und Belnap, Nuel und Dunn, J. Michael: Entailment. The Logic of Relevance and Neccessity. Princeton: Princeton University Press, 2 Bände, 1975 – 1992.

Berka, Karel und Kreiser, Lothar: Logik-Texte. Kommentierte Auswahl zur Geschichte der modernen Logik. Berlin: Akademie Verlag, 1971.

Brendel, Elke: Logik-Skript 2. Einführung in die Modallogik. Frankfurt a.M.; Vittorio Klostermann, 2022.

Hartmann, Dirk: Konstruktive Fragelogik. Mannheim: Bibliographisches Institut, 1990.

Hartmann, Dirk: On Inferring. An Enquiry into Relevance and Validity. Paderborn: Mentis, 2003.

Kreiser, Lothar und Gottwald, Siegfried und Stelzner, Werner: Nichtklassische Logik. Eine Einführung. Berlin: Akademie Verlag, [2]1990.

Priest, Graham: An Introduction to Non-Classical Logic. Cambridge: Cambridge University Press, [2]2008.

Literaturverzeichnis

Ackermann, Wilhelm: Begründung einer strengen Implikation. In: The Journal of Symbolic Logic, 21 H2, 1956, S.113–128.

Aristoteles: Lehre von Schluß oder Erste Analytik. Hamburg: Felix Meiner, 1975.

Austin, John Langshaw: Zur Theorie der Sprechakte (How to things with words). Stuttgart: Reclam, 1986.

Bernays, Paul: Axiomatische Untersuchung des Aussagenkalküls der ‚Principia Mathematica'. In: Mathematische Zeitschrift, 25, 1926, S.305–320.

Boole, George: The mathematical Analysis of Logic, being an Essay Towards a Calculus of Deductive Reasoning. Halle a. d. Saale: Hallescher Verlag. 2001.

Brendel, Elke: Logik-Skript 2. Einführung in die Modallogik. Frankfurt a.M.; Vittorio Klostermann, 2022.

Bromand, Joachim: Kant und Frege über Existenz. In: Dersl. und Guido Kreis: Gottesbeweise. Von Anselm bis Gödel. Frankfurt a. M.: Suhrkamp, 5. Aufl. 2016, S.195–209.

Carnap, Rudolf: Meaning and Necessity. A Study in Semantics and Modal Logic. Chicago: University Press, ²1956.

Frege, Gottlob: Grundlagen der Arithmetik. Eine logisch mathematische Untersuchung über den Begriff der Zahl. Stuttgart: Reclam, 1986.

Frege, Gottlob: Grundgesetze der Arithmetik – Begriffsschriftlich abgeleitet. In moderne Formelnotation transkribiert und mit einem ausführlichen Sachregister versehen. Band I und II. Paderborn: Mentis, 2009.

Frege, Gottlob: Der Gedanke. In: dersl. logische Untersuchungen. Göttingen: Vandenhoek und Ruprecht. Zweite ergänzte Auflage. 1976.

Frege, Gottlob: Über den Zweck der Begriffsschrift. In: Ignacio Angelelli (Hg.): Begriffsschrift und andere Aufsätze. Hildesheim u.s.: Olms, 6. Nachdruck der zweiten Auflage, 2007, S. 97–106.

Frege, Gottlob: Funktion und Begriff. In: Mark Textor (Hg.): Funktion, Begriff, Bedeutung. Göttingen: Vandenhoek und Ruprecht, 2002, S.2–23.

Frege, Gottlob: Über Sinn und Bedeutung. In: Günther Patzig (Hg.): *Funktion, Begriff, Bedeutung. Fünf logische Studien.* Göttingen: Vandenhoeck und Ruprecht, 2008, S. 38–63.

Frege, Gottlob: Funktion und Begriff. In: Günther Patzig (Hg.): *Funktion, Begriff, Bedeutung. Fünflogische Studien.* Göttingen: Vandenhoeck und Ruprecht, 2008, S. 1–23.

Frege, Gottlob: Begriffsschrift, eine der arithmetischen nachgebildete Formelsprache des reinen Denkens. Berlin und Heidelberg: Springer, 2018.

Gentzen, Gerald: Untersuchungen über das logische Schließen (I). In: Mathematische Zeitschrift, 35, 1935, S.176–210.

Gentzen, Gerald: Untersuchungen über das logische Schließen (II). In: Mathematische Zeitschrift, 39, 1935, S.405–431.

Gethmann, Carl Friedrich: „Zur Rehabilitierung des Prinzipiellen gegenüber der Herrschaft des Konkreten“, in: Dan Diner und Carl Friedrich Gethmann (Hrsg.): Herrschaft des Konkreten. Göttingen 2020, S. 52–82.

Gödel, Kurt: Die Vollständigkeit der Axiome des logischen Funktionenkalküls. In: Monatshefte für Mathematik und Physik, 37, 1930, S.349–360.

Hartmann, Dirk: Erkenntnistheorie. Paderborn: Mentis, 2020.

Hartmann, Dirk: On Inferring. An Enquiry into Relevance and Validity. Paderborn: Mentis, 2003.

Heyting, Arend: Die formalen Regeln der intuitionistischen Logik. In: Sitzungsberichte der Preußischen Akademie der Wissenschaften, phys.-math. Kl., 1930, S.42–56, S.57–71 und S.158–169.

Hilbert, David und Ackermann, Wilhelm: Grundzüge der theoretischen Logik. Berlin u.a.: Springer, 1959.

Johansen, Ingebrigt: Der Minimalkalkül, ein reduzierter intuitionistischer Formalismus. In: Compositio Mathematica, 4, 1937, S.119–136.

Kamlah, Wilhelm und Lorenzen, Paul: Logische Propädeutik. Vorschule des vernünftigen Redens. Mannheim u.a.: Bibliographisches Institut, 1967.

Kant, Immanuel: Metaphysische Anfangsgründe der Rechtslehre. Hamburg: Meiner, 1998.

Kant, Immanuel: Kritik der reinen Vernunft. Hamburg: Meiner, 1998.

Kant, Immanuel: Grundlegung zur Metaphysik der Sitten. Hamburg: Meiner, 1999.

Lewis, Clarence Irving und Lengford, Cooper Harold: Symbolic Logic. New York und London: The Century, 1932.

Lorenzen, Paul und Schwemmer, Oswald: Konstruktive Logik, Ethik und Wissenschaftstheorie: Bibliographisches Institut: Mannheim, [2]1975.

Łukasiewicz, Jan: O logice trojwartosciowej. In: *Ruch Filozoficny*, 5, 1920, S.170–171.

Nicod, Jean George Pierre: A Reduction in the number of the Primitive Propositions of logic. Proceedings of the Cambridge Philosophical Society 19, 1916–19, S.32–41.

Peano, Giuseppe: Über mathematische Logik. In: Arbeiten zur Analysis und zur mathematischen Logik. Leipzig: BSB Teubner, 1990, S.10–26.

Peirce, Charles Sanders: A Boolian Algebra with One Constant. In: Writings of Charles Sanders Peirce: Cambrigde: Havard Univerisity Press, Bd. 4, 1931f., S.12–21.

Routley, Richard und Meyer, Robert K: The Semantics of Entailment. In: Hugues Leblanc (Hrsg.): Truth, Syntax and Modality. Amsterdam: North-Holland Publishing Company, 1973, S.199–243.

Russel, Bertrand: On Denoting. In: Mind. 56 H 14, Oxford: Oxford, 1905, S.479–493.

Sheffer, Henry Maurice: A Set of Five Independent Postulates for Boolean Algebra, with Applicarion to Logical Constants. Transactions of the American Mathematical Society 14, 1913 S. 481–488.

Whitehead, Alfred North und Russel, Bertrand: Principia Mathematica. Cambridge: Cambridge University Press, Bd.1, [2]1925.

Wille, Matthias: Transzendentaler Antirealismus. Grundlagen einer Erkenntnistheorie ohne Wissenstranszendens. Berlin und Boston: De Gruyter, 2012.

Wille, Matthias: ‚Largely unknown'. Gottlob Frege und der posthume Ruhm. Münster: Mentis, 2016.

Wittgenstein, Ludwig: Tractatus logico-philosophicus. Frankfurt a. M.: Suhrkamp, 1963.